法律职业伦理论集

文学国　主编

FALÜ ZHIYE
LUNLI LUNJI

上海大学出版社
·上海·

图书在版编目(CIP)数据

法律职业伦理论集 / 文学国主编.—上海：上海大学出版社,2021.4
 ISBN 978-7-5671-3185-9

Ⅰ.①法… Ⅱ.①文… Ⅲ.①法伦理学—文集 Ⅳ.①D90-053

中国版本图书馆CIP数据核字(2021)第050041号

责任编辑　刘　强
封面设计　柯国富
技术编辑　金　鑫　钱宇坤

法律职业伦理论集

文学国　主编

上海大学出版社出版发行
(上海市上大路99号　邮政编码200444)
(http://www.shupress.cn　发行热线021-66135112)
出版人　戴骏豪

*

南京展望文化发展有限公司排版
上海颛辉印刷厂有限公司印刷　各地新华书店经销
开本710mm×1000mm　1/16　印张17.5　字数278千字
2021年8月第1版　2021年8月第1次印刷
ISBN 978-7-5671-3185-9/D·233　定价　68.00元

版权所有　侵权必究
如发现本书有印装质量问题请与印刷厂质量科联系
联系电话：021-57602918

前 言

2015年12月20日,中共中央办公厅、国务院办公厅印发《关于完善国家统一法律职业资格制度的意见》(以下简称《意见》)。《意见》要求从2018年开始,国家司法考试改为国家法律职业资格考试。《意见》还有一个重要的规定,即明确了我国法律职业人员的范围,根据该《意见》,我国的法律职业人员是指具有共同的政治素养、业务能力、职业伦理和从业资格,专门从事立法、执法、司法、法律服务和法律教育研究等工作的职业群体。担任法官、检察官、律师、公证员、法律顾问、仲裁员(法律类)及政府部门中从事行政处罚决定审核、行政复议、行政裁决的人员,应当通过国家统一法律职业资格考试,取得法律职业资格。国家鼓励从事法律法规起草的立法工作者、其他行政执法人员、法学教育研究工作者,参加国家统一法律职业资格考试,取得法律职业资格。虽然在我国党与政府的正式文件中,还没有出现"法律职业共同体"这样的概念,党的十八届四中全会文件中将法官、检察官、律师等法律从业人员称为"法治工作队伍",但是《意见》中的"职业群体"概念,可以理解为"法律职业共同体"。

《意见》将政治素养、业务能力、职业伦理与从业资格要求四项条件列为法律职业群体的基本要求,法律职业伦理受到了前所未有的重视。相应地,2017年7月,全国法律专业学位研究生教育指导委员会在广泛征求意见的基础上,修订了《法律硕士专业学位研究生指导性培养方案》,确定无论是法本法硕还是非法本法硕,"法律职业伦理"均为法律硕士研究生的必修课程。2018年4月教育部发布《普通高校法学本科专业教学质量国家标准》,将"法律职业伦理"列为法学本科生十门核心课之一。法学本科生与法律硕士研究生培养方案与课程体系的调整,体现了新时代我国法治建设对法学本科生与法律硕士研究生职业伦理素养培养的要求。课程体系的改革与调整：一是规范了法律职业伦理课的课程名称。之前各个政法院校或者法学院系都不同程度地开设了与法律职业伦理相关的课程，但课程名称五花八门，如"律师学""法律实务""法律职业道德""法律职业伦理"等，相关的教材名称也与此相对应，没有形成统一的课程名称与教材名称。二是突出了"法律职业伦理"课程的地位。过去虽然各个法学院系不同程度地开设了这门课程，但这门课程大多被列入选修课程，没有得到应有的重视。担当这门课程的老师大多是部门法的老师，以法理学与诉讼法学专业的老师居多，讲授这门课只是他们的"副业"，设立专门的法律职业伦理教研室的院校很少，组建法律职业伦理教学科研团队的就更少。我相信，随着法学专业课程体系的调整，法律职业伦理课会越来越受到法学院系老师们的重视，将来从事法律职业伦理教学与研究的专业法律人士会越来越多。

法律职业伦理规范的构建，几乎与法律职业的产生和发展同步，法律职业伦理成为法律职业社会地位与职业声望彰显的重要标志。法律职业伦理被纳入法律职业教育与法律职业资格认定的重要内容，与美国 20 世纪 70 年代发生的水门事件有关。水门事件政治丑闻牵连了许多美国律师，引起了美国律师界与法律教育界的震惊，认为这是美国律师业执业行为严重失范的表现。美国律师协会与大学法学院随后将法律职业伦理列为法学教育的必修课，法学院学生只有通过法律职业伦理课的考试才能毕业。美国一些州的律师协会规定，在参加律师资格考试之前必须先通过法律职业伦理考试。韩国等国也有类似的规定。法律职业伦理的教育与培训越来越受到世界大多数国家的重视，不仅是法律职业从业者的必修课，而且贯穿法律职业从业者的整个职业生涯。

法律职业自近代引入之后，中华民国时期即开始了法律职业体系建设，法律职业伦理规则亦随之创设。新中国成立后，旧的司法制度被取代，建立了与社会主义体制相适应的司法机关与法律工作队伍，但在相当长的时间里，法律职业界定一直模糊不清，法院检察院被称为国家专政机构，从业人员都是国家体制内的干部，与其他行政机构的干部难以被准确区分，律师也属于国家工作人员。我国法律职业化起始于1986年开始的律师资格考试，自此设立了律师职业从业者的准入门槛。随后，司法行政部门与中华全国律师协会及地方律师协会陆续制定了一系列律师职业从业规范。随着《律师法》《法官法》《检察官法》《公证法》《仲裁法》等法律的陆续制定,与之相应的法律职业道德规范与伦理规范逐步完善,具有中国特色的法律职业伦理规范体系逐步形成。同时,法律职业伦理教材建设与学术研究日益受到法学界的重视,一批教材与学术研究成果涌现,法律职业伦理师资队伍日益壮大。

法律职业制度如同司法制度,每个国家均具有自己的特色,不可能趋于同一,但这并不妨碍我国在法律职业伦理规范的构建过程中借鉴西方发达国家的一些成熟经验与被人类法治文明所共同认可的行为规范。同时,在法律职业伦理规范的构建与实施过程中,还要充分考虑中国悠久的法律文明与现行的独特政治体制,吸纳创新,形成符合当代中国国情的法律职业伦理规范。开展法律职业伦理的相关理论研究,无疑是完成这一使命的必经之路。

本书收集的文章从不同的侧面研究了中国、美国、日本和韩国的法律职业伦理问题。作者为法学家与法律职业中人,或许他们的视角不同,理念迥异,但对法律职业的热爱使他们倾注了心血探讨法律职业有关的理论难题与实务热点,以期法律从业者都能够真心履行职业伦理规范,实现法律价值,维护社会秩序,追求公平正义,不负这一职业赋予他们的崇高社会地位与职业尊荣。

我们期待有更多的研究法律职业的理论成果问世,共同推进法律职业伦理的学术繁荣。

文学国

2020 年 8 月 6 日于上海大学

目 录

律师伦理四议 …………………………………… 郝铁川（ 1 ）
论司法的道德能力 ………………………………… 江国华（ 14 ）
法律职业伦理规范：建构及困境 …………………… 王莉君（ 50 ）
对我国当前律师法律职业伦理的新反思与新建议 …… 王永杰　郑慧燕（ 62 ）
美中两国律师与委托人秘密保护制度比较及启示 ……………… 刘英明（ 69 ）
检察官廉洁精神的新型培育 ……………………… 王延祥（ 84 ）
我国新时代检察官职业伦理的建设与完善 ………………… 曹小航（ 92 ）
当前律师行业的发展对律师职业伦理带来的影响 …………… 杨　光（118）
戴着枷锁跳舞的法律服务工作者
　　——浅谈律师职业伦理的现实构建 …… 陈思亨　阮传梅　陈梦婕（125）
律师替"坏人"辩护体现的职业伦理 ……………………… 黄正桥（134）
律师数目增加对日本律师惩戒制度的影响：恶化抑或改进？
　　………………………………… ［日］石田京子　著　文学国　译（142）
论日本法律职业家的职业伦理 ………… ［日］计良由贵彦　重富孝士（155）
韩国律师考试和法学专门大学院的法曹伦理教育 ………… ［韩］金星均（160）
关于法律界类似职务的诉讼代理权主张的批判检讨 ……… ［韩］郑亨根（170）
韩国律师实习制度的利与弊 ……………………… ［韩］郑亨根（192）
生活在法律中 ………… ［美］安索尼·T.克罗曼　著　文学国　译（215）
美国法律职业报告 ………………………… 文学国　吴敏敏　编译（251）
后记 ………………………………………………………………（271）

律师伦理四议

郝铁川*

摘要：律师既是当事人利益的维护者,又是社会利益的维护者,具有保守和变革两种角色。律师是人权的卫士,是人落难时的温馨港湾,其职业伦理建设刻不容缓。学院派律师的执业优点是理论性强,表达能力好,法治意识强,能够促进法学理论与司法实践的融合,教师兼职律师有利于增加学者的经济收入和增强教授职位的吸引力。其缺点是"山头法学"带来的办案综合知识缺乏,"书斋法学"带来的脱离实际、过度自信,学者与律师合一的社会身份容易带来混淆错位,律师的逐利性特征可能影响学者的学术中立,最终削弱学术研究的公信力。"新讼师"是各种经济因素综合作用的结果,是我国乡村由长老调解纠纷到律师调解纠纷这一演进中的过渡人物。

关键词：律师伦理；学院派律师；新讼师

一、律师职业伦理的两种角色和两种思维

律师职业伦理是一个世界性课题,各国律师职业伦理有共性,也有个性。在共性方面,我觉得各国律师都有两种角色和两种思维。

有的人拔高律师的伦理道德,要求律师"手握正义之剑而来,以客观事实为最高境界","推诚而不欺,守信而不疑",似乎律师就是天使化身,圣人下凡。我觉得这是不切实际的。还有的人完全蔑视律师的伦理底线,如前几年北京发生的轰动全国的未成年人李某某强奸案中,发生了这样的现象：

---

* 郝铁川,杭州师范大学沈钧儒法学院院长、华东政法大学教授、博导,曾任华东政法学院副院长、中共上海市委宣传部副部长、中央人民政府驻香港联络办宣传文化体育部部长、中国法律思想史学会会长、中国比较法学会副会长。

一位律师向李某某的母亲发出一条短信要约：希望你聘请我做你儿子的辩护律师，因为我现在需要这样的一个大案要案，希望通过这个案件担任政协委员。北京一家律所的主任强奸女当事人，在法庭上他却说女当事人盗取他的精液，非常恶劣。拔高或蔑视律师职业伦理是时下并存的两种现象。

其实，无论是美国律师协会关于律师角色的定位，还是《欧盟律师协会（CCBE）序言》对律师角色的规定，主要的是两条，即：律师既是当事人利益的维护者，又是社会利益的维护者。难点在于怎样在这两者之间进行平衡。

律师既要维护当事人利益，还要维护社会利益。两者当中，前者是主要的：一方面因为只有律师坚定不移地维护当事人利益，才能实现司法公正和社会公正。司法公正是个等腰三角形，法院位居顶端一角，律师及其代表的当事人居于底部一角，行政机关或检方居于底部另一角。人类一路寻求公正的成果就是建立这样一个等腰三角形的公正结构。另一方面因为律师与当事人是一种委托代理关系，"拿人钱财，替人消灾"是古老的道理，如今也不完全过时。律师是靠当事人付钱而生存的，而不是国家通过向纳税人收税来养活的公务员。

强调律师维护当事人利益是其主要职责所在，表明律师没有承担司法公正的直接义务，而只是负有间接义务。在举证方面，律师只负责向法庭提供有利于当事人的证据，一般可以隐瞒对当事人不利的证据，而查明真相是法官的职责，判决公正也是法官的职责。国际上公认的刑事司法准则要求的是公正审判，而未提出公正侦查、公正起诉、公正辩护。因为后者承担的都只是单方面的任务，定案证据"合法、全面、确实"的最终要求是主要针对法官而言的，法律适用准确也是主要针对法官而言的。法官通过"兼听"诉讼两造而"明"，通过自己的法律知识、经验、修养而适用法律准确。

维护社会利益是律师的次要义务，它有两个主要内容：一是律师执业不能触犯法律底线，律师能干什么、不能干什么，相关法律都规定得很明确。律师职业虽然具有商业属性，但不能出现马克思《资本论》里引用的英国工会活动家托马斯·约瑟夫·登宁所说的情况："资本害怕没有利润或利润太少，就象自然界害怕真空一样。一旦有适当的利润，资本就胆大起来。如果有10%的利润，它就保证到处被使用；有20%的利润，它就活跃起来；有50%的利润，它就铤而走险；为了100%的利润，它就敢践踏一切人间法律；有300%的利润，它就敢犯任何罪行，甚至冒绞首的危险。如果动乱和纷争能带来利润,它就会鼓励动乱和纷争。走私和贩卖奴隶就是证明。"①二是律师要积极地向社会传播法律知识,尽力做一些法律服务公益方面和推动法治完善的事情。其中最重要的是在如何限制公权、保障人权方面多多提出建议。人类法治的历史经验早已表明,凭借知识、地位、财富的优势,律师是维护宪法、约束公权的重要力量,是维护人权,尤其是弱势群体权利的重要力量。通过履行律师的社会责任,促使政府进行改革,使社会走向进步,保持和谐,避免大的动荡。

律师具有保守和变革两种角色。在为当事人提供法律服务上,律师的思维方式是保守的,是一种严格遵守法条的思维方式。要保持对文本的忠诚。法谚说,"法律文字不容违反","对法律最好的解释是法律本身"。法律条文的拟定,大都是立法者依照朴素的公平正义价值观并字斟句酌后所制定的,体现出具有普遍抽象的公正,其中已考虑到各种社会效应。因此,律师引用、解释法律时应以法律规范条文为基础,在尊重法律文本字面含义的前提下,追求引用、解释的准确性,不应该完全撇开文本,而以自己所解释的社会效果来替代文本的含义。梁慧星先生在《民法解释学》一书中主张,文意解释应首先采用,用文意解释若有复数解释结果时,方能继之以伦理解释。在为伦理解释时,应先运用体系解释、法意解释方法,以探求法律规范意旨;当法条之文义不符合立法真意,失之于狭窄或宽泛时,乃适用扩张解释或限缩解释;若仍不能完全澄清法律文义之疑义,应进一步作目的解释以探求立法目的。最后以合宪性解释进行审核。梁先生的这段话是对法条思维方式的完整阐述。

因此,律师在为当事人提供法律服务时,要从现行法律规定中找出对当事人最为有利的内容,采取相应的行动。在法庭上,律师也必须从法律规定出发,为当事人辩护。千万不能把法庭当议会、课堂,像政治家、法学家那样脱离法律文本,从抽象的道义原则高谈阔论。但当律师作为社会变革的推动者角色进行社会活动时,他们遵从的则是法理思维方式,不一定拘泥于既有的法条规定。这个时候律师更像法学院的学者,从法的理论出发,指出现行法律与限制公权、保障人权的法治宗旨的不相符合之处,提出改进的方案,让人们明白法治的发展方向。

---

① 马克思:《资本论》第一卷,人民出版社1975年版,第829页。

以上只讲了两种角色的主次问题,而对两者冲突问题限于篇幅未及申论;只讲了法条和法理两种思维方式的内容,而对当事人合法利益与不法利益、程序正义与实体正义之间的冲突问题,也限于篇幅未及述说。

二、律师职业伦理规范建设刻不容缓

律师是人权的卫士,是人落难时的温馨港湾。我和许多人一样,觉得当下律师的执业环境不尽如人意,前有"旧三难"(会见难、阅卷难、调查取证难),后有"新三难"(发问难、质证难、辩论难),近有"不新不旧又三难"(知情难、申请难、执行难)。我难忘某次吃饭,一位女律师一口干了三两白酒然后一字一顿地说道:"当律师就像是穿上童话里那双没法停下来的红舞鞋!"没错儿,还没办完手头的案子,就有新的案子在等着你,如果案子停住了,也就意味着你失业了。但愈爱律师职业,就愈希望其完美。出于此意,草成此文,敬请各位律师朋友海涵。

我在乡村调研中发现,随着城镇化的快速推进,乡村"长老"调解的作用已经不如过去一些社会学教授认为的那么重大。基层治理的一个重要任务是强化村民对于法治规则的敬畏和遵守。而在这一过程中,又必须加强对基层律师、法律服务工作者的管理和培养。他们可能是淳朴村民的第一任法律启蒙老师,如果不能传授法律真谛并以身作则地树立公道正派形象,就会成为让村民卑视法律的始作俑者。当前,确有一些律师、法律服务者正在利用自己对法律知识或强或弱的拥有"优势",欺骗当事人、抹黑对方律师、庭审中一味煽情表演等,反倒成为乡村治理法治化的消极因素。

在欺骗当事人方面,我目睹过庭审中这样一个情节:一个村道上的牛车与三轮摩托车发生碰撞,牛车主人作为原告要求三轮摩托车主赔偿牛车修理费。法官问原告:"你的牛车到底修过没有?"原告回答:"没有修过,车在家里呢。"法官问:"既然车子没有修,你干吗在起诉书中提出让对方赔偿牛车修理费?"原告有点不好意思地笑着说:"律师让这样干的呀。"在基层法院庭审中,诸如此类的情况不胜枚举。不能说农民朋友不再淳朴,只能讲贪婪这一人性的消极面往往会因为一些不良律师的教唆而躁动、放大。

随着律师间竞争压力的日益增大,不仅招揽生意的律师小广告扩大到法院的洗手间,律师之间的相互诋毁、拆台也屡见不鲜。在一次庭审中,原告的两位代理律师因为在法庭上表现出色,对方律师竟然对当事人及其家属说:"就是这两个律师作怪,该动手就动手!"在他的煽动下,原告的两位代理律师在庭审结束等签字时,被对方当事人及其家属团团围住,辱骂指点。如果不是法警在一边维持秩序,并迅速打电话给110前来处理,原告的这两位代理律师可能没出法庭大门就被对方当事人及其家属一顿乱揍了。其中一位事后告诉我:"那天要不是110用警车把我和同事送回律所,可能真要出事。当天开去法院的车我也是过了一周才敢去取,就怕对方当事人再找麻烦。"我在一个县城的看守所外面,看到许多年轻律师为了能够争取到为看守所里的嫌疑人、被告人做辩护的机会,看到一个来看守所探视嫌疑人、被告人的家属,就蜂拥而上,纷纷表示自己在法院有关系,如果当辩护人肯定能保嫌疑人、被告人无罪或从轻,有的甚至因为争夺案源而大打出手,以至头破血流。此情此景,让我突感学界有些朋友呼吁要形成一个"法律职业共同体"的说法是多么地浪漫而遥远!

在不重视取证、质证、审前与各方沟通,而一味地注重庭审中煽情表演,以取悦当事人方面,一位检察官曾对我讲过,在一个强制猥亵案的公诉中,被告人的辩护人居然在法庭上大谈"被害人的风骚是导致猥亵发生的根源"!在一次盗窃案的庭审中,被告人因为居住在边远山区,活了三十多年居然不知道"户口"是什么。于是,辩护人竟然以"无国籍人不受中国法律管辖"为由向法院提出管辖权异议!我的学生杨蓉律师代理的一桩故意伤害案附带民事诉讼时,也遇到过加害人律师以"山高谷深,交通不便,找不到受害人家属"来解释对受害人不闻不问的原因。在刑事辩护里,一些律师离开事实的胡说八道往往会给当事人产生"敢说敢讲"的印象,使得当事人觉得付钱请这样的律师是非常值得的。

一位资深律师朋友告诉我:"你对律师行业的这些恶性竞争的了解,可能只是冰山一角。"规范基层律师(法律工作者)的职业行为是摆在基层治理中的迫切问题,我们应该考虑约束律师职业行为的制度建设了。

应该说,这个问题很早就引起了政府的重视,1980年就为此建立了司法建议制度。当时,人民法院在审判工作中,以预防纠纷和犯罪发生为目的、针对案件中有关单位和管理部门在制度上、工作上存在的问题,建议健全规章制度,堵塞漏洞。当部分律师和法律工作者违反律师工作规程,做出恶意破坏法官公正司法形象的行为时,法院可以向司法行政机关送去司法建议,帮助司法行政机关加强对律师、法律服务工作者进行规范化管理。但据杨蓉《律师日记》透露,这一制度没有取得多大成效。法院一般没有得罪律师的积极性,律师作为自由职业者,一般也不会轻易接受来自体制内的束缚指令。

因此,单靠司法建议制度是远远不够的。在约束律师职业行为方面,西方国家设立了律师无效辩护制度。无效辩护的标准:一是"滑稽戏和闹剧"的标准。这是最初的认定标准,该标准认为,只有当律师的疏忽或者其所犯的错误严重至剥夺了被告人一些重要的实质性证据,而这些证据很有可能得出一个对被告人有利的判决时,那么就认为其违反了正当程序,属于无效辩护。二是双重证明标准,即斯特里克兰标准。该标准因主张从两个角度予以综合评判,故又被称为双重证明标准:其一,缺陷标准,即确定律师的辩护行为是否存在缺陷;其二,偏见标准,即确定律师的缺陷行为对被告人的辩护是否带来损害和不利。前一标准为因,后一标准为果。只要律师的辩护行为存在缺陷,就可能存在无效辩护。关于无效辩护的救济,被定罪判刑的被告人如果认为其未获得有效的辩护,可以此为由提出上诉。无效辩护的申请可以针对辩护律师在各个诉讼阶段的行为提出,如选择陪审员、陪审团指示、量刑、上诉等各个诉讼阶段的表现和行为等。但是基于对律师尽职尽责的推定,一般在直接上诉中不会被接受,除非审判记录中有明显证据证实律师未尽职尽责。因此,更多情况是在一般随附审查程序中提出无效辩护申请。同时,被告人必须穷尽州所有的救济手段,才能在向联邦法院提出的人身保护令程序中提出无效辩护的主张。上诉法院通过审查被告人提出的理由和证据,判断无效辩护申请是否成立。如果支持被告人的主张,原来的有罪判决将被撤销,原审判法院将重审案件或者将被告人无罪释放①。

外国的无效辩护制度颇有意义,但关键是如何本土化。2019年8月21日《法制日报》《宁夏试点评价律师专业水平》一文透露,宁夏律师协会将成立"宁夏律师专业水平评审委员会",在银川市率先开展律师专业水平评价试点工作,委员会由相关专业领域的律师和人民法院、人民检察院、公安机关、司法行政机关等有关部门的专业人士组成,着重从政治表现、诚信状况、

---

① 参见马秋生、陈龙:《美国的无效辩护制度》,《人民法院报》2013年12月27日。

专业知识等九个方面对律师进行评定,专业律师评定无名额限制且不与律师职称制度挂钩。但评价结果将作为有关部门选拔立法工作者、法官、检察官和高等院校、科研机构选聘教学、科研岗位职务的参考。衷心期待这个评价制度能够成为动态评价、约束律师的有效办法。

三、学院派律师的优点和缺点

在我国三十多万名律师中,存在一个既是大学教师又是兼职律师的群体,我将这个群体称为学院派律师。他们在执业活动中的优点和缺点是什么呢?这不仅关系到律师队伍如何分类建设,还关系到法学院的教学如何和法律实践相结合等问题。

为此,我采访了上自最高院下至基层院的十五位法官,省级检察院和基层检察院的十位检察官,以及五位从事律师兼职工作的大学教师等,受访对象的地域兼有我国东、中、西各部。现将受访者就探讨内容的看法整理如下:

(一)学院派律师的执业优点

一是理论性强。学院派律师的整体法律素养较高,法律思维清晰,了解特定领域的法学特点,在涉及其专业领域的案件处理上有专长。科班出身的优势,使他们能将教学研究中所接触的最前沿理论用于实践活动,从多角度对案件进行分析与归纳。学院派律师在案件办理中往往能旁征博引,而这种发散思维有助于法官拓宽思路。

二是表达能力好。庭审时语言表达能力强,擅长辩法析理,庭审中,不论是诉辩陈述、举质证表达,还是辩论意见,学院派律师普遍具有观点清晰、层次分明、逻辑性强的特征。

三是法治意识强。遵守庭审秩序,遵守法庭规则,尊重法官,尊重对方当事人。事实上,法学教师从事律师兼职后,具有了"律师"和"教师"的两重身份。其中,"律师"主要是改善生活的途径,而"教师"才是行为人最看重的身份符号。因此,面对律师执业中存在风险的灰色领域,大学教师往往比很多专职律师更加尊重规则的执行。法学教师兼职律师时,"依法办事"的贯彻率更高。

四是能够促进法学理论与司法实践的融合。一方面，法学教师通过律师兼职工作能够接触实务，反哺理论增长，使得法学研究更接地气。另一方面，由于主业仍为法学教育，因此在从事律师兼职过程中，办案创收压力较专职律师更小，相对应的是办出高质量精品案件的可能性就更大。

五是大学法学教师兼职律师工作，有利于增加学者的经济收入，增加教授职位的吸引力。

（二）学院派律师执业的缺点

一是"山头法学"带来的办案综合知识缺乏。在现代法学教育日益朝着专业化、细致化方向发展的大背景下，从事法学教育的大学法学教师因为专业细分，存在一定程度的自我封闭。民法学、宪法学、刑法学、刑事诉讼法、民事诉讼法等各学科之间壁垒森严，甚至学科内部也分门别类，比如民法学被进一步划分为不同的方向——合同法、侵权法、物权法、公司法等。

在我看来，前述现象可称为"山头法学"，法学教师的研究就限定在小圈子、小势力范围内，自成一派自说自话。于是，当进行"山头法学"的大学教师跨出校门从事兼职律师工作，办案综合知识的缺乏就成了最大缺点。

很难想象一个只懂得合同法的法学教师可以顺畅地处理民事诉讼官司；同样，只懂民事诉讼法而对合同法等知识一知半解的法学教师也不可能高效地处理合同官司。进一步说，任何一个案子很难仅仅只涉及实体法或者程序法的一个问题，甚至有时候还存在跨部门法的情形（比如在一个股东资格确认案件中，就可能存在民法问题和行政许可法的问题）。

因此，仅仅懂得某一细分专业的法学教师很难对案情进行全面分析，甚至会有观点偏颇的时候。当然，对这一点，老朋友刘宪权教授持有不同意见，他认为专业性强一点恰恰是学院派律师的优点。

二是"书斋法学"带来的脱离实际、过度自信。作为社会中高级知识分子的代表，大学教师往往存在态度上的居高临下，对其掌握的知识表现出高度自信，甚至自负。但事实上，"书斋法学"所进行的理论研究，只能将司法实践中有迹可循且易于凝固的部分沉淀下来变为易于传授的文本知识；至于现实社会中律师执业的经验等内容，更多的是实践中不断积累和感知的"通感"。比如，面对一个小得不能再小的"相邻权"纠纷，大学教授可能觉得依照《物权法》第七章规定就能药到病除，但事实上，"乡村赤脚律师"更能在官司的处理中找到邻里矛盾背后的情感安放。又比如,学院派律师往往对法院内部的经验性的判决实践掌握不够,容易钻牛角尖,以"众人皆醉我独醒"的自命不凡误解司法实务部门的法官、检察官等司法公职群体。

三是学者与律师合一的社会身份容易带来的混淆错位。实践中,老师、学者、处级领导干部、律师、法官检察官遴选委员会成员、仲裁员等身份往往容易集于一身。于是,一方面,其身兼数职,疲于应付,无法保证有充分时间和精力开展律师业务。另一方面,在上述不同身份存在冲突的情形下,兼职律师的大学学者、老师就容易既是裁判员又是运动员,从而使其在律师市场上具有不正当竞争的资本,毕竟教授学者的身份和资源,是能够形成揽业优势的。

四是律师的逐利性特征可能影响学者的学术中立,最终削弱学术研究的公信力。

最近,最高人民法院对学者专家意见不能视为证据的规定,已经隐隐约约地触及这一问题。此外,兼职律师后的丰厚报酬也容易导致学者不务正业。一些大学教师从事兼职律师工作后,兼职就成了主业,而主业则荒为副业。从事兼职律师后暴富的诱惑,无时不在打击引诱着专注于学术研究的群体,最终导致整个学术界变得浮躁。

通过如上归纳总结,可以看出,学院派律师的优点又往往是其缺点,其缺点又可以是其优点。采访之后,我有如下想法:

第一,尽管一部分受访者认为大学教师做兼职律师弊大于利,但从我国目前仍处于社会主义初级阶段这一现实出发,还是要保留这一制度为宜。一是这对学者提高学术水平有利。中国的法学教育存在理论脱离实际的制度缺陷,与西方国家尤其是英美法系国家大学教师很多来自法院等实务部门不同,中国绝大部分法学院教师是从校门到校门,缺乏实务部门工作经历,存在理论脱离实际的先天缺陷。通过做兼职律师,庶几有补于一二。二是我国实务部门人员目前也存在需要充电、提高的需求,学院派律师通过和他们的正常接触,或多或少能够给实务部门输送一些新的知识信息和理念。

第二,要防止学院派律师与司法实务部门学生的师生关系成为司法腐败的土壤。电视剧《人民的名义》里的"汉大帮"即揭示师生关系不是在任何时候都能做到"冰清玉洁"。毛泽东在《反对自由主义》中指出:"因为是熟人、同乡、同学、知心朋友、亲爱者、老同事、老部下,明知不对,也不同他们作原则上的争论,任其下去,求得和平和亲热。或者轻描淡写地说一顿,不作彻底解决,保持一团和气。结果是有害于团体,也有害于个人。"要警惕由此在司法领域可能产生的司法腐败。

第三,对学院派律师的律师执业要探讨如何制定一定的规范文件。例如,学院派律师一年应该办理多少案件为宜,怎样确保其办案不影响正常的教学科研;鼓励学院派律师和专职律师合作办案,使其互相取长补短。分类管理是科学管理的必由之路,律师协会在制定学院派律师执业规范方面最具资格条件。

四、"新讼师"的出现

2004年3月,时任司法部部长的张福森同志在一次全国律师队伍建设工作会议上作此表述。当时,我国还有206个县连一名律师也没有,在我国的13亿人口中只有10.2万名执业律师,一万人里尚不到一名。2010年,无律师的县竟又上升到210个。这表明贫困县想留住律师也是很困难的事情。2014年3月,全国律师协会会长张俊峰说,全国仍有136个县没有一个律师,主要集中在西部,仅仅青海、西藏就占了88个。

中国西部为何缺律师?其主要原因有二:一是经济落后,律师职业收入少。西部诸多县域经济发展水平有限,案件数量相应有限,一个县城往往养活不了几个律师,甚者连一个也养活不起。这就促使他们奔赴经济发展水平较好的城市。二是西部律师执业环境较差,打官司成了"打关系",这让以出售知识为主业的律师感到学非所用。更为重要的是他们在西部还遇到完全不讲规则的竞争对手,即司法所的那些法律工作者——他们大都身兼数职,既是政府工作人员,又替民众代理案件,还居中调解案件。在身兼数职的工作环境中,各类资源他们均可并用,令他人难以望其项背。这让正规律师不得不离开这个市场而"孔雀东南飞"。

但在依法治国的大潮之下,村民遇事找法的思维方式已处发育之中。财政拮据、缺少律师、不信任律师或付不起律师酬金等多种原因,造成正规的法律服务市场和公共法律服务平台的一时匮乏。在这样的背景下,出现了一批游走于村村寨寨收集案子,然后再进城请教律师如何办案的"新讼师",杨蓉《律师日记》则称之为"民间法师"。我认为,"民间法师"不足以准确描述这类人的特征,用"新讼师"更为妥当。

中国旧时那些以替打官司的人出主意、写状纸为职业的人,可谓"旧讼师",如今这"新讼师"和他们的区别是:前者基本不懂法,后者则基本熟悉法。和走村串寨"磨剪子来锵菜刀""一刀割断是非根(即阉猪鸡)"的工匠一样,新讼师们因为被视为拥有一技之长的能人,较受村民尊重,大凡有个纠纷,他们就成为闭塞山村里最有主见、最能支招的文化人。特别是在少数民族村寨,相比乡镇法律服务所而言,具有或近或远血缘或地缘关系的新讼师,更是村民们的自家人、贴心人。因此,新讼师们不管去哪一户村民家里都能获得贵人待遇。他们帮助村民解决纠纷,到城里打官司,村民没有金钱感谢,酬劳他们的就是一些家畜和粮食。

我们参考杨蓉《律师日记》,间附笔者田野实践调查,记述一下"新讼师"的从业情况。

大约是2015年4月,一位边学边干的新讼师领着他的客户找到正宗的大学老师兼职律师杨蓉,说他替客户写的起诉状因格式错误被立案庭拒收了,可他弄不清楚格式错在何处,很不服气地质疑:"我在十里八村都算个文化人,还当过村小代课老师。帮乡里乡亲的打官司又不是头一回,以前都顺顺当当的,怎么今天就不对了呢?杨律师,你帮我看看,状纸上画圈圈的地方都是立案庭法官觉得是有问题的。"

新讼师的威信就是建立在法院的认可上,如果法院怼他两次,他在村寨就没有脸面和饭碗了。杨蓉拿过诉状一看,发现新讼师写的诉状中,在有关"财产分割的诉讼请求"部分就只有"请求平均分配夫妻二人结婚后建盖的房子"这么一句话,这模糊的表达确实不符合民事诉讼中"诉讼请求必须明确"的要求,所以,立案庭法官在此部分画了圈圈,提醒当事人注意。杨蓉给他解释清楚之后,他又问:"怎么才算是明确的呢?"杨蓉回答说:"你最好对房子的价值做个预估,然后给出具体的分割方案。比如,房子估值大约为30万元,原告愿意在获取房子的前提下支付被告15万元;或者说房子有两层,一层归原告,另一层归被告。类似这样的具体说明,才能让法官认可后动手操作。"新讼师听后恍然大悟:"明白了!不瞒在座的,离婚官司我确实是'大姑娘上轿头一回',谢谢你啦!立案庭的法官要是像你这么跟我说,我早就清楚了。"杨蓉说:"立案庭的法官一天到晚工作繁重,不可能对所有问题一一辅导,人家帮你把问题画出来就已经很不错了。"新讼师说:"你误会了,我可没有责怪法官的意思,我这是夸奖你呢。"

交谈中,新讼师大方自然,他虽然穿着一件尺寸不大合适的皮衣,罩在他小两号的干巴身体上,让人感到有点滑稽,但这件皮衣恰恰是他自认为不同于一般村民的标志。如同鲁迅笔下的孔乙己非要穿着长衫站着喝酒一样。村民原告则缩在一边,一幅怯生生的样子,十分木讷拘谨。两人的差别显示当年人民公社体制下的村民已经严重分化为不同的阶层了。新讼师看到杨蓉很好说话,便进一步言道:"你瞧,我们乡下人来回法院不容易,能不能请你帮我们重新写起诉状,一会儿我们再去立案?我手上这个诉状也是我自己先写好稿子,拿给法院门口打印店帮我打印的。我们农村人不会玩高科技。到时候该给的劳务费,原告会给你的。"杨蓉三下五除二帮他们重写了诉状,新讼师叫原告村民给了杨蓉200元的润笔费。

不大一会儿,新讼师又回到杨蓉的律师接待室,一进门就高兴地说:"妹子呀,谢谢你啦!人家法官看了你写的诉状,二话没说就给我们立案了。这样好不好,你给我一张名片,以后要是遇到什么问题,我再来找你。"

两年后,新讼师穿的皮衣已经换成了笔挺的西装,为了帮助一位村民打一桩离婚官司,又来请教杨蓉什么是反诉、何种情况下该上诉这些基本法律常识问题。他很谦虚地说:"我是半路出家、边学边干,趁着身体还硬朗,帮乡亲们做点事。但毕竟不是门里出身,好多法律知识真的是不懂,说不好以后什么时候又会给你打电话添麻烦呢。"

杨蓉对我说,看着新讼师和他的客户逐渐消失的背影,她心中有一种莫名的感动:云南是一个集边疆、民族、山区、贫困为一体的省份,贫困弱势群体打官司难,广大农村法律服务资源匮乏的情况相对严重,如何打通法律援助的"最后一公里"是一个复杂的问题。尽管国家司法行政机关主导的法律援助机制不断深入基层,但如果能对新讼师们给予一定的法律培训,或许他们就能成为"新乡贤"。

本人这里讲述的新讼师,算是比较好的。还有些素质较差的新讼师,巧立各种名目,榨取客户钱财的情况。

我认为,新讼师的出现,说到底是欠发达地区的群众遇事付不起律师费、而律师无法依靠执业养活自己、政府财政拮据又无法提供公共法律服务等经济因素综合作用的结果。法治相对道德舆论,是"奢侈品",贫穷则无法治。当我们把目光投向长三角经济发达地区,就会发现眼下几乎村村都有律师做法律顾问,律师的顾问费或完全由政府支出,或政府财政、村委会两家支付。新讼师是我国乡村由长老调解纠纷到律师调解纠纷这一演进中的过渡人物,标志着我国乡村法治现代化伴随着社会经济、政治、文化的进步而蹒跚前行。

如果我们将目光投向我国经济发达地区,就会发现西部落后地区的"新讼师"几乎绝迹,在时代各种因素的推动下,发达地区已经涌现一批懂法律的新型人民调解员(不同于过去偏重情理调解的调解员)。如山东省邹平县矛盾纠纷调处服务中心"守德调解室"主任王守德,他凭着从事法律服务工作二十多年积累下的经验和口碑,"守德调解室"自2012年成立以来,化解了大量民间纠纷。"守德调解室"自创办以来,根据群众需要,不断开辟服务内容,目前除受理调解的案件外,还有法律咨询、代书文书、合同见证、诉讼法律援助、普法宣讲等业务,力求做到全方位服务。

此外,"守德调解室"还与邹平县人民法院实现了人民调解和司法确认的有效对接,之后又开辟了人民调解对接公安法治案件的业务,已成功调处两起人身伤害赔偿案件。在调处矛盾纠纷过程的中,他发现很多事件的发生,都是由于当事人法治观念不强、法治意识淡薄造成的。面对惨痛的教训,王守德不止一次发出感慨:"加强普法宣传,提高干部群众的法治意识,才能真正预防各类事件的发生,维护群众的合法权益。"

邹平县的每次主要普法活动,都有王守德的身影。每届村两委干部集体培训班都有他的课程;青少年普法宣讲团他是团长;统战部的"法律进教堂"他是主讲;他还在县老年大学担任法律课教师十四年。从老人到青少年,从机关干部到农民群众都能成为他的普法对象。

中国的乡村现代化由于各地经济、政治、文化发展水平不均衡而表现出明显的差异性、阶段性。记得本世纪初,一位外国朋友来华考察,一路从东部走到西部,回到上海后,对我说,从你们中国的东部走到西部,好像从欧洲到了非洲。尽管我并不完全赞成他这句话,但我内心不得不承认,我国法治水平的地区性差异实在很大。因此,我不赞成有些朋友那种局部地考察了某一个地方乡村的法治情况,就以偏概全地把它概括为中国整个农村现状的做法。

论司法的道德能力

江国华*

摘要：道德能力是人类对文明和德性生活的认知、追求和向往之能力，是人类直面野蛮、战胜邪恶、不断走向文明和进步的内在力量。司法的公信力取决于司法的道德能力。它内在地包含法官道德认知和把握能力、维护和促进能力以及引导和塑造能力。在司法过程中，司法道德能力在个案中往往通过行为之正当化处理、争讼的伦理化转译、诉诸法律的德性条款等方法合乎逻辑地发挥作用。在其发生学意义上，这种对司法公信力具有浸润性作用的司法道德能力并非自然的产物，而是教化之成果。故此，在法学教育体系中，当为司法伦理教育留足空间；在社会建设中，应重视社会伦理体系和社会正义的构造，为司法的道德能力成长营造适宜的生态；在国家法治建设中，须恪守立法正义，充盈法治的道德底蕴，为司法的道德能力作用设置平台。

关键词：道德能力；司法良知；核心价值观；彭宇案；电梯劝烟案

为贯彻落实中央《关于培育和践行社会主义核心价值观的意见》，2016年最高人民法院继发布《关于在人民法院工作中培育和践行社会主义核心价值观的若干意见》（法发〔2015〕14号）后，又发布了10起弘扬社会主义核心价值观典型案例（效力级别：司法解释性质文件）。这10起案例分别从家庭美德、社会公德、公序良俗、友善互助等不同角度体现和弘扬了社会主义核心价值观的价值目标、价值取向、价值准则。在这个背景下，"司法的道德能力"既是一个理论命题，也是一项实践课题。

---

* 江国华，武汉大学法学院教授。本文系国家哲学社会科学基金2016年度重点课题"中国特色案例制度与实践主义司法哲学研究"（16AZD025）研究成果。

在其一般意义上,道德能力不仅仅是一种心理因素和一种道德思维,而且是一种道德思维与道德行为、道德认知与道德实践相统一的特殊能力;它由道德判断能力、道德认识能力、道德直觉能力、道德选择能力、道德创造能力和道德践履能力等要素构成。据此,司法的道德能力可解释为法官在个案裁判中,面对道德情境时能够鉴别是非善恶,作出正确价值判断和价值选择的能力。

迄今为止的经验表明,司法的公信力取决于司法的道德能力——司法在多大程度上支持社会道义,就会在多大程度上得到社会道义的支持。所谓社会道义,就是社会主流道德之义理,属于社会意识形态之范畴。司法公信力的本质就是社会道义之于司法正义的支持力,即司法意识形态之于社会意识形态的说服力和信服力。

所以,司法的过程不仅要实现司法正义,而且要通过司法正义促进社会道义。在这个意义上说,一个恰如其分的司法判断就应当输送社会正能量,即有助于激发人向善的天性,引导社会向上的追求。反过来说,一项违忤社会道义的司法判决,不管其形式如何正当,其结果却很可能事与愿违,不仅会挫伤人民对道德价值的向往和追求,甚至会动摇整个社会对道德价值和道德进步的信念。比如,由"彭宇案"所引发的"老人倒地要不要扶"的道德困境,就是一个活生生的注脚。

一、司法道德能力之构成要素

在伦理学上,作为一种实践理性,道德本身就是一种力量,它反映了人对文明和德性生活的认知、追求和向往之能力,是人类直面野蛮、战胜邪恶,不断走向文明和进步的内在力量。据此,司法的道德能力可以理解为司法主体在司法过程中之于社会道义及其价值的认知和把握能力、维护和促进能力以及引导和塑造能力的混合体。

(一)道德认知和把握能力

司法是应当为社会主流价值体系服务的。因此,司法的过程并非机械的事实认定和法律适用的过程,而是涵摄价值衡度和价值选择的过程。而价值的衡度和选择,在任何情况下都是以主流价值体系的认知和把握为基

础的。由于价值乃道德哲学的核心范畴,因此,司法过程中的价值认知和把握能力,本质上就是一种基本的道德能力。其要义有三:

1. 主流价值体系及其道义倾向的认知和把握能力

法官应食"人间烟火",应对社会主流价值体系及其道义之倾向有深刻的认知和把握。

(1) 认知和把握"人间烟火"之能力,即法官认知和把握社会常识、常情和常理之能力,这种能力决定了法官的思维方式和角色定位。其中所涉及的司法哲学命题即为司法的人民性。人民司法的基本价值就在于司法对于人民群众的积极意义,是司法过程对人民生存、生活和发展等需要的满足。因此,司法的人民性内在地要求法官不能脱离群众,必须接地气,司法过程应以保障人民尊严、人民需要为导向。而这种导向殊难通过外部强制得以实现,毋宁要通过唤起法官内在道德理性与价值认同而达成。

(2) 认知和把握社会道义之能力,即法官认知人民群众"心中那杆秤"的能力和把握人民群众"是非曲直"标准之能力,这种能力决定了法官的价值判断和价值选择。其所涉及的司法哲学命题即为司法的可接受性。任何形式的司法判决都应当要得到案件当事人、法律职业者以及普通民众三种"听众"[1]的认可。司法判断只有得到社会大众的接受[2],才有可能获得社会道义的支持。社会接受或支持司法判断的前提是司法判断本身具有可接受性[3]。在学理上,可接受性是一种心理的认同,意指人们基于对司法过程及其判断之认同、信服、尊重等而形成的心理状态或倾向。而司法的可接受性并非取决于司法技术,而是取决于司法过程的价值权衡和选择。

2. 人文价值及其道德情景的认知和把握能力

法官应当学点人文,应对其所处的道德情景有基本的认知和把握。

(1) 认知和把握人文历史之能力,即法官认知和把握民族人文和伦理传统之能力,这种能力构成了法官司法理念的基本内核,它直接作用于法官

---

[1] Chaim Perelman, L. Olberchts-tyteca. The New Rhetoric: A Treatise on Argumentation. London: University of Notre Dame Press, 1969, pp.30 - 31.
[2] Josina M. Makau, Debian L. Marty. Cooperative Argumentation: A Model for Deliberative Community. Chicago: Waveland Press, 2003, p.911.
[3] Auks Aarnio. The Rational as Reasonable: A Treatise on Legal Justification. London: D. Reidel Publishing Company, 1987, p.227.

之于法律的理解和解释过程。其中所涉及的司法哲学命题就是司法的人文性。所谓人文,就是人类文化中的先进部分和核心部分,即先进的价值观及其规范体系,就是重视人、尊重人、关心人和爱护人的文化,它构成了法律的"高级法"背景,因而也构成了司法的先在性拘束。这种先在性兼具时间先在性和逻辑先在性双重品性。在这个意义上,人文实际上就是司法运行的场域,除非法官对人文有着基本的自觉,否则,就很难避免司法的"塔西佗陷阱"——无论法院怎么判,人民都不满意。

(2)认知和把握道德情景之能力,即法官在司法过程中的道德直觉能力,这种能力决定了司法过程及其结果的说服力和信服力。其中所涉及的司法哲学命题就是司法的妥当性。所谓司法的妥当性,本质上就是司法判断的高度说服性,它有两个渊源:一是源自司法判断获得"相互联系的人类经验所积累的理性"之支持。在这个层面上,司法判决的说服力不能等同于强制力,所以,司法判决的说服力也未必源自法律的强制力,而很可能源自司法判决中所蕴含的广义理性[1],易言之,司法裁判的说服力源自"确定的、可靠的、明确的知识"和"人类的经验积蓄理性"的力量[2]。二是源自其契合了个案道德情境中道德命令[3]之内在要求。在这个层面上,司法裁判的说服力并不取决于裁判文书的论证与修辞[4],而是取决于司法裁判本身所尊奉的道德法则,易言之,在大多数情形之下,人民是以其所惯持的道德法则来审视一项司法裁判的,所以,一项有足够说服力的司法裁判,不仅应当是合法的,而且必须是合理的。

3. 时代价值取向及其发展趋势的认知和把握能力

法官要懂点时势,要对其所处的时代及其道德价值取向有基本的认知和把握。

(1)把握时势之能力,即法官把握时代脉搏和发展趋势之能力,这种能力直接作用于法官的司法观和正义观。其所涉及的司法哲学命题即为司法

---

[1] Chaim Perelman. The New Rhetoric and the Rhetoricians: Remembrance and Comments//The New Rhetoric of Chaim Perelman. Washington, D. C: University Press of America, 1989, p.429.
[2] [美]博登海默:《法理学——法律哲学与法律方法》,邓正来译,中国政法大学出版社1999年版,第259—260页。
[3] 李昌盛:《道德命令与审判公正感受》,《兰州学刊》2014年第2期。
[4] 彭中礼:《司法判决说服性的修辞学审视——围绕听众的初步分析》,《法制与社会发展》2011年第1期。

的时宜性。诚如道格拉斯大法官所指出的那样:已制定的法律条文或者已确立的司法先例并不一定是司法裁判的可靠依据,因为随着时间的推移,它们未必就能适应当今社会的需要,不断地"重新审视"既有的法律和先例,才是一个法院的良好行为。立法者并非先知,他无法预知未来可能发生的所有情形。正是在这个意义上,埃里希说:"法律一经制定出来,就已经过时了。它既难管理现在,遑论未来。"①因此,在特定案件中,法官如果机械地依据法律条文作出裁判,很可能会背离规范原意,抵触正义的要求②。为此,法官应当具备"审时度势"之能力,作出合乎时宜之裁判③。一项合乎时宜之裁判,即意味着对时代价值的认可和对秉持时代价值之人的承认,因此,兼具认同正义和承认正义之双重属性——认同正义的实现即意味着法官与社会共同体的双向认同,对于社会共同体而言,法官是"我们"之中的一员,而不是"外人",更不是"另类";承认正义的实现意味着社会成员的承认要求通过司法裁判得到国家的承认④。

(2)把握时代价值取向之能力,即法官认知和把握时代主流道德及其价值取向之能力,它直接作用于司法过程及其裁判的价值取向和导向。其中所涉及的司法哲学命题就是司法的导向性。司法的道德价值取向与司法的道德价值导向是两个密切关联又相互区别的范畴。"取向"侧重于法官的道德价值衡量与抉择,"导向"侧重于司法过程及其裁判结果对社会共同体的引领作用。自古希腊以来的道德哲学都将公正价值取向作为其核心诉求,受其影响,公正价值取向也被解释为司法正义的最高境界。但是,在现代社会,面对日益复杂多元的价值冲突,司法的公正价值取向能否囊括人类所有道德价值取向受到质疑,为此,在司法伦理中引入关怀价值取向⑤不失为一项建设性选项。相对于注重道德认知的公正价值取向而言,关怀价值取向更注重道德践行,它要求法官直面广阔的现实社会日常生活,将真情实意的道德关怀传递给那些需要关怀与关爱的人们。如是,司法所输出的不仅是公正,而且是有温暖的公正。

---

① 徐爱国、李桂林、郭义贵:《西方法律思想史》,北京大学出版社2002年版,第350—351页。
② [德]阿历克西:《法律论证理论》,舒国滢译,中国法制出版社2002年版,第2页。
③ 梁迎修:《寻求一种温和的司法能动主义——论疑难案件中法官的司法哲学》,《河北法学》2008年第2期。
④ 亓同惠:《"承认"语境中的权利——从正义/身份回到自由》,《法制与社会发展》2014年第2期。
⑤ 于沧海:《试论道德的两种价值取向:公正与关怀》,《学术交流》2015年第5期。

（二）道德维护和促进能力

司法固然不能与道德混同，但司法断难与主流道德隔绝。经验表明，在任何社会，司法都是主流道德的维护者和促进者。不过，司法的这种"卫道士"角色不特是主流道德之要求，更在于司法公信力之需要。因此，司法过程不仅是法律的实现过程，也应当是道德实践过程。所谓司法是社会正义的最后防线，与其说是一个法律判断，莫若说是一个道德命题[①]。

1. 主流社会是非观之维促能力

良好的司法裁判应当有助于维护主流道德体系的是非观，维护社会底线正义，从而有助于提升公民守住做人底线之信心。

（1）是非观乃主流道德最低限度的共识，其关涉做人的良知。孟子云："无是非之心，非人也。"古往今来，所有的涉诉争议都内含是非之争。所以，明辨是非乃定分止争之前提。一项是非不清，甚至是非颠倒的司法判决，无论其程序如何正当，都是非正义的。在这个意义上说，主流道德上的是非标准，是司法正义的底线标准，维护主流道德的是非标准系法官之自然责任[②]。基于这种责任，法官应当尊重并支持那些现存的、为民众所共信共守的是非标准以及由此所支撑的道德秩序。同理，如果司法裁判符合社会的是非标准，或者在具体个案中其正义性达到了人们的合理预期，那么这种司法裁判就应当得到每个人的尊重和服从——人民服从司法裁判并非是无条件的。任何人都不能强迫人民去服从一项违背其良知的裁判。因此，当人民拒绝服从司法判决时，我们首先应当反思司法裁判本身是否偏离了社会的良知，而不是去指责人民。套用米尔的话说：如果人民拒绝服从一项权威的司法判决的时候，法官应该感谢他们，敞开心扉去聆听他们的意见；同时，法官应该感到欣慰的是，有人在为法官做了本来应该由法官完成的事情[③]。

（2）是非观乃一个基础社会生活秩序的元规范[④]，其所代表的即是底线

[①] 江必新：《司法正义的特点及其辩证思考》，《法制信息》2014年第9期。
[②] John Rawls, A Theory of Justice, revised edition, The Belknap Press of Harvard University, 1999, p.99.
[③] John Stuart Mill, On Liberty. Edward Alexander (ed.). Peterborough, Ontario: Broadview Press, 1999, p.90.
[④] ［美］罗伯特·阿克塞尔罗德：《合作的复杂性：基于参与者竞争与合作的模型》，梁捷、高笑梅等译，上海世纪出版集团2008年版，第55页。

正义。守住底线正义就是守住社会元规范,就是守住基础生活秩序之根基。而基础生活秩序,本质上就是一种道德秩序①。正是这种作为道德秩序的基础生活秩序构成了社会秩序的基本内核。所以,现代社会秩序不能简单地等同于法律秩序。正如弗里霍夫所言:"制度的真正生命力依然来自于内部,是良心造就了我们所有的公民。"②"道德强调自律并无处不在,因而社会秩序始于道德并优先于法律,并且是一种成本较低但却具有持久价值的调节方式。"③因此,司法应当是道德之秩序的维护者和建设者,至少应当对基础社会生活的元规范给予立场鲜明的支持。

2. 主流社会善恶观之维促能力

法官应当在个案中维护主流道德体系之善恶观,并有助于社会共同体实现其惩恶扬善之价值诉求。

(1) 善恶是道德哲学上的一对基本范畴。在道德哲学上的善恶所指的不是实体或实物,而是事物所具有的道德性质,或者说,是指事物所具有的善的性质或恶的性质④。在社会交往中,人们正是根据某个行为是否具有这种道德性质而判断该行为是否具有道德价值。如果某个行为具有善的道德性质,它就是具有道德价值的,或者说它就是道德的或善的;反之,如果一个行为具有恶的道德性质,它就是不具有道德价值的。故而,善恶就是最一般的道德判断标准⑤。这个标准也通常适用于社会之于司法裁判的评价之中。普通民众之于司法的评价更惯常适用的是道德标准,而不是法律标准。因此,司法过程及其裁判结果应当经得起道德标准的审视。良知是人民捍卫正义的唯一屏障,也是他们评价司法的底线标准;基于道德自觉,人民只可能接受善的裁判,并本能地拒绝恶的裁判。

(2) 善恶观在道德实践上通常转换为惩恶扬善的道德命令。"所谓道德的善或道德的理念是人基于认知理性和自由意志去追求实现存在的善,并在此过程中赋予自己以义务和权利的过程,简言之,就是扬善避恶。"⑥因

---

① 孙立平:《守卫底线:转型社会生活的基础秩序》,社会科学文献出版社2007年版,第2页。
② 谢岳、程竹汝:《法治与德治——现代化国家的治理逻辑》,江西人民出版社2003年版,第9页。
③ 孔令锋:《市场化改革的社会秩序与道德基础》,《湖北大学学报(哲学社会科学版)》2008年第3期。
④ 廖申白:《伦理学概论》,北京师范大学出版社2009年版,第68页。
⑤ 江畅:《论德性与善、义务、正当及道德许可的关系》,《上海师范大学学报(哲学社会科学版)》2011年第5期。
⑥ 曹刚:《法律的道德批判》,江西人民出版社2001年版,第36页。

此,对于作为最后防线的司法而言,这种惩恶扬善的道德命令就是一种绝对命令,即康德"为心充满常新而日增的惊奇和敬畏"的道德律①。在康德看来,绝对命令是道德性的,是"在人类的实践活动中,一切支配个体行为的意志所遵守的,具有普遍必然性的道德规律"②。但正如赫费所指出的那样:绝对命令专指道德性,但是内容上包括善德和法;是故绝对命令就是"按照能被当作普遍法则的准则去行动",即"按照普遍化的原则内在地行动"③。因此,道德性的绝对命令内在地具备"作为法的绝对命令的正义原则"之秉性。据此,司法不仅应当将惩恶扬善当作一项自然责任,而且,其所做出的任何一项裁判不仅应当符合人民的善良意志,还应当成为社会行为之典范或榜样——司法代表国家所认可的"善"是我们每一个人"共同的善"④,相应地,司法所惩戒的"恶"即我们每一个人"共同的恶"。如是,司法过程不仅是法官为"自我立法"⑤的过程,也是为社会树立行为典范的过程。

3. 主流社会荣辱观之维促能力

法官应当维护主流道德体系之荣辱观,并有助于激发人民过有道德的生活、做道德人之信念。

(1)《荀子》云:"物类所起,必有所始;荣辱之来,必象其德。""以何者为荣,以何者为耻"关涉道德哲学上的耻感难题。其机理有二:一则荣辱观属于道德哲学之范畴,系道德评价的一个标准;二则荣辱与德行攸关,美好的品德获得荣誉,败坏的品德招致耻辱⑥。因此,荣辱通常约化为羞耻观。其中,"羞"关涉存在秩序,"耻"则关涉价值排序⑦。《管子·牧民》云:"礼义廉耻,国之四维","明荣辱,知羞耻"乃为政治国之端,是国家发展和稳定的一个支柱。国家司法不仅应当"以民之以为荣者为荣,以民之以为耻者为耻",而且其代表国家所做出的每一项裁判都应当可以成为整个社会"知羞耻之所在,明荣辱之所系"的标识,从而成为国家"知耻求荣"的清风正气和认同

---

① [德]康德:《实践理性批判》,邓晓芒译,人民出版社2003版,第220页。
② 沈国琴:《从"绝对命令"到"责任命令"——汉斯·约纳斯对康德道德哲学的反思》,《自然辩证法研究》2009年第5期。
③ [德]赫费:《康德之作为法的绝对命令的正义原则》,杜文丽译,《世界哲学》2017年第3期。
④ 张胜利:《善、共善、自由与国家——格林政治伦理思想探究》,《新东方》2016年第4期。
⑤ [美]米尔恩:《人的权利与人的多样性》,夏勇等译,中国大百科全书出版社1995年版,第22页。
⑥ 王易、任超阳:《荀子荣辱思想探析》,《伦理学研究》2008年第2期。
⑦ 田海平:《耻感难题与荣辱的初始条件》,《学术研究》2009年第4期。

感或凝聚力的建设者。在某种意义上说:"司法者,民之原也;原清则流清,原浊则流浊。"倘若代表国家之司法尚且不能"明荣知耻",那么社会殊难避免陷入"耻感崩溃"之困境。

(2)"耻感"是做道德人之酵素,是过有道德的生活的持久驱动力,也是守规矩、服法判的心理要素。弗里德曼曾经指出:法律规则能够对某特定目标产生影响必须满足三个条件,即规则必须传达给对象;对象必须能够或按情况要求,不做某事;由于愿望、恐惧或其他动机,对象必须有做的意向①。这就是说,法律影响力必须诉诸行为人的心理机制,否则就很可能事与愿违②。同理,对于司法而言,其裁判的实现取决于是否激发了人的耻感——以刑事司法为例,其裁判的实现关涉公众舆论、主流价值标准、个体价值标准和国家惩罚四种变量,四者不同组合,"耻感"呈现出不同作用样态:一则当公众认为国家惩罚与主流价值不符合时,舆论制裁无法实现;如果行为人也持此态度,羞耻感无从产生,惩罚无效;一般预防与特殊预防均无效。二则当公众认为国家惩罚与主流价值不相符合时,舆论制裁无法实现,一般预防无效;如果行为人认同国家惩罚,羞耻感产生,惩罚有效。三则当公众认为国家惩罚与主流价值相符合时,舆论制裁实现;如果行为人也持此态度,羞耻感产生,惩罚有效。四则当公众认为国家惩罚与主流价值相符合时,舆论制裁实现;如果行为人不认同,羞耻感无法产生,惩罚无效③。这就意味着,除非司法裁判能够激发人的羞耻感,即激发做道德人的荣誉感,否则,司法裁判及其所承载的价值殊难兑现。

(三)道德发展和塑造能力

现代世界前所未有地遭遇耻感难题,最直观的表现,乃是"羞"之失落以及"一个没羞时代"的诸多症候——现代性的"去羞化"是现代世界整体社会结构转型的必然产物,它从根基上破除了耻感存身的天然家园,从而使耻感价值论的普遍性尺度丧失④。为此,道德法律化被许多国家视为应对这种现代性道德滑坡或危机的重要手段——借法律之手段,维护并发展其"道统"

---

① [美]弗里德曼:《法律制度》,李琼英、林欣译,中国政法大学出版社1994年版,第65页。
② 吴宗宪:《西方犯罪学》,法律出版社1999年版,第516—517页。
③ 李立景:《耻感的法律强制:当代美国刑事司法的新浪潮》,《法治研究》2009年第5期。
④ 田海平:《耻感难题与荣辱的初始条件》,《学术研究》2009年第4期。

及其基础价值,塑造新时代道德秩序,成为许多国家道德建设的基本选项。相应地,司法已被历史性地赋予了道德发展和塑造之使命。

1. 司法与国家意识形态

在传统中国社会,存在着"道统"与"政统"两个相互支撑的"统",其中"道统"属于国家意识形态之范畴,它是"政统"的构建者、解释者、驯化者、维护者、校正者以及道德力量的来源。正如康熙所云,"万世道统之传,即万世治统之所系"①。就其性质而言,司法系统属于"政统"之范畴,因此,"道统"即国家意识形态构成了司法的"构建者、解释者和道德力量的来源"。相应地,司法应当对国家意识形态保持坚定的信仰和深度的认同,并因此承担保障和发展国家意识形态之义务。

(1)国家意识形态本质上是为国家统治的合法性进行辩护的道义体系,国家统治秩序的正当性、合理性正是由国家意识形态得以论证和支撑的②。因而,国家意识形态构成国家统治秩序的道德基础。司法之于国家意识形态之认同义务内在地包含"自我认同"和"促成认同"两个方面,其中"自我认同"是维持司法人格与国家人格统一性的条件,因而具有自然义务之属性;"促成认同"即通过个案裁判促成社会大众对国家意识形态广泛而持久的认同,是司法作为国家代表所承担的义务,因而具有国家义务之属性——任何一种意识形态,都是以获得广泛而持久的认同作为其存在与发展的基本条件的,缺乏广泛认同的意识形态是没有生命力的③。

(2)国家意识形态不可避免地面临着非主流社会思潮的影响和挑战。司法承担着保障国家意识形态安全之义务——作为国家制度建构的道德基础,国家意识形态攸关国家政治秩序的安危;作为实现社会整合的文化纽带,国家意识形态安全攸关社会伦理秩序安危。因此,司法之于国家意识形态保障义务内在地包含政治整合和价值引导两个方面。其中,政治整合即司法通过化解冲突、弥合差异,将"分散、异质性社会政治要素纳入政统",提升国家政治凝聚力,促成政治团结;价值引导即司法通过定分止争、塑造典范,对多元化社会思潮施以规范性引导④,避免其成为偏离甚至否定国家意

---

① 陈劲松:《传统中国社会中"道统"的功能及其式微》,《天津社会科学》2006年第1期。
② Leonp. Baradat. Political Ideologies: Their Origins and Impact, Pearson Education Inc., 2003, p.9.
③ 冯宏良:《制度与价值:国家意识形态安全的内在规定性研究》,《社会主义研究》2016年第4期。
④ 《马克思恩格斯选集》第三卷,人民出版社1995年,第523页。

识形态的精神力量,提升国家价值凝聚力,促成社会的有机团结——有机团结是包容多元化和多样性的社会团结类型①。

(3) 任何国家意识形态都是一种维护意识,它必须要保持国家政权体系的顺利运行和社会的稳定②。因此,国家意识形态天然地具有保守性。而社会却始终处于发展变化之中。为保持其对社会的"高位"涵摄力,国家意识形态本身必须随着社会的发展而不断地扩容、创新和发展。作为国家代表履行定分止争职能的裁判者,司法始终居于社会矛盾之中心,对人民意见趋向、社会舆情发展具有更直观的了解,因此,司法过程理当成为国家意志和社会舆论沟通对话的管道,其裁判文书理当成为这种沟通对话所达成之意见共识——现代国家的司法过程并非国家意志单向作用和输出的过程,而是国家意志与社会意见相互作用和双向交流或沟通的过程。在这个意义上,任何一项效果良好的司法裁判,都不是国家意志单方面作用的产物,而是国家意志和社会意见通过司法过程充分沟通之成果,这个成果的本质就是意见共识③。而意见共识的达成,客观上即意味着国家意识形态实现扩容与发展。

2. 司法与国家核心价值观

国家是一个具有伦理秉性的特殊实体,有其内在的道德质量和道德价值。正是这种道德质量和道德价值凝聚成国家核心价值观,展示出国家的精神面貌,并构成其制度、法律、政策和行为之道德基础④。作为国家意识形态最本质的内容,国家核心价值观由一套自成体系的抽象的范畴所构成。这些抽象的范畴必须借助于一套行之有效的解释系统,方有可能具象化,并因此而成为道德实践中的行为示范。因此,解释性⑤不仅是国家核心价值观具象化的条件,也是其从观念到实践的逻辑中项——在解释中生成并发生作用,在解释中存在并不断发展,这就是核心价值观的内在规律。作为国家意志的代表者及其实践理性之本质,司法不仅应当而且能够承担国家核心价值观解释之任务。

(1) 司法的过程既是法律叙事过程,也是价值解释过程——司法过程

---

① 高丙中:《社团合作与中国公民社会的有机团结》,《中国社会科学》2006年第3期。
② 徐明江、李朝祥:《国家意识形态概念的界定及其理解》,《当代世界与社会主义》2006年第3期。
③ 江国华:《论立法价值——从禁鞭令说开去》,《法学评论》2015年第1期。
④ 田海平:《国家伦理的基本价值预设及其道德前提》,《学术研究》2016年第9期。
⑤ 兰久富:《社会转型时期的价值观念》,北京师范大学出版社1999年版,第56页。

中的价值解释须以法律叙事为载体,相应地,司法过程中的法律叙事借由价值解释而被赋予意义。司法过程中的法律叙事是以某一真实事件的发生为前提的,裁判文书包含对事件由来、发展及结局等叙事因素。作为司法过程中的叙事者,法官"通过确定被述说的故事的类别,来规定该故事的'意义',这就叫做情节化解释"①。情节化解释赋予判词叙事以形式的连贯性,由情节编排将事件改造成具有可识别的开头、中间和结尾的一个故事。正是通过这种情节化解释,法官完成了其核心价值观的解释及其在法律叙事中的适用和渗透,并赋予了裁判文书以属人意义或价值。在这个意义上,法官并非完全以旁观者的口吻讲故事,相反他必然地对这个故事明显含有情感。在判词的叙事中,叙述者往往情真意切地向受述者传递他的道德倾向,有时甚至自觉不自觉地撇开故事的进程,直接诉诸"读者"。而"读者"之于司法判词的所有"激情"并非源自故事本身,而是源自"故事中的意义",即"由一种更高的秩序或者关系引发的激情,而这种秩序或关系有着自身的情感和期许"②。

（2）司法过程是个案裁断过程,因此,司法过程中的核心价值观解释只能是个案解释。这就是说,个案构成了核心价值观的解释域。所谓价值观念的解释域,即"包围价值观念的一个圈子,在这个圈子里价值观念是合理的,能够为评价事物提供价值标准,一旦越出这个圈子,价值观念就变得不合理了,不能为评价物提供标准"③。与此相关联,作为价值解释载体的法律叙事也不能脱离裁判说理的个案域限——唯有在其所属的个案域限内,裁判说理方可发挥其预期之作用。在这个意义上说,司法的法律叙事和价值解释唯有在个案中方可对号入座,实现合体。反之,超越个案域限,价值解释将失于空泛说教,法律叙事则陷于无的放矢。

（3）司法裁判的效力既惩罚过往,也警示未来。司法过程中的法律叙事着力于过往事实的重现——在判词叙事中,案件事实都是发生在过去的,法官不能让时间倒流来揭示事实真相,而只能根据当事人提供的证据来认定事实以解决实际存在的争议。因此,"法官在法庭调查中看到和听到的不

---

① ［美］洛伦茨:《历史能是真实的吗?——叙述主义、实证主义与"隐喻的转向"》,黄红霞、陈新译,《世界哲学》2002年第2期。
② 赵静:《法律叙事与文学叙事》,《当代文坛》2008年第2期。
③ 兰久富:《社会转型时期的价值观念》,北京师范大学出版社1999年版,第137页。

一定是事实,即使是法官认定的'事实'也未必就是事实本身"①。"法律事实并不是自然生成的,而是人为造成的,一如人类学家所言,它们是根据证据法规则、法庭规则、判例汇编传统、辩护技巧、法官的雄辩能力以及法律教育成规等诸如此类的事务而构设出来的,总之是社会的产物。"②而司法过程中的价值解释则着眼于未来行动的指引,这种指引必须是明确的,它以法官本身对价值的确信为前提——非确信,不指引。正是法官确信赋予了其价值解释的明确指引力。

3. 司法与国家发展

发展问题乃是当代世界所面临的最重要、最迫切的问题之一。培根曾用"三个意味"标注发展和进步的意义:意味着人类境况的不断改善,意味着减轻人类痛苦和增进人类幸福,意味着无可争辩地普遍造福于人类③。对于司法而言,发展既是一个功能性范畴,也是一个价值性范畴。在其功能意义上,发展既是司法本身存在的一种方式,也是司法发生作用或功能的一种表现;在其价值意义上,发展既是司法及其过程意欲实现和促进的一项基本价值,也是司法本身正当性评价的一个基本维度。

(1)现代司法哲学的基本任务应当在于如何将发展正义恰当地嵌入司法正义之中,从而让司法服务于发展,而不是阻碍或者破坏发展。在发展哲学上,发展正义应当包含两重意思:一是发展即自由,自由即正义④。在这个意义上的发展以自由、进步、文明、美好生活等为基本内核,故此,发展正义具有自然正义之属性,并构成司法正义的客观要素。基于这种客观要素之拘束,支持发展并为发展创设良好的环境,成为司法不可豁免之责任;而内嵌于发展之中的社会进步、国家文明和美好生活诸价值,则成为司法及其过程的道德命令,即司法正当性的评价准则。二是为司法所支持的发展本身应当是正义的⑤。在这个意义上的发展以"多元且平等"为基本内核,故此,发展正义具有承认正义之属性,它要求人类作为主体在现代化发展过程

---

① 何家弘:《证据学论坛》第1卷,中国检察出版社2000年版,第4—5页。
② [美]吉尔兹:《地方性知识:事实与法律的比较透视》,邓正来译,载梁治平编:《法律的文化解释》,生活·读书·新知三联书店1994年版,第80页。
③ 吴晓明:《马克思发展理论的本质特征与当代意义》,《马克思主义与现实》2006年第2期。
④ [印度]阿马蒂亚·森:《以自由看待发展》,任赜、于真译,中国人民大学出版社2002年版,第30—31页。
⑤ 何建华:《发展正义:发展的伦理维度》,《中共福建省委党校学报》2009年第2期。

中不仅看到自己的地位、作用与尊严,还要看到其他主体、客体甚至环境在其中所起的重要作用,承认它们的存在地位与存在价值①。基于此,发展正义构成了司法的内在价值诉求——司法由此而成为发展的校正机制,成为发展本身之正当性的裁判者和发展风险的规控者。

(2)鉴于发展本身又是一个发展性范畴,司法过程中的道德判断势必遭遇发展性难题,从而使得常规道德伦理失灵。为此,现代司法哲学当嵌入发展伦理学,"认识到需要运用比'常规道德伦理'更多的东西来应付一整套复杂的多层面的价值问题"②。鉴于发展伦理的最终目标是"为全人类提供充实美好生活的机会",司法须在个案中为美好生活是什么、社会生活的基础是什么等发展的核心问题提供恰当答案,实现司法过程中的伦理判断和伦理战略超越工具性应用,使得发展行动和政策保持人道,以保证人类文化、大自然以及个人不至于为发展变革作出过分牺牲③。在这个意义上,司法的发展道德能力不仅表现为通过个案在发展进程中实用地树立典范,而且还表现在通过个案的裁判对发展的性质及其目标进行实质性审查,从而引导公共政策抉择,并澄清围绕这些问题和政策的价值观困境。

二、司法道德能力在个案中的运用或应用

就其性质而言,鉴于道德能力系道德哲学的基本范畴,道德能力之运用内在地包含着道德判断和价值取向,因而具有价值性或伦理性。但基于司法裁判相对于道德判断的独立之秉性,司法道德能力的运用往往被巧妙地转译为个案裁判之技术,在这个意义上,司法道德能力之运用则属于司法技术之范畴,具有工具性或技术性。正是借助于其娴熟的司法技术,法官将其价值取向或明或暗地渗入其个案裁判之中。下文将以2016年最高人民法院公布的十起社会主义核心价值观典型案例和2018年郑州"电梯劝烟案"、唐山"追逃致死案"、泸州"张学英诉蒋伦芳案"等为样本进行分析论证。

---

① 刘魁:《发展正义与中国治理现代化的价值取向》,《东南大学学报(哲学社会科学版)》2015年第2期。
② 黄荟:《发展的价值规范与实践可行性——德尼·古莱与阿玛蒂亚·森的发展伦理思想比较研究》,《自然辩证法研究》2016年第6期。
③ [美]德尼·古莱:《发展伦理学》,高铦、温平、李继红译,社会科学文献出版社2003年版,第8页。

(一) 行为的正当化处理

在司法实践中,法官通过对涉案行为进行正当化处理,以达到其维护或发展社会伦理秩序的意图,是司法道德能力运用的惯常方法之一。所谓行为正当化处理,意指法官通过审慎的法律论证,将涉案行为证成为法律上的正当化事由[①],从而阻却违法性认定,实现对涉案行为之保护和鼓励之目的。在法理上,行为正当化处理固然属于法官自由裁量的范围,但并非随心所欲,而是要受到正当化事由之法定构成要件和法律论证之内在逻辑的双重拘束。在实务中,正当防卫、见义勇为、紧急避险等系被经常适用的法定的正当化事由,它们都有严格的构成要件;同时,也出现过学校正当惩戒、医院正当治疗以及公民正当劝阻等"超法规"的正当化事由之案例。这类正当化事由也须遵循动机符合社会相当性[②]、过程符合比例原则、行为与损害事实无法律上的因果关系等基本法则。就其方法而言,动机推定、过程裁量和因果论证等最具典型意义。

1. 动机推定

动机是行为的心理指数,是透析行为目的之核心要素。在司法个案中,法官基于一定的事实,对涉案行为做正当性推定,并转化为法律上的正当化事由,从而达到对涉案行为所承载的道德价值之保护和弘扬之目的。作为司法证明的一种重要的辅助性方法,动机推定是以涉案行为与正当化事由之间的常态联系为基础,其内在地包含涉案行为、正当化事由及其常态联系三个基本要素。

(1) 以"于欢案"为例,其涉案行为即"持刀捅刺杜志浩等四人的行为"。一审法院"就事论事",没有对该行为做正当化处理,将涉案行为定性为"故意伤害致死",并基于这个认定,依法以故意伤害罪判处于欢无期徒刑。对此,社会表现出"普遍地不接受"。二审法院依法受理当事人上诉后,将涉案行为合乎情理地回置于行为发生之时的特定情境,以暴力逼债、辱母、限制人身自由等客观事实为基础,将"于欢持刀捅刺杜志浩等四人的行为"推定

---

① 正当化事由是不构成犯罪的情形,因而是定罪的反面。换言之,正当化事由是否定意义上的定罪。陈兴良:《正当化事由研究》,《法商研究》2000 年第 3 期。
② 这里的社会相当性是指行为符合历史所形成的社会伦理秩序。于改之:《社会相当性理论的机能》,《武汉大学学报(哲学社会科学版)》2007 年第 4 期。

为正当防卫。在这个推定中,正当防卫是法律上的正当化事由,涉案行为与正当化事由之常态联系点即行为动机和目的——二审法院认为"于欢实施捅刺的目的在于防止不法侵害,并且想离开接待室,在案的证据不能证实于欢有放任或者危害结果发生的故意",因此,"属于制止正在进行的不法侵害,他的行为具有防卫性质"。借此,法院作出了为社会普遍认可的终审判决,成功地捍卫并弘扬了于欢涉案行为所承载的人伦价值。

（2）以郑州"电梯劝烟案"为例,其涉案行为即"杨帆在电梯内劝阻一位老人吸烟并与其发生争执的行为"。一审法院虽然认定该行为无过错,但并未进一步做正当化处理,仍依公平原则,判定涉案行为对其后果即"被劝者猝死"承担责任。二审法院依法受理原告起诉后,将涉案行为回置于行为发生时的特定情景,以电梯、公共场所、禁烟等客观事实为基础,将杨帆劝烟行为推定为正当劝阻。在这个推定中,正当劝阻系杨帆案主审法官创设的一个正当化事由①,涉案行为与正当化事由之常态联系点即行为动机与目的。二审法院认为涉案行为的动机和目的在于"劝阻在电梯内的吸烟行为",其性质属于"自觉维护社会公共秩序和公共利益的行为"。借此,二审法院以"适用法律错误,损害了社会公共利益"为由,撤销了一审判决,直接改判杨帆无须担责,从而正面维护和弘扬了劝烟行为所承载的公德价值。

（3）以唐山"追逃致死案"为例,其涉案行为即"朱振彪对交通肇事逃逸者张永焕的追赶行为"。法院审理过程中,以张永焕交通肇事逃逸、目击者朱振彪追赶逃逸者、报警并劝说其投案等基本事实为基础,将涉案行为推定为见义勇为。在这个推定中,见义勇为系法律上的正当化事由,涉案行为与正当化事由的常态联系点即行为动机和目的。法院审理认为,涉案行为的动机和目的在于"制止违法行为""劝告违法者投案",因此,其性质"属于见义勇为"。借此,法院作出朱振彪追逃行为无须担责,且"应予支持和鼓励"的判决,从而实现了司法弘扬社会正气之功能。

2. 过程裁量

过程即行为的起始经过。在行为的正当化处理过程中,法官基于一定的事实,运用比例衡量等方法,对行为适度性作出论证,从而为动机推定提

---

① 法官在创设"正当劝阻"这个正当化事由的时候,很显然是受到"正当防卫"这个概念的启示的。因此,"正当劝阻"的构成要件,应当参照"正当防卫"之法定构成要件。

供佐证和支持。因此,过程裁量有两个基本任务:一是行为的适度性论证;二是动机推定之证成。作为行为正当的基本要素,过程裁量中行为适度性论证须遵循比例原则,包括适当性、必要性和相称性三项子原则。其中,适当性原则属于目的导向之范畴,法官须在目的和手段之间做反复论证,当手段被证明为目的之所需,则行为达到适当性基准;必要性原则属于"后果倒查"之范畴,法官须在"后果与手段"之间做反复论证,若行为达到适当性基准,则在可能达成目的之诸方式中,唯"最小侵害"者,方为不可替代的;相称性原则属于价值取向之范畴,法官须将"目的、手段、后果"置于特定个案之中,植入人性尊严、人伦秩序、公德价值等因素,做综合权衡和论证,在行为满足前两项基准即适当性、必要性的条件下,唯不违忤社会基本道德价值取向之手段,方可作"相称性"判断。

(1)以"于欢案"为例,法官对于欢以"捅刺"手段达到"防止不法侵害,并且想离开接待室"的适当性予以原则性确认之后,从"造成一人死亡,两人重伤"之后果,反证行为之必要性,得出"严重超出了必要限度"之结论。基于这一结论,涉案行为没有达到"适度性"基准,法院认定其"防卫过当","应依法承担相应的刑事责任"。

(2)以"电梯劝烟案"为例,二审法院在认可杨帆用"语言"方式劝阻吸烟之适当性的基础上,用反证法论证其劝阻手段的必要性。法院认定杨帆劝烟过程没有发生肢体冲突和拉扯行为,也没有证据证明杨某对段某某进行过呵斥或有其他不当行为,故用"理性、平和"等词做了肯定性判断。在此基础上,法官通过对一审判决作价值取向上的否定评价,反向论证了杨帆行为在价值取向上的"相称性"——法院认为"一审判决判令其分担损失,让正当行使劝阻吸烟权利的公民承担补偿责任,将会挫伤公民依法维护社会公共利益的积极性,既是对社会公共利益的损害,也与民法的立法宗旨相悖,不利于促进社会文明,不利于引导公众共同创造良好的公共环境"。

(3)以"追逃致死案"为例,主审法官在认定朱振彪驱车追赶行为之于其目的之适当性的基础上,正面论证了该行为之必要性——法院审理认为:"朱振彪在追赶过程中多次报警,并劝说其投案。在张永焕持刀的情况下,朱振彪虽先后拿起木凳、木棍,但应属防范自卫举动,并始终与张永焕保持一定距离,未危及张永焕的人身安全。"立基于此,法院直接做出价值判断:"朱振彪的追赶行为是对张永焕逃逸违法行为的制止,属于见义勇为,应予支持和鼓励。"

3. 因果论证

在哲学上,原因和结果是揭示现象之间相互联系的一个方面或一种形式的一对哲学范畴。所谓原因,是指引起某种现象的现象。所谓结果,是指被某种现象所引起的现象。现象之间这种引起和被引起的关系就是因果关系[①]。因果论证是法律论证中的核心关节,其任务在于揭示法律事实(行为)与损害结果之间的内在关系,并借此解决"行为之可责罚性"及其责任范围。在行为正当化处理过程中,"动机或目的正当""过程适度"只能证明"行为正当",但不能得出"免责正当"。因此,在司法实务中,法官在论证行为正当的基础上,一般都是借助于因果论证来证成或证伪行为之可责罚性。但在不同性质案件的审理中,因果论证的方法及其在归责中的权重有所不同。

(1)在刑事案件中,基于罪刑法定原则,因果论证被认为是整个归责证明中的一个基础性链条,但是否承担刑责,以及承担怎样的刑责,还需要借助于对其他因素的综合考量,比如行为的违法性、被害人的过错、致害行为与伤害结果之间的相当性等。以"于欢案"为例,两级法院在因果论证上都认定"于欢捅刺行为"与"一人死亡,两人重伤,一人轻伤的后果"存在着法律上的因果关系。但同时将行为目的、行为适度性、对方过错等因素综合考虑进去,作出审慎裁判:"于欢实施捅刺的目的在于防止不法侵害,并且想离开接待室,在案的证据不能证实于欢有放任或者危害结果发生的故意,所以于欢的行为不构成故意杀人罪,而是防卫过当情形下的故意伤害,应当构成故意伤害罪,鉴于于欢的行为属于防卫过当,于欢归案后,能够如实供述主要罪行,被害方有侮辱于欢之母的严重过错,所以我们综合考虑于欢的事实、性质、情节和危害后果,作出了依法减轻处罚的决定。以故意伤害罪判处于欢有期徒刑五年。"

(2)在民事侵权案件中,因果论证通常分为事实因果论证和法律因果论证两个步骤。其中,事实因果论证就是在事实层面分析涉案行为与损害结果之间是否有"引起与被引起"之关系,其任务在于证明涉案行为是不是损害结果产生的前提或条件。如果事实因果关系被证伪,那么涉案行为则不具有可责罚性。反之,则进入第二个环节,即法律因果论证。在判断侵权

[①] 陈兴良:《从归因到归责:客观归责理论研究》,《法学研究》2006年第2期。

法上的因果关系时,既要考虑涉案行为的侵权性,即是否侵犯他人合法权益;同时要考虑"加害人的活动自由和受害人的保护之间的平衡",掺入社会、经济以及法规目的等因素作出综合考量。以"电梯劝烟案"为例,杨帆劝烟行为是被劝者猝死的原因之一,但不是主要原因——你不劝他,他就不会激动,不激动,就不会引发心脏痼疾致死。在这个意义上,涉案行为与损害结果存在着一定的事实因果关系。但在法律因果关系上,终审法院结合行为的侵权性、适度性、法目的和公德等因素,做了综合权衡。最后认定涉案行为与猝死结果没有法律上的因果关系,证伪了涉案行为的可责罚性。支撑这一结论的是三个彼此关联的形式逻辑推理:一是法律因果关系推理:侵权法上的因果关系以行为的侵权性为前提,涉案行为是制止为法律所明令禁止的公共场所吸烟行为,不具有侵权性,故不是法律因果关系之适格原因。二是行为适度性推理:如果杨帆选择用打人、骂人等粗暴行为来达到制止吸烟之目的,那么其行为就超出了适度性限度,依法应当承担相应之责任,在该案中,杨帆没有使用辱骂、斥责、拉扯、推搡等过激行为,故涉案行为满足适度性基准,依法不应承担责任。三是合目的性推理:扬善弘德是所有形式的法的共同目的,劝烟行为属于自觉维护社会秩序和社会公德之行为,若对这种行为施以责罚,则有违法的一般目的,伤害公共利益,故涉案行为不应当被苛责。

(二) 争讼的伦理化转译

基于道德与法律的分殊,司法以解决法律上的纠纷为基本职旨,一般不干预法律以外的纷争。但法律上的纠纷通常又必然地与其他性质的纷争藤葛纠缠。为此,在司法过程中通常就需要运用一定的方法将缠绕在法律纠纷之中的非法律因素剥离出去,抽象出"纯粹的"法律关系,在此基础上,对争讼利益作出裁断。但是,在司法实践中,法官基于道德律令,在个案中往往需要对法律关系做还原性工作,即将抽象出来的法律关系还原为特定的社会关系,并将争讼利益置于还原后的社会关系中予以考量,从而实现对寄生于社会关系之中的法律关系所承载的伦理价值予以保障和弘扬之目的。在其方法论上,大致可分为客观性还原、实质性推理、合目的性论证三个步骤。

1. 客观性还原

所谓还原,即将"纯粹的"法律关系还原为特定的社会关系。在哲学上,如果说从社会关系中抽象出法律关系是一般到个别的过程,那么从法律关系还原为社会关系则是从个别到一般的过程。就其性质而言,法律关系还原属于事实推理的范畴。事实推理必须遵循客观性、合法性、道德性等原则。据此,从法律关系还原后的社会关系必须是真实的客观存在的,而且这种关系必须是"法不禁止"和伦理道德所"允许"的。

(1) 以刘某诉刘某某、周某某共有房屋分割案①为例,人民法院经审理认为:"虽然本案讼争房屋系原告和两被告按份共有,并约定原告占房屋产权 90%的份额,但两被告与原告系父母子女关系,双方以居住为目的购房,两被告支付了大部分房款,并出于对子女的疼爱,将 90%产权登记在原告名下。现原告要求被告转让产权份额,但被告不同意。依《物权法》7 条之规定,原告要求父母将所占房屋份额转让于己的诉求与善良风俗、传统美德不符,依法不予支持。"在逻辑上,支撑法院这份判决的有两个还原性事实推论:一是将原被告双方对涉案房屋产权的纯粹法律关系还原为客观的"父母子女关系",从而将家庭人伦价值纳入司法考量之范围,为其判决适用《物权法》第七条中的"美德"条款埋下伏笔;二是将法律事实还原为客观事实——该案中的基本法律事实是"讼争房屋系原告和两被告按份共有,并约定原告占房屋产权 90%的份额"。如果就法律关系及其所内含的基本法律事实作出裁断,法院应当支持原告诉请。但法院却绕过了"法律事实",即将法律事实还原为客观事实,以"实际支付"为基础,证明原告对涉案房屋所持 90%份额的"名义性",即非真实性,从而为其拒绝支持原告诉请奠定事实基础。

(2) 以张某等诉杨某继承纠纷案②为例,该案涉及三个基本法律关系:一是原告和被告即遗嘱继承人和法定继承人在涉案遗产上的法律关系;二是原告即遗嘱继承人张某与遗嘱人杨某在涉案遗产上的法律关系;三是被告人杨某与遗产所有人杨某在涉案遗产上的法律关系。为解决第一个法律关系及其法律适用问题,法院将第二、第三个法律关系分别还原为"邻里关系"和"父子关系",并在"邻里关系"中植入"友善互助""生存照顾"等客观事实和道义价值,在"父子关系"中植入"孝道""赡养"等道德义务。法院通过

---

① 2016 年最高人民法院公布的"贯彻社会主义核心价值观十大典型案例"中的第一个案例。
② 2016 年最高人民法院公布的"贯彻社会主义核心价值观十大典型案例"中的第四个案例。

客观事实上的对比,对在"邻里关系"中张某等人的"睦邻友好""邻里照顾"之行为作了褒扬性认定,而对"父子关系"中杨某的"孝道""赡养"等道德义务的履行则作了消极性认定。基于这两个客观事实上的认定,法院对涉案遗产遗嘱人口头遗赠的自愿性和真实性作了肯定性推论,并借此证成了涉案遗产口头遗嘱的法律效力及其优先适用力,从而为《继承法》第五条之适用"扫清了障碍"。

(3)以"张学英诉蒋伦芳案"[①]为例,该案与上文所列张某等诉杨某继承纠纷案所涉及的三个基本法律关系大同小异。但法院通过对原被告与涉案遗产所有人之法律关系的社会化处理——遗嘱继承人即原告张某与涉案遗产所有人之法律关系还原为"同居关系",借此,为判决中植入公序良俗等道德元素创设空间;法定继承人即被告蒋某与涉案遗产所有人之法律关系还原为"夫妻关系",借此,为判决中植入夫妻忠诚等家庭伦理元素埋下伏笔。立基于此,法院抛开法律关系,直接通过对原告与涉案遗产所有人的社会关系即"同居关系"作出合法性和道德性双重否定判断,对公证遗嘱的实质法律效力作了否定性评价,从而实现其所秉持的公序良俗之道德价值。

2. 实质推理

法律推理即在法律论证中运用法律理由的过程[②],其任务在于实现阐明司法裁判的结果是什么以及这种结论是从何处得来的[③]。在司法过程中,法律推理大致可以分为形式推理和实质推理两种基本形式。法官道德能力通常借助于实质推理发挥作用。上文所引案例中,或多或少都运用了实质推理的方法,但以"张学英诉蒋伦芳案"最具典型意义。在该案中,法官综合运用了实质推理的三个基本方法:

(1)演绎推理,即法官在遇到"法律规范适用困难"时,运用法的价值判断推演出拟适用之规范的内在取向。在该案中,法官以法的基本价值为大前提,推演出《继承法》第五条之内在取向,从而否定了公证遗嘱的法律效力。其推理逻辑范式大致可作如下演示:大前提即法的价值——法官内心确信公序良俗乃法的基本价值,故公民的民事行为不得违反公共秩序和社

---

① 参见刘亚林:《张学英诉蒋伦芳交付遗赠财产案观点综述》,《人民司法》2002年第7期。
② [美]史蒂文·J.伯顿:《法律和法律推理导论》,张志铭、解兴权译,中国政法大学出版社1998年版,第110页。
③ 武飞:《法律解释:服从抑或创造》,北京大学出版社2010年版,第141页。

会道德;逻辑中项即法律事实——原告张学英所持公证遗嘱,乃其与遗嘱人黄永彬非法同居关系下所立,而同居关系普遍地被认为是一种违反公序良俗、破坏社会风气的违法行为;结论即裁判结果——基于违背公序良俗的同居关系所立的遗嘱,违背法的基本价值,不受法律保护。因此,原告不能根据《继承法》第五条主张权利。

(2) 衡平推理,即法的普遍性与个案特殊性之间的衡平演绎。法律具有普遍性,但个案却千差万别。"法律所考虑的是多数案件,亦即典型的和一般的情形,但法律对特殊的情况却无法说明;在独特的案件中法律常常不能做到公正。"① 基于普遍性法律在个案适用中导致的有悖情理、显失公正之现实后果,衡平推理为法官"变通"适用该法律规范提供正当性支持②。在该案中,没有证据证明原告张学英所持涉案财产遗嘱不是遗嘱人黄某的真实意思表示(内容具备真实性),该遗嘱经过了公证(具有优先法律效力),且形式上没有瑕疵(形式合法)。但如据此直接适用《继承法》第五条之规定,支持原告诉请,将有损于家庭伦理和婚姻价值。故此,法官引入公序良俗原则,运用衡平推理,将涉案遗嘱置于公序良俗之天平,为其拒绝适用《继承法》第五条之规范作了正当性论证。

(3) 辩证推理,意指在拟直接适用的法律规范指向不明,或者法律规范之间出现显性或者隐性冲突时,法官用以明确指向、消除冲突之推理或方法,其目的在于寻找"一种答案,以解答有关在两种相互矛盾的陈述中应当接受何者的问题"③。在该案中,由于拟直接适用的《继承法》第五条对于原告所持遗嘱之效力并无"否定性指向",也就是说,《继承法》第五条对于"非法同居"情形下所立遗嘱之效力并无否定性规定。为"获得应该适用的法规范",法官诉诸目的理性及价值理性,将拟适用之法规范范围广延至婚姻家庭法乃至民法通则——如果仅仅适用《继承法》第五条之规定,基于公证遗嘱的形式合法性,原告诉请应当得到法院支持。但是,如果将《继承法》中遗嘱继承的有关规定、《婚姻法》中有关家庭关系和家庭成员相互承担义务的规定以及《民法通则》所保障的社会公德之规定三者作综合考量、衡平推理,

---

① [美]博登海默:《法理学——法律哲学和方法》,张智仁译,上海人民出版社1992年版,第8页。
② 杨畅:《法律实质推理在司法审判中的运用》,《人民司法》2006年第3期。
③ [美]博登海默:《法理学——法律哲学和方法》,张智仁译,上海人民出版社1992年版,第479页。

则该遗嘱的效力就难以成立①。

3. 合目的性论证

司法过程中的合目的性论证意指法官以司法目的为轴心而展开的思维活动,包括设定、评价、选择、整合等基本形式,其任务在于为法的适用提供正当性支持。司法是有目的的社会活动,个案裁判应当符合司法的整体性目的。在其方法意义上,个案中的合目的性论证兼具价值理性和经验理性的双重特质。在其价值理性层面,合目的性论证以司法整体性目的及其所承载之基本价值为大前提,以个案预判为小前提,以个案预判的合目的性证成或证伪为基本任务。在其经验理性层面上,合目的性论证以司法整体性目的及其所担负之社会功能(社会效果)为大前提,以个案预判为小前提,以个案预判的合目的性证成或证伪为逻辑推论。以上文引用的郑州"电梯劝烟案"为例:

(1)基于价值理性,终审法院认为:"保护生态环境、维护社会公共利益及公序良俗是民法的基本原则,弘扬社会主义核心价值观是民法的立法宗旨,司法裁判对保护生态环境、维护社会公共利益的行为应当依法予以支持和鼓励,以弘扬社会主义核心价值观"(大前提);如果维持一审判决,即判令杨某分担损失,让正当行使劝阻吸烟权利的公民承担补偿责任(小前提);那么,"将会挫伤公民依法维护社会公共利益的积极性,既是对社会公共利益的损害,也与民法的立法宗旨相悖"(合目的性证伪)。在该逻辑推理中,法院得出的结论是:"维持一审法院之预判"有违司法整体性目的及其所承载的基本价值。

(2)基于经验理性,终审法院认为:"遵守法律法规和社会公序良俗,是每个公民的义务,维护社会公共秩序和社会公共利益,是每个公民的责任,对这种合法正当行为,人民法院依法予以支持和保护,司法审判永远是社会正能量的守护者"(社会效果,大前提);如果维持一审判决,即判令杨某分担损失,让正当行使劝阻吸烟权利的公民承担补偿责任(小前提);那么,将"不利于促进社会文明,不利于引导公众共同创造良好的公共环境"(合目的性证伪)。在该逻辑推理中,法院得出的结论是:"维持一审法院之预判"有违司法整体性目的及其所承担的社会责任。

---

① 王晨光:《司法中的权衡》,《法律适用》2006年第7期。

（3）基于合目的性论证，终审法院为其"撤销"一审判决提供了正当性基础。但"撤销"之后，终审法院有发回重审和直接改判两个选项。最终，终审法院依据《最高人民法院关于适用〈中华人民共和国民事诉讼法〉的解释》第三百二十三条规定之"例外"，即"第二审人民法院应当围绕当事人的上诉请求进行审理。当事人没有提出请求的，不予审理，但一审判决违反法律禁止性规定，或者损害国家利益、社会公共利益、他人合法权益的除外"之规定，选择了直接改判。此案终审对于社会公德之维护具有风向标的意义，"让人们对未来面对违法行为时依然有挺身而出的勇气和底气"。

（三）法律道德性条款的适用

法律是低度的道德。立法必须对人们的道德性和人类的繁荣保持合理的道德关注[①]。在立法中植入"适当"的道德条款，是各国立法之通例，亦我国立法之传统。美国道德性法理学派代表人物索伦认为："良善立法不能止于防止伤害他人的行为或者保护权利，而是要致力于促进人类繁荣，使人类能够过上卓越的生活；法律的基本概念不应限于福利、效率、自决或平等，而是必须纳入德性、卓越及人类繁荣。"[②]因此，适用法律中的道德性条款，是法官道德能力最直接的作用方式和表现形式。当然，在司法实践中，德性条款的适用一般是以上文论及的行为正当化处理或争讼伦理化转译为前提的。在其方法论意义上，大致可以分为直接适用、关联性适用和解释性适用三种基本形式。

1. 直接适用

即根据基本事实，直接找到特别法的道德性条款，作出合乎道德性之裁判[③]。顾名思义，直接适用就是以特别法中的道德性条款为依据作出裁判。就其性质而言，作为法官道德能力运用的行为正当化处理或者争讼伦理化转译，所要解决的是"事实的德性论证"的问题——这是德性裁判的事实基础，但据此尚不足以支持司法的德性裁判，为此，法官还必须找到法律中的德性条款。具体而言，司法实践中大致可以分为狭义的直接适用和转译的直接适用。

[①] 李萍、童建军：《德性法理学视野下的道德治理》，《哲学研究》2014年第8期。
[②] Lawrence B. Solum. Virtue Jurisprudence: A Virtue Centered Theory of Judging. Metaphilosophy, 2003, 34(1-2).
[③] Lawrence B. Solum. Virtue Jurisprudence: A Virtue Centered Theory of Judging. Metaphilosophy, 2003, 34(1-2).

(1) 以某船厂诉某船务有限公司船舶修理合同纠纷案为例①,原告某船厂起诉被告某船务有限公司拖欠船舶维修费人民币380万元,请求法院判令被告支付船舶维修款、违约金共人民币431.85万元。在案件审理过程中,人民法院依法调取证据,查明原告、被告恶意串通,虚构船舶维修的事实后,认定原告、被告双方共同伪造有关证据,企图损害他人合法权益,构成虚假诉讼,依法判决驳回原告的诉讼请求,并依法对原告、被告各处罚款人民币20万元。在该案法律适用中,《民事诉讼法》第十三条第一款之规定即"民事诉讼应当遵循诚实信用原则",属于典型的德性条款,法院直接使用该条款作出裁判,即属于德性条款的狭义的直接适用。

(2) 以上文引用的"追逃致死案"为例,主审法官在对涉案行为做正当化处理后,将其定性为见义勇为。但见义勇为并非严格意义上的法律概念。为此,法官有必要将见义勇为转译为刑法上的正当防卫,而后方可适用《刑法》第二十条之规定,即"为了使国家、公共利益、本人或者他人的人身、财产和其他权利免受正在进行的不法侵害,而采取的制止不法侵害的行为,对不法侵害人造成损害的,属于正当防卫,不负刑事责任"。

2. 关联性适用

即在特别法没有专门德性条款的情形下,为作出合乎德性之裁判,法官摆脱特别法优于普通法之拘束,从与特别法相关联的普通法中,寻找德性条款作为断案根据。以上文所引"张学英诉蒋伦芳案"为例,作为一庄遗产纠纷案,基于特别法优于普通法之原则,《继承法》具有优先适用的效力。但法官在争讼伦理化转译之后,并未在《继承法》中找到可以支持其德性裁判之直接依据。为此,法官在法律适用范围上,做了合乎逻辑的联想,即从与《继承法》密切关联的《婚姻法》和《民法通则》中寻找德性条款。正是基于作为《继承法》之普通法的《婚姻法》和《民法通则》中的公序良俗条款,法官作出了维护婚姻伦理和家庭价值的判决。在法理上,关联性适用的条件有三:

(1) 特别法中没有支持"预判"的德性条款。根据法官找法的一般方法,应优先从特别法中寻找。在该案中,《继承法》具有特别法地位,法官应当在《继承法》中寻找法律依据。但作为特别法的《继承法》并没有足可支持法官"预判"的德性条款。此即该案主审法官将找法范围由特别法扩充到普

---

① 2016年最高人民法院公布的"贯彻社会主义核心价值观十大典型案例"中的第七个案例。

通法的必要性。

（2）直接适用特别法规定，很可能得出与上位法价值相冲突的裁判。基于特别法优于普通法之原则，在涉及遗产纠纷的案件中，法官应当优先适用《继承法》的相关规定。但在该案中，如果直接适用《继承法》第五条之规定，那么，法官就必须认定张某所持公证遗嘱的法律效力，并因此要做出支持张某诉请之裁判。但这一裁判显然与《民法通则》存在价值上的紧张关系。此即主审法官选择适用《民法通则》的正当理由。

（3）法官选择适用的法律与"被弃用"之法律之间存在普通法与特别法的关系。在司法个案中，法官找法并非漫无边际。若出现下位法适用困难，只能在该下位法临近的上位法中找法——此即越级找法禁止原则，比如在合同纠纷中，如果出现《合同法》适用困难，只能从《民法总则》中找依据，而不能越级从《宪法》中找依据；同理，若出现特别法适用困难，则只能在特别法的普通法中找法。比如，在该案中，涉及家庭财产继承纠纷，在适用特别法即《继承法》出现困难的情形下，只能在与《继承法》存在普通法关系的法律中找依据。此即主审法官选择适用《婚姻法》相关条款的法定理由。

3. 解释性适用

所谓解释性适用，意指在具体个案中无法找到可以适用的德性条款，借由法官对相关法条的德性解释或者申请立法者对待适用的法律作出德性化的立法解释，作出合乎德性的裁判。

（1）基于其对法律规范的忠诚义务，法官之于法律的德性解释通常比较谨慎，但适用频率并不太低。以"夫妻忠诚协议"案为例，不同地区的法官均是基于其对《婚姻法》中相关条款的德性解释，对"夫妻忠诚协议"的效力予以认可和支持[①]。如在上海"张某诉刘某案"[②]中，法院认为：张某和刘某在自愿基础上订立的协议有效，且张某提供的证据证实了刘某与其他女性的一些行为，可以认为刘某已经违背了夫妻间关于彼此忠实的约定，对于夫妻间的忠诚协议，由于没有违反法律规定，应予认可。在山西沁源县"李某诉张某案"[③]中，法院认为：涉案"夫妻忠诚协议"是双方真实意思的表示。协议的签订没有违背法律禁止性规定，也没有违背公序良俗。在此基础上，

---

① 闵卫国：《论夫妻忠诚协议与离婚损害赔偿》，《法律适用》2013年第5期。
② 李杰：《以案说法："夫妻忠诚协议"是否有效》，《法制日报》2005年4月24日。
③ 辛戈：《丈夫出轨 妻子凭"忠诚协议"成功索赔10万》，《山西晚报》2013年5月10日。

协议与宪法所赋予的公民基本人身自由权利之规定不相悖。

（2）申请立法解释，是解释性适用最稳妥的方式。以"北燕云依"诉某派出所拒绝办理户口登记案①为例，2009年，济南市民吕某给女儿起名为"北雁云依"，并以该名为女儿办理了出生证明和计划生育服务手册等手续。后在办理户口登记时，当地派出所以"北雁云依"的名字不符合办理户口登记条件为由，拒绝登记。为此，吕某以被监护人"北雁云依"的名义向人民法院提起行政诉讼。这也成为全国首例姓名权行政诉讼案。在该案中，原告依据《民法通则》第九十九条和《婚姻法》第二十二条主张姓名权。《民法通则》第九十九条和《婚姻法》第二十二条对"姓名权"均无禁止性规定，原告为子女取名"北雁云依"并未违反法律的禁止性规定；《户口登记管理条例》也没有对户口登记设置限制性条件，派出所拒绝登记行为并无充分的法律依据。那么，被告所坚持的不符合户口登记条件究竟是什么呢？主审法官和被告内心确信是"公序良俗"。但现行法律涉及姓名权的规定中，并无公序良俗条款。为此，法院作出了终止审理裁定，并决定送交有权机关作出解释或者确认。此后，最高人民法院向全国人民代表大会常务委员会提出，为使人民法院正确理解和适用法律，请求对《民法通则》第九十九条第一款"公民享有姓名权，有权决定、使用和依照规定改变自己的姓名"和《婚姻法》第二十二条"子女可以随父姓，可以随母姓"的规定作法律解释，明确公民在父姓和母姓之外选取姓氏如何适用法律。全国人民代表大会常务委员会作出解释："公民依法享有姓名权。公民行使姓名权属于民事活动，既应当依照民法通则第99条第1款和婚姻法第22条的规定，还应当遵守民法通则第7条的规定，即应当尊重社会公德，不得损害社会公共利益。"原审法院根据这一立法解释，作出判决：公民行使姓名权，应当尊重社会公德，不得损害社会公共利益。在父母姓氏之外选取其他姓氏，应有不违反公序良俗的正当理由。本案原告"北燕云依"并不符合上述规定的情形，故判决驳回原告的诉讼请求。

三、司法道德能力的生成与培育

司法固然只应当服从法律，但法官以法律名义所作出的裁判会对社会

---

① 2016年最高人民法院公布的"贯彻社会主义核心价值观十大典型案例"中的第二个案例。

道德产生积极或者消极的影响。德沃金指出:"一位法官的点头对人们带来的得失往往比国会或议会的任何一般性法案带来的得失更大。"①因此,任何成熟的司法理论都应当为司法道德留有一席之地,至少不应当道德冷漠②——以正义为基本职旨的法官,对社会或身边所发生的各种道德事件尤其是负面的道德现象,不可以无动于衷、冷漠无情,对他人所遭受的苦难、不幸和困厄,不应当袖手旁观、麻木不仁。在这个意义上说,认真对待司法道德能力之生成和培育,应当成为中国司法队伍建设的基础性问题。

(一) 司法伦理教育:法官个体道德能力生成的核心机制

在发生学意义上,个体道德能力乃实践和教化之产物。法官个体的道德能力是一种超越趋利避害本能的职业素养,是一种惩恶扬善的本事和能力,它和专业知识与技能一道共同构成司法能力的核心内容。因此,法官个体道德能力的生成和培育,必须借助于良好的司法伦理教育。

1. 培植道德良知

所谓良知,即康德之所谓"自己对自己做出裁决的道德判断力"③;它是存诸人之内心的"道德法庭",是个体在人格的意义上确立道德意识和道德能力的内在根据④。因此,培植个体道德良知构成整个司法伦理教育的基础——法官的职业道德意识和道德能力是以其道德良知以及建立在良知基础上的道德体验、道德情感和道德判断为基础的。麦金太尔在谈到正义问题时曾说过:正义只有对具有正义感的人才有意义,必须在正义及正义感之间建立关键性的联系。一个拥有道德良知的法官,不仅意味着获得了战胜邪恶侵袭的免疫能力,而且意味着拥有了辨别善恶的意愿、动机和能力。据此,司法过程中一切价值权衡或道德判断所依赖的精神成分归诸良知名下,法官之所以坚持正义,作出合乎德性的裁判,正是因为他们拥有良知⑤。所以,良知对于法官的意义远胜于普通的道德个体。因为一个泯灭良知的法官对社会的祸害尤甚。此即所谓"一次不公正的裁判比多次不公平的举动为祸尤烈。因为这些不平的举动不过弄脏了水流,而不公的裁判则把水

---

① [美]德沃金:《法律帝国》,李常青译,中国大百科全书出版社1996年版,第1页。
② 陈伟宏:《道德冷漠与道德能力的构建》,《道德与文明》2016年第5期。
③ [德]康德:《单纯理性限度内的宗教》,李秋零译,中国人民大学出版社2003年版,第198页。
④ 陈伟宏:《道德冷漠与道德能力的构建》,《道德与文明》2016年第5期。
⑤ [美]梯利:《伦理学概论》,何意译,中国人民大学出版社1987年版,第24页。

源败坏了"①。

2. 培植道德信念

所谓道德信念,即法官对司法伦理规范或道德法则的意识或自觉,以及建立在此基础上的角色性伦理关怀、道德需要和道德责任——法官的角色不仅是一个法律性存在,而且是一个道德性存在。作为一个道德性存在,法官不仅应当对其职业所涉之道德价值有着终极性的反思和追问之自觉或意识,而且应当有承担其职业所涉之道德责任的能力和信念。套用泰勒的话说:法官除应当关注"诸如正义及对其他人的生命、幸福和尊严的尊重等议题和反应之外,也要考察对支撑着我们自己尊严的东西的感受,或考察对使我们的生活富有意义和完满的东西的追问"②。一个具有道德信念的法官,不仅坚信司法伦理规范的价值取向,而且能在复杂变化的、价值冲突的情境中运用这种规范去辨明善恶是非,作出合理的抉择,从而在个案中实现这种规范所承载的基本价值。

3. 塑造道德人格

在伦理学上,道德人格是指个体人格的道德规定性,是一个人做人的尊严、价值和品格的总和。正是这种人所特有的道德规定性构成了个体比较稳定的内在的精神结构,并由此产生出比较稳定的或一贯的行为倾向和生活态度。它具有动机整合、行为驱动、价值定向和自我调控等功能。道德人格有高低之分,个人只有认同和尊奉那种反映和体现了历史必然性的原则和规范,并将其内化为自己的价值目标,才能获得真正的道德自由,才能使自己的道德人格具有高尚性,并不断完善自己的道德人格③。这里的道德自由即主体基于其道德人格所自主作出的道德抉择并将这种抉择不受阻碍地付诸实践状态或境界。司法道德人格乃社会外在价值,包括法律价值,以及法律原则和规范转化为法官内在的道德认识、道德信念、道德自律和道德践履的基本环节或中介。马克思说:"一个人只有在他握有意志的完全自由去行动时,他才能对他的这些行为负完全的责任。"④一个法官只有在具备道德

---

① [英]培根:《培根论文集》,水天同译,商务印书馆1983年版,第193页。
② [加拿大]查尔斯·泰勒:《自我的根源:现代认同的形成》,韩震等译,译林出版社2001年版,第4页。
③ 唐凯麟:《道德人格轮》,《求索》1994年第5期。
④ 《马克思恩格斯选集》第四卷,人民出版社1995年,第76页。

人格的条件下,才有可能独立地作出判断。在这个意义上说,司法道德人格的培养是法官道德能力培养和构建的重心所在,是司法伦理教育的真正目的所在①。

(二)社会培养:司法道德能力生成的社会土壤

司法是一种社会性存在。司法道德能力的生成和培育兼具个体性和社会性双重维度。在其现实性上,正是在其社会性维度中,法官个体道德能力才有客观的生成和传递空间,其道德践履和道德团契方成为可能。因此,有什么样的社会,就会有什么样的法官;一个好的社会就是一所好的学校,就是法官道德能力生成之适宜土壤。

1. 伦理规范建设

黑格尔指出:"伦理是自由的理念。它是活的善。这活的善在自我意识中具有它的知识和意志,通过自我意识的行动而达到它的现实性;另一方面,自我意识在伦理性的存在中具有它的绝对基础和起推动作用的目的。因此,伦理就是成为现存世界和自我意识本性的那种自由的概念。"②为实现社会对于司法道德人格的培育或培养,就必须强化社会本身的伦理规范体系建设,即在规范层面上加强社会伦理建设,使得社会规范体系在总体上转化成为道德性的规范体系,为人与人之间的社会交往获得道德原则的辩护和价值理念的支撑奠定基础③。在相当程度上,正是这种具有道德性的规范体系,给社会成员提供了一种具体空间中的善恶方向感,它能有助于社会成员置身于具体道德场景时很快判断出"什么是好的或坏的,什么值得做和什么不值得做,什么对你是有意义的和重要的,以及什么是浅薄的和次要的"④。相反,如果缺乏这种伦理规范体系,或者其所提供的具体空间中的善恶方向是扭曲的,那么,社会就会出现较为严重的认同危机与无价值方向感的混乱⑤。

---

① [德]赫尔巴特:《普通教育学·教育学讲授纲要》,李其龙译,人民教育出版社1989年版,第13页。
② [德]黑格尔:《法哲学原理》,范扬等译,商务印书馆1961年版,第162页。
③ 陈伟宏:《道德冷漠与道德能力的构建》,《道德与文明》2016年第5期。
④ [加拿大]查尔斯·泰勒:《自我的根源——现代认同的形成》,韩震等译,译林出版社2001年版,第38页。
⑤ 王锋:《合作治理中的道德能力》,《学海》2017年第1期。

2. 社会道德人格塑造

人格是人区别于动物的为人资格和人的尊严,基于此,马克思把人的资格和人的尊严作为人格的标记,指出:"尊严是最能使人高尚起来、使他的活动和他的一切努力具有崇高品质的东西,就是使他无可非议,受到众人钦佩并高出于众人之上的东西。"① 因此,人格从道德价值的维度揭示了人的独立存在的主体地位、稳定性的完整特征和存在状态,表现为个体或群体在社会生活中形成的调节、适应、改造周围环境的精神素质②,是"人的社会自我"③。为实现社会对于司法道德人格的培育或培养,就必须重视社会本身的伦理规范体系和价值体系建设。一个"好的社会"必然是一个能够有效塑造符合其社会、文化和价值需要的道德信念、道德理想和道德价值的社会,因而也是一个能够塑造大众化的道德人格的社会。在价值层面上强化社会的价值引导,将民众塑造成为有德性的主体,将社会从总体上塑造成一个讲正气的社会。

3. 道德型社会建设

一个好的社会,在总体上必然是受道德性的法则所支配、规范和约束的社会,而不只是仅受单纯的功利性发展所支配的社会④。只有在一个好的社会,法官道德能力才可能得以充分地生长和展示。相反,在一个缺乏起码的公平、公正或公道等整体性美德的社会,其规范的道德调控功能在总体上失灵,并因此丧失了赞誉、推崇、褒奖和弘扬优良道德行为和谴责、阻止、遏制、惩戒不道德行为之机能,即社会本身丧失了自我纠正、自我奖惩的道德能力,那么以公平正义为基本内核的司法道德能力便丧失了现实性的伦理基础,法官个体或整体的道德能力之培养也就无从谈起。因此,道德型社会建设对于司法能力生成和培育而言,具有生态性意义。

(1)底线伦理观的培育。在其发生学上,主体的一切美好的品德多孕育于炉灶之旁,成长于日常生活之中。因此,作为社会最小细胞的家庭确系直接或自然的伦理精神的孕长之所。在这个意义上,道德型社会建设的本质在于"生活秩序和心灵秩序的同构"。"这一思路不应被理解为期望公

---

① 《马克思恩格斯全集》第四十卷,人民出版社 1982 年版,第 62 页。
② 杨立英:《公民道德人格的价值涵摄》,《东南学术》2015 年第 5 期。
③ [美]赫根汉:《现代人格心理学历史导引》,文一、郑雪、郑敦淳等编译,河北人民出版社 1988 年版,第 1 页。
④ 陈伟宏:《道德冷漠与道德能力的构建》,《道德与文明》2016 年第 5 期。

民必须变得无私并在行为上完全利他,但它确实意味着,公民有责任既要发现他们自己的个人利益也要发现政治社群的利益,而对这一社群利益,他们负有契约性的、自制的责任。"①

(2) 公共精神的培育。黑格尔将社会解释为"各个成员作为独立的单个人的联合,因而也就是在形式普遍性中的联合,这种联合是通过成员的需要,通过保障人身和财产的法律制度,和通过维护他们的特殊利益和公共利益的外部秩序而建立起来的。"②因此,公共精神是在社会生活和交往中生成和发展的。当公共精神作为一种道德品性建立起来,并通过最大参与面的互动实现了良性循环之后,势必造就整个社会着眼于公共利益的价值取向和自我态度,从而为司法道德能力成长提供有机生态和合力支撑。

(3) 制度正义。罗尔斯认为:"正义的基本主题就是社会基本结构,或者说得更准确些,就是主要的社会体制分配基本权利和义务以及确定社会合作所产生的利益分配的方式。"③道德型社会建设内在地要求社会基本制度合乎正义准则,使得人们"在实体性的普遍物中,在致力于这种普遍物的公共生活所具有的目的和现实中,即在国家制度中,返回于自身并在其中统一起来"④。由此,在制度正义教化和调适中,正义将外化为社会全体成员共同遵守的规范,公民行动的道德合理性与正当性就更具有实然价值了⑤。

(三) 法治规训:司法道德能力成长的制度平台

在司法过程中所发生的各种法律关系,并非单纯的利益关系,或者以利益为基础的法权关系;在其更高意义上,它是一种攸关公平正义的伦理关系,在这种伦理关系中,法律关系主体彼此承担着诸如理性、正当、仁爱、秩序等道德责任。一个健康并运行良好的司法规范体系及其所衍生的司法秩序,必然内在地包含着相应的道德性规范或秩序。为此,有必要推动司法职业道德规范和伦理秩序的法制化构建,将那些对社会风气、风尚和习俗有着

---

① [美] 特里·L. 库珀:《行政伦理学:实现行政责任的途径》,张秀琴译,中国人民大学出版社 2001年版,第63页。
② [德] 黑格尔:《法哲学原理》,范扬等译,商务印书馆1961年版,第173页。
③ [美] 约翰·罗尔斯:《政治自由主义》,万俊人译,译林出版社2000年版,第42页。
④ [德] 黑格尔:《法哲学原理》,商务印书馆1961年版,第174页。
⑤ 黄子鸿:《社会伦理的生态性及其优化路径》,《山西农业大学学报(社会科学版)》2015年第12期。

深远影响的道德现象、道德问题和道德事件纳入法制化的轨道,形成针对此类现象、问题和危机的道德立法,以期从法制建设的角度加强社会的道德治理,从而在法制化建设的基础上提升社会的道德底线,净化社会的道德风气①。

1. 法律应当为司法道德能力的作用留足空间

相对于刚性的法律而言,道德更具宽柔性和浸润性。在司法过程中,允许司法道德能力的作用,并非要削弱法律的功能,而是为了让法的适用获得社会伦理的支持和褒誉。

(1) 就司法与法的关系而言,依法判案实乃天经地义,但法院也并非立法机构的附庸或者仅为机械的法律宣示者②。在个案裁判中,法官不仅可以而且应当根据自己对法律的理解,赋予法律以新的意义。如果承认"法律不会自动适用于社会",那么就必须同时承认"法官在适用法律上的自由"。这种"自由"不仅是法官的特权,而且是法官的道德义务。在这个意义上,马克思说:法官可以"超过法律,直到它认识到必须满足社会的需要为止"③。恩格斯也认为:审判人员可以不依赖传统的审判实践解释法律,而按照他们的健全理智和良心的启示去解释法律④。

(2) "法官在适用法律上的自由"并非随心所欲,而是必须受制于原则、纪律、知识和社会秩序,并且在这样一个给定的框架内理解法律、解释法律和适用法律。诚如卡多佐所指出的那样:"即使法官是自由的时候,他也仍然不是完全自由。他不得随意创新,他不是一位随意漫游、追逐他自己的美善理想的游侠。他应从一些经过考验并受到尊重的原则中汲取他的启示。他不得屈从于容易激动的情感,屈从于含混不清且未加规制的仁爱之心。他应当运用一种以传统为知识根据的裁量,以模拟的方法,受到制度的纪律约束,并服从'社会生活中对秩序的基本需要'。"⑤

(3) 司法所追求的目标是实现法律上的公正,正是这一目的规定了法官所共同遵守的伦理准则,任何形式的审判自由都无法逾越这一准则。马克思指出:"国家对于被告享有某种权利,因为国家对于这个人是以国家的

---

① 陈伟宏:《道德冷漠与道德能力的构建》,《道德与文明》2016 年第 5 期。
② 胡玉鸿:《马克思恩格斯论司法独立》,《法学研究》2002 年第 2 期。
③ 《马克思恩格斯全集》第六卷,人民出版社 1982 年版,第 274 页。
④ 《马克思恩格斯全集》第六卷,人民出版社 1982 年版,第 280 页。
⑤ [美] 本杰明·卡多佐:《司法过程的性质》,苏力译,商务印书馆 1998 年版,第 88 页。

身份出现的。因此,就直接产生了国家的义务,即以国家的身份并按照国家的方式来对待罪犯。国家不仅有按照既符合自己的理性、自己的普遍性和自己的尊严,也适合于被告公民的权利、生活条件和财产的方式来行事的手段,国家义不容辞的义务就是拥有这些手段并加以运用。"①

2. 法律不应止于防恶,在其更高追求上,法律应当扬善

法律的精神植根于维系社群的社会规范之中,因此,立法者应当把握社会规范以及由此所构建的基本社会秩序中所蕴含的道义价值和道德诉求,并将其合乎逻辑地融入法律规范之中。此即立法的正义——正义乃卓越立法最不可或缺的德性,违背正义的立法,执行得越彻底,对社会道德理想和伦理秩序的伤害越深透。

(1) 当我们试图以法律规范实现德性的理想时,并不意味着要将德性通过立法的形式转变为法律条文,并借助法律规范的强制性和威慑性力量,将德性直接施诸人们,而是要强调法律的正当性标准不能仅仅限于履行特定的政治使命或者灌输国家意志,这种政治的合法性只是法律正当性的一种维度。除了这种维度之外,法律还必须对人们的德性和人类的繁荣保持合理的道德关注。这并非对德性强制性适用,而是要通过立法技术表明国家态度——德性是公民个人最好的利益,从而为德性的培养提供必要的前提性条件,为德性的成长和作用提供间接的支持。

(2) 个案裁判是法官适用法律和寻求公正的艺术,而不只是一种单纯的法律技能。技能追求真,而艺术要在真的基础上追求美。因此,司法正当性标准不是机械的"以事实为依据,以法律为准绳",在其更高要求上,法官应当运用其实践智慧②,在司法的法律效果和社会效果特别是道德效果之间取得平衡——这不是鼓励法官以德性之名枉法裁判;恰恰相反,它要求法官通过个案裁判,为德性提供恰当的积极的司法激励,支持和鼓励德性的实践,并警醒法官不能以法律的名义戕害德性③。

3. 法治应当有道德底蕴

法律不等于道德,但不能没有道德底蕴。党的十八届四中全会决定指

---

① 《马克思恩格斯全集》第四十一卷,人民出版社 1982 年版,第 321 页。
② Solun、王凌皞:《美德伦理学、新形式主义与法治:Lawrence Solun 教授访谈》,《南京大学法律评论》2010 年春季卷。
③ 李萍、董建军:《德性法理学视野下的道德治理》,《哲学研究》2014 年第 8 期。

出:"法律是治国之重器,良法是善治之前提",并明确提出要增强法治的道德底蕴。

(1) 法治乃良法之治。良法本身就是一个伦理性范畴,它内在地包含着公平正义等基本的道德规定性①。良好的法律通过对权利义务的分配,展示其内在的道德规定性。这种道德规定性隐含在其规范性功能当中。当制度以规范的方式约束人们的行为时,实际上以隐蔽的方式向人们提供了某种善恶是非的引导——用以指导进行制度设计的原则实际上向人们、向社会传递了某种价值导向②。

(2) 社会的公平正义问题是一个基本的制度伦理问题——如何通过人性、人道、公平、公正的制度安排,确保每个社会成员尊严感、获得感、幸福感、安全感的实现,本质上是制度伦理关注的核心议题,因而也是法律制度伦理应当关注的基本问题③。一个德性化的法律制度或规范体系可以"持续生产和再生产某种个人及其善的观念"④,可以持续生产和再生产出社会得以共享的善的观念(和其他道德观念),同时也可以持续生产和再生产出符合这种善的观念的道德性制度规范体系⑤。

(3) 让法治的终极价值契合于道德的终极关怀。如果说,道德世界的终极关怀是对人的生存价值的关怀——是对人的生命意义的追寻和关注,是人作为有别于动物的最根本需要,是自然存在与精神存在的高度统一⑥;那么,法治的终极价值是人性尊严的最高关照——人性的尊严是由于人作为人类共同体成员所拥有的高贵与尊荣;人的尊严并非由实在法所设定,而是超越于实在法之上,属于不依据实在法而存在的先在规范,是整合法律体系的基础规范,是一种不可随意修正的永久规范,代表现代法律的伦理总纲。因此,不论是着重程序公平的形式法治理论,或者追求实质正义的实质法治理论,最终都可统摄在人性尊严的价值概念底下,致力于建构一个完善的现代法治国家,使人人都过着有尊严的美好人生⑦。

---

① "法律必须满足道德或者正义的一定条件,只有这样的法律才能称为良法"。季卫东:《通往法治的道路:社会的多元化与权威体系》,法律出版社 2014 年,第 44 页。
② 王峰:《合作治理中的道德能力》,《学海》2017 年第 1 期。
③ 胡玉鸿:《新时代法学研究的新任务》,《中国社会科学》2018 年第 2 期。
④ [美] 罗尔斯:《政治自由主义》,万俊人译,译林出版社 2000 年版,第 286 页。
⑤ 陈伟宏:《道德冷漠与道德能力的构建》,《道德与文明》2016 年第 5 期。
⑥ 赵凌:《终极关怀:人类精神世界的最高价值旨归》,《学术论坛》2017 年第 2 期。
⑦ 胡玉鸿:《人的尊严的法律属性辨析》,《中国社会科学》2016 年第 5 期。

四、结语

近日刷屏的"疫苗案"再次向我们发出警示：如果司法无底线，那么社会良知将彻底崩塌。因此，在新时代，司法能力建设应当成为国家司法文明建设的核心议题；社会主义核心价值观应当成为国家司法的基本伦理法则。在国家层面，司法裁判应当反映国家核心价值观，并彰显和发展中华民族多元一体的共同伦理观；在社会层面，司法裁判应当体现社会的普遍正义诉求，并借助于个案裁判凝聚和发展全社会的价值共识；在个人层面，司法应当有助于人的高尚情操成长——法治是一项以人为起点，并以人为归宿的事业，这项事业应当明了个人对祖国的依存关系，应当培养公民对自己的国家、民族、文化的归属感、认同感、尊严感与荣誉感。国家是每一个公民的共同家园，热爱自己的国家是每一个公民应有的道德情操；公民要过上有尊严的生活，首先国家得有尊严，反过来说，公民活得有尊严，表征着国家有尊严。

法律职业伦理规范：建构及困境

王莉君*

摘要：法律职业共同体在法治社会建构中的重要地位与作用，彰显了法律职业伦理的重要性。文章回顾了我国法律职业共同体改革历史与职业伦理规则建构过程，认为我国法律职业伦理规范存在两大困境：一是法律职业伦理规范自身的建构困境，表现为法律职业伦理规范的内在价值冲突难以化解、法律职业伦理规范的自律性色彩日益淡漠。二是法律职业伦理规范施行的外部结构性困境，表现为三个方面：法律制度仍存在着不少瑕疵，这必然会降低法律职业的道德权威与道德吸引力；侵害法律职业自主性的不利因素仍然存在；迅速变迁的社会环境使得我国的法律职业伦理培育面临着巨大的分裂与挑战。作者就相关问题提出了相应的应对之策。

关键词：法律职业伦理规范；建构困境；法律职业共同体；道德权威

在法治社会中，律师、法官、检察官和其他法律职业者因负责法律的运作而具有举足轻重的作用。正是通过这些制度角色的行动，抽象的法律规范才能通过个案的具体化而落实在现实的社会生活中。为防止法律职业者的主观偏私干扰法律规范功能的实现，从事法律职业的人被要求必须忠诚于法律，甚至应做到"只发现法律而不创制法律"的地步。"理想"的法官最好是一台"自动售货机"：投进去诉状和诉讼费，吐出来判决和理由[①]。然而，在现代社会，由于社会生活纷繁复杂、瞬息万变，立法者即使殚精竭虑，也无法预见到所有的问题并提供完备的法律解决方案。通过立法活动而创

---

* 王莉君，中国社会科学院大学政法学院教授，法学博士。
① [德]马克斯·韦伯：《论经济与社会中的法律》，张乃根译，中国大百科全书出版社1998年版，第62页。

立的法律规范不得不保持一定的开放性和弹性,从而避免出现规范过于狭窄、封闭以及停滞不前的问题。在实践中,法律的开放结构已经构成了法律的一个基本性质①。因此,法律职业者的裁量空间也是不可避免的。立法活动的局限性,还会使法律漏洞、错误和缺陷在所难免地出现。一旦法律人为了给特定人谋利益而不当利用法律的弹性或缺陷,所引发的就不仅仅是法律职业的道德危机,更是法律本身的道德危机。在这种情况下,如何才能保证法律制度的安定性?如何才能实现法律之治的公信力?一般认为,通过法律职业伦理规范的约束,可以指引法律职业者在面对开放的或有瑕疵的法律规定时做出正确的选择,进而防止法律职业者异化为损害法治价值的不可控力量。

那么,如何进行法律职业的伦理建设?目前,在不同国家,建构法律职业伦理的方式具有一定的共性,主要表现为以下三个方面:其一,通过建构法律职业共同体,来确立法律职业的道德自主性、独立性、价值判断的统一性,为形成共同的职业伦理观念奠定基础,进而促进法律从业者对法律的共同忠诚②;其二,通过行业自治与外部规制等途径,形成体系化的职业伦理规范,通过制度的力量强化伦理规范的约束力量;其三,在法学教育中加强法律职业伦理教育,使法律职业的后备人员不仅具备扎实的基础知识和实际的操作能力,而且通过熟悉从业者应遵循的角色伦理与道德义务,将职业伦理规范逐步内化为个体的道德心理结构,并形成良好的职业道德品质③。

我国自改革开放以来,法律职业者群体的规模开始大幅度扩张。对于法律职业者的规制基本也采用了以上三个方面的思路:在律师的规制方面,自20世纪80年代末开始,国家便逐渐以"职业自治"为实质理想,以行业自律为发展目标,对律师业进行了大刀阔斧的管理体制改革。在这一时期,一些大城市首先出现了合作制律师事务所。这种类型的律师事务所遵循不占行政编制、不靠财政经费、自收自支、自负盈亏、自我发展、自我约束的"两不四自"原则,由所内律师出资设立,以该律师事务所的全部资产对其债务承担责任。脱离政府机构的律师事务所的出现,为律师的职业自治开启了可能性。2000年,国务院开始要求所有的国有律师事务所都必须要

---

① H. L. A. Hart, The Concept of Law (revisit edition), Clarendon Press, 1994, p.147.
② 李学尧:《法律职业主义》,《法学研究》2006年第5期。
③ 刘坤轮:《法律职业伦理教育必要性之比较研究》,《中国法学教育研究》2014年第4辑。

"脱钩改制",国有律师事务所的人员、财务、业务与名称都与其所挂靠的政府机关强制分离。另外,为了解决法律服务市场"管理分散、资格林立""政社不分""行政集权""非法执业现象十分普遍"等问题,国务院清理整顿经济鉴证类中介机构领导小组提出了一系列清理整顿法律服务市场的举措,力图促进法律服务行业的自治与同质化①。同时,在此期间,尽管"行政管理为主"和"行业管理为主(行业自律)"的两种理念,在司法行政机关和律师协会的"两结合管理体制"实践中不断"来回拉锯",但占主流的制度改革推进力量,一直都将最终实现法律职业的自我规制作为主要目标。全国和各地的律师协会会长逐渐都开始由执业律师担任,各级律师协会也因此取得了一定的职业规制权力②。

除律师以外,法官、检察官的职业化、精英化也成为司法改革的重要方向。最高人民法院、最高人民检察院在1999年以后便开始分别认真地推进"法官职业化"和"检察官职业化"的人事改革。2005年以后,最高人民法院还试图推进以"实现法官精英化""提高法官的社会声誉""提高法官的职业素养""解决法院人员职业素质良莠不齐的现象"等为目的的"法官员额制""法院人员分类改革"等。2014年,法官员额制改革正式开始试点。此后,检察官的员额制改革也开始实行。法官、检察官的员额制以及分类管理在近年来得到了全面的展开。另外,为了使律师、法官、检察官等不同的从业者之间"形成同质的法律职业共同体",在最高人民法院、最高人民检察院和司法部等共同推动下,全国人大常委会于2001年通过《法官法》《检察官法》《律师法》修正案。《法官法》第五十一条明确规定:"国家对初任法官、检察官和取得律师资格实行统一的司法考试制度",由此正式以法律文本确定了司法资格统一考试,并将不同的法律职业者纳入同一种职业准入机制中。2017年,全国人大常委会对《法官法》《检察官法》《律师法》进行了第二次修正。此次修法,提高了法官、检察官等法律职业的任职学历条件,将特定的法学教育背景与法官、检察官的资格准入联结在了一起。2018年,司法部正式启动了法律职业资格统一考试,取代了司法资格统一考试。两种资格考试的一个重要不同之处在于:参加法律职业资格考试者通常情况下应当

---

① 刘思达:《割据的逻辑——中国法律服务市场的生态分析》,译林出版社2017年版,第22、27页。
② 李学尧:《转型社会与道德真空:司法改革中的法律职业蓝图》,《中国法学》2012年第3期。

是全日制的法学本科或本科以上毕业生并获得法学类学士或以上学位。这一制度上的变化,主要目的也在于促进法律职业的精英化①。2019 年,《法官法》《检察官法》得到了第三次修正,修订后的两部法律进一步提高了法官、检察官的任职门槛:不仅法官、检察官任职学历条件最低为"高等学校本科",同时一般还应具有五年的法律工作经历,副院长、审判委员会委员以及副检察长和检察委员会委员从法官、检察官或者其他具备法官、检察官条件的人员中产生。修正后的《法官法》《检察官法》还明确规定法官、检察官实行员额制管理与单独职务序列管理;同时,成立法官、检察官遴选委员会、考评委员会、惩戒委员会和权益保障委员会,分别负责法官、检察官的遴选、考评、惩戒和权益保障。这些立法上的变化,其目的也在于推进法官、检察官队伍正规化、专业化、职业化建设,提高法官、检察官司法公信力。

以上法律职业改革措施具有一个共同的目标,即"构建一个自治、思维、价值和语言的法律职业共同体",使共同体内部的法律从业者保持"人格的自立"和"知识的自足",并据此排除法律以外的不当干扰、合理地做出法律判断。因此,自治的法律职业共同体也是法律从业者形成特定职业伦理规范的前提条件。然而,尽管各项推进法律职业自治的改革措施不断出台,法律从业人员的行为失当、腐败、专业能力不足等问题仍时有出现。为了规制法律职业者行为,我国出现的另一个重要举措表现为法律职业伦理规范日益严密、复杂、制度化。2001 年 10 月,最高人民法院颁布了《法官职业道德基本准则》,并在 2010 年 6 月进行了修订。2005 年 11 月,最高人民法院又颁布了《法官行为规范》,并于 2010 年 12 月进行了修订。这两部文件确认了法官保障司法公正、提高司法效率、保持清正廉洁、遵守司法礼仪、加强自身修养、约束业外活动等方面的职业道德规范。2009 年,最高人民检察院通过了《检察官职业道德基本准则(试行)》,2016 年又出台了《检察官职业道德基本准则》,取代了前述试行规则。根据《检察官职业道德基本准则》,检察官应具备忠诚、公正、清廉、严明的职业道德。此外,中共中央、最高人民法院、最高人民检察院还出台了一系列廉政纪律文件,为法官、检察官确立了方方面面的行为规范。2004 年,中华全国律师协会(以下简称全国律协)通过了《律师执业行为规范(试行)》,对律师的职业道德进行了全面的规

---

① 潘剑锋:《论以法律职业精英化为目标的法律职业资格考试》,《时代法学》2019 年第 5 期。

定。2009年,该行为规范进行了修订。2011年,全国律协颁布了《律师执业行为规范》,取代了试行的行为规范。2017年,全国律协又修订了《律师执业行为规范》的部分内容。2014年5月,司法部印发了《关于进一步加强律师职业道德建设的意见》。为了贯彻该意见的要求,全国律协于2014年又通过了《律师职业道德基本准则》,要求律师忠诚、为民、坚定法治信仰、维护公平正义、诚实守信、爱岗敬业。与这些针对法官、检察官、律师职业而确立的伦理规范相配合的,还有许多具体的惩戒机制。如《人民法院工作人员处分条例》《检察人员纪律处分条例》《律师和律师事务所违法行为处罚办法》《律师协会会员违规行为处分规则》等。随着《法官法》《检察官法》等法律的最新修订,法律职业伦理规范进一步转化为法律规定。近年来,不仅职业伦理规范日趋制度化,在法学教育领域,法律职业伦理建设也被提到了前所未有的高度。2011年,中央政法委联合教育部出台了《关于实施卓越法律人才培养计划的若干意见》,其中"主要任务"的第一项就明确提出了要"强化学生法律职业伦理教育"。2017、2018年,教育部又将"法律职业伦理"分别确定为法律硕士专业学位研究生和法学本科生的必修课。不少学者主张,除专门的课程外,法律职业伦理的教育还应贯穿法学教育的整个过程。高校不仅应当在理论教学中贯穿职业伦理教育,还应当在实践性教学中推动职业伦理教育[1]。在实践中,已有部分高校通过融贯性的教学体系来打破知识教学与实践教学之间的体制壁垒,实现了职业伦理教育的"学训一体"[2]。有学者认为,强化法律职业伦理教育,可以提升法学生的分析能力,增强学生做出道德判断的能力,并培养他们的责任感。法律职业伦理教育还可以帮助学生在未来的执业活动中避免陷入利益的泥潭无法自拔,并在成为何种法律人之间做出理性的选择。另外,职业伦理规范的制度化也有利于相关教育的推进。由于职业伦理已经由模糊的道德标准转变为要求越来越具体的职业规范,这使得职业伦理教育更易于展开,也拥有了更明确的评价标准。为了检验法学职业伦理教育的效果,2015年,中共中央办公厅、国务院办公厅印发《关于完善国家统一法律职业资格制度的意见》,在法律职业资

---

[1] 李娜:《大学法学教育中的法律职业道德教育探讨》,《中国教育学刊》2015年第52期;陈云良:《新时代高素质法治人才法律职业伦理培养方案研究》,《法制与社会发展》2018年第4期;曲玉梁:《论我国法律职业伦理教育学科体系的建构》,《法学》2019年第6期。
[2] 刘坤轮:《法律职业伦理教育:为何"学训一体"?》,《人民法治》2019年第17期。

格考试的内容方面提出"加大法律职业伦理的考查力度",法律职业伦理的考查在法律职业资格考试中的比重必然要加大。2018年开始启动的国家统一法律职业资格考试,特别增设了"司法制度与法律职业道德"这一考试科目。该考试科目不仅包含对律师职业伦理的考查,还包括对法官、检察官、律师、公证员等法律职业人员在从事法律职业活动时所应遵循的符合法律职业要求的心理意识、行为准则和行为规范的考查。

然而,这些旨在强化法律职业伦理规范的举措在实施中仍面临着许多困境,进而影响了其实施效果。笔者认为,这些困境至少表现在以下两个方面:

1. 法律职业伦理规范自身的建构困境

在一个极其复杂的社会生活中,特定的职业伦理规范自身是否存在着难以克服的矛盾,或引发难以预测的负面后果,这是建构法律职业伦理规范时需要认真对待的问题。已有的研究显示,法律职业伦理规范在形成时,其自身往往存在着以下问题:

(1)法律职业伦理规范的内在价值冲突难以化解。

从性质上看,法律职业伦理课以法律职业者的义务是一种制度性的非自然义务。即,如果没有"法律"这种制度安排,法律人也就不会负担这种伦理上的要求①。然而,由于法律自身的开放性,使得这种制度性义务的范围往往处于一种模糊和可辩论的状态。同时,法律职业者往往面对着比一般人更复杂的角色道德困境。由于工作性质决定,他们要时时处理相互冲突的价值观和利益追求。比如诉讼程序中两造的诉讼请求往往就代表着交织复杂和冲突的多种价值观,使得居中裁断和代理其中一方的法律职业者,时常处于道德冲突的旋涡之中。其所面对的各种道德悖论,都无法轻易地寻找到正确的解决方法。

为了缓解法律职业者的道德困境,传统西方法律职业伦理形成了特定的"价值中立""角色分离"论题。"价值中立"论题主张的是,律师所提供的服务必须是纯粹工具性的。在提供法律服务时,律师需要做的仅限于筹划实现委托人的目标最佳的策略,而不必估计该目标的道德可接受性。与此

---

① 陈景辉:《忠诚于法律的职业伦理——破解法律人道德困境的基本方案》,《法制与社会发展》2016年第4期。

相关联,"分离论题"主张的是,律师在参与法律实践时将自己从日常生活的角色中分离出来,摒弃自己的日常道德情感与心理体验,以"专业人士"的心态投身法律职业。分离命题的主张有两个方面:第一个是社会角色的分离,它要求律师在执业时从社会的普通一员成为冷静沉稳、具有专门思维方式的职业人;第二个是心理或情感上的分离,它要求律师在执业时放弃作为一名普通人的道德慎思模式,摒除基于常人的情感体验,仅考虑当事人的目标与利益而不计其日常道德上的后果[1]。然而,这种价值一元化的法律职业伦理,很难为法律职业者的道德选择提供切实的指引。其中最重要的一个原因在于,这种伦理观念假设法律职业者在一个封闭的道德世界中进行执业,他们仅仅需对当事人负责,而不必考虑其他社会角色对其提出的道德要求[2]。当其他社会角色向其提出一个与其所代理的当事人的主张同样具有充分理由支撑的道德主张时,这种简单粗暴的价值论主张便无助于律师摆脱道德两难的困扰。对于负责居中裁断的法官而言,价值一元论的法律职业伦理更无助于其进行价值判断与道德选择。

因此,现代社会有关法律职业伦理规范的设计,都不是由一元化、追求单一价值的规范构成的。而不同价值指向的规范彼此之间往往存在着张力,甚至有发生冲突的可能。比如,美国律师协会《职业行为示范规则》第1.6条有关信息保密的规定与其第3.4条"公平对待对方当事人与代理人"的规定也存在着一定冲突。因为根据后者的规定,律师有一定的信息披露的义务[3]。另外,由于律师的保密义务既涉及社会公共利益,又涉及特定当事人的利益,近年来,美国通过律师行业的自律规范、立法以及判例,逐渐创设一系列律师保密原则的例外以及吹哨人制度[4]。由于涉及多元价值,这些规则在实践中很容易引发质疑与争议。

在我国,2004年的《律师执业行为规范(试行)》(以下简称"04规范")做出了类似于美国律师协会《职业行为示范规则》的律师保密义务规范。"04规范"的第五十六至五十九条分别规定了律师保密义务的范围、例外情形和义务豁免。2011年,修订后的《律师执业行为规范》(以下简称"11规范")删

---

[1] 王凌皞:《应对道德两难的挑战——儒学对现代法律职业伦理的超越》,《中外法学》2010年第5期。
[2] 王凌皞:《应对道德两难的挑战——儒学对现代法律职业伦理的超越》,《中外法学》2010年第5期。
[3] 王凌皞:《应对道德两难的挑战——儒学对现代法律职业伦理的超越》,《中外法学》2010年第5期。
[4] 刘少军:《保密与泄密:我国律师保密制度的完善——以"吹哨者运动"下的美国律师保密伦理危机为视角》,《法学杂志》2019年第2期。

除了"04 规范"第五十六至五十九条所包含的规则,同时,在第八条中重复了 2008 年《律师法》第三十八条的规定。因此,"11 规范"实际上并不包含任何有关律师保密义务的行业规则,只是强调律师需要遵从现有法律规定。然而,既有的法律规定《律师法》第三十八条和"11 规范"第八条一致将律师的保密义务的对象限定为"国家秘密""商业秘密""委托人和其他人不愿泄露的信息",这些规定却存在着价值混同的问题。另外,这些规定也与其他法律规定具有不相协调之处。比如,要求律师对所谓"商业秘密"承担一般性保密义务,与诉讼的对抗性和证据规则都存在一定的不兼容;再如,在面对"律师伪造证据罪"的指控时,律师以保密义务作为抗辩事由,却往往得不到司法机关的认真对待①。

对于伦理规范的内在价值冲突,其化解往往需要一个复杂的权衡机制②。这不是简明的、形式化的技术性规范可以处理的问题。这是因为,规范与规范的冲突,往往无法通过诉诸另一个规范来做出实践上的判断③。而有些不可通约的价值之间发生的冲突,甚至无法找到一个理性的权衡机制予以化解。这是法律职业伦理规范建构过程中面对的一个很难克服的困境。

(2)法律职业伦理规范的自律性色彩日益淡漠。

如前所述,法律职业伦理本来是为了解决法律制度的开放性和不确定性而存在的。然而,伦理自身也充满了不确定性。"……善和恶并不总是那么泾渭分明,它们的显而易见有的时候是虚假的。它们包含着内在的不确定性和矛盾。从这一点看,存在着伦理的复杂性。"④在现代社会,为了应对具有确定性、可技术性处理伦理原则的需求,伦理标准出现了两大趋势:一是完全以行动作为道德评价的对象,即以行为为基础(act-based),忽视行动者的个人品格。二是以规则为指向。这一特点主要是通过角色和责任为主线进行建构主义的制度化努力来表现的,以此来满足道德的普遍主义需求。

---

① 方流芳:《律师保密义务》,《律师文摘》2013 年第 3 辑。
② 与之相类似的,是不同法律原则之间的权衡与适用。法律原则的权衡便涉及复杂的形式结构与论证要求。有关法律原则的权衡问题,可参见雷磊:《规范、逻辑与法律论证》,中国政法大学出版社 2016 年版,第七、第八章。
③ Lawrence B. Solum. Virtue Jurisprudence: A Virtue — Centered Theory of Judging. Metaphilosophy, 2003, p. 181.
④ [法]埃德加·莫兰:《伦理:非如此不可? 非如此不可!》,于硕译,学林出版社 2017 年版,第 93 页。

这两种趋势又被人们称为"道德或者伦理的法律化"①。在法律职业伦理领域,"道德或者伦理的法律化"表现为:其一,法律职业伦理要求大量运用"应当""不得""可以"等道义词,这使得相关的规范仅仅针对主体的外部行为而非内在品质;其二,大量的惩戒措施通过一种外部强制的方式来保障职业伦理规范要求的落实。"道德或者伦理的法律化"的好处在于,含糊的、人所共知的不确定的道德责任,得以缩小为一张有限义务或者责任清单,因此更具有可操作性和安定性,既有利于外部的监督与规制,在一定程度上也有利于减轻从业者的职业风险。

然而,法律职业伦理日益制度化、外部强制性日益增加,却可能产生一个难以控制的负面后果,进而摧毁伦理的本质特征——自律性。道德或伦理越制度化,越容易消灭行动者的道德责任与道德能力。由于复杂的道德选择化约为对规则的遵守,行动者既无须追问和反思自己的道德动机,也无须充分了解其他主体的道德处境,这样反而被免除了自己的道德责任,也无法提升自己的道德品格。法律职业主体的道德能动性因此而消失了。当下,"法律职业伦理已经与职业个人的道德观念无关,更多是一种指引法律人如何在因职业行为与大众道德冲突时,处理道德困境时的技术性规范;甚至,仅仅以功能论的角度去观察的话,将其定义为'解决道德困境的技术规范',实质上也都名不符实了"②。

需要注意的是,与西方的职业伦理规范不同,我国的法律职业伦理规范更多设定了从业者的内在责任。例如,我国《法官法》和《法官行为规范》《法官职业道德基本准则》等规范性文件都要求法官应忠实于宪法和法律,忠诚和热爱司法事业,恪守法官良知,等等。这不仅涉及外在的行为,而且已经深入法官的内心责任和道德情操了③。这些规定类似于美德伦理学的要求,有利于扩展法律职业者的道德视野,进而为提升其道德品质提供基础。不过,在实践中,相关职业伦理规范的施行仍会受到外部社会结构的制约与影响,并遭遇现实困境。

2. 法律职业伦理规范施行的外部结构性困境

法律职业伦理规范的运行与法律制度的运行一样,都不是在真空之中

---

① 李学尧:《非道德性——现代法律职业伦理的困境》,《中国法学》2010年第1期。
② 李学尧:《非道德性——现代法律职业伦理的困境》,《中国法学》2010年第1期。
③ 黄伟文:《从道德责任到职业伦理——法官责任的道德性》,《广东社会科学》2017年第5期。

进行的。不可否认的是,我国的法治建设尽管取得了巨大的成就,但是仍存在着许多的问题,妨碍了职业伦理规范的发展与施行。首先,法律从业者应忠诚的对象——法律制度仍存在着不少瑕疵,这必然会降低法律职业的道德权威与道德吸引力。作为发展中国家,我国法律规范的移植性色彩仍很浓厚,这导致国家的正式法律制度与"行动中的法律"存在着某种断裂。法律专业人员的学术性知识变得越来越技术化,几乎完全脱离了本地的文化语境①。同时,所移植的法律规范之间圆凿方枘、格格不入的现象也时有发生。另外,立法的粗放、立法主体的多元,也会造成法律制度难以回应社会需求、法体系内部的不融贯或简单重复等问题。法律制度自身的瑕疵会使法律从业者在执业过程中更容易遭受负面评价,也更容易使其对法律制度产生轻侮之心或受害之感,进而出现越界行为。

其次,侵害法律职业自主性的不利因素仍然存在,这不仅降低了法律运作过程的安定性,影响了民众对法律制度、法律职业者的信任程度,也不利于法律职业共同体的形成,使法律职业者作为个体很难在各种压力面前能够坚持原则、维护正义。就司法机关而言,我国的法院和检察院经过多年的发展已经变成了具有科层结构的复杂组织,其内部的权力一直按照特定的行政方式运转。近年来的司法改革尽管采取了许多举措,但仍没有从根本上改变这一点。司法人员依法独立行使职权的改革目标也仍未完全实现②。自 2014 年开始启动的司法人员员额制试点,其运行效果就并不理想。就法官员额制改革而言,改革的本旨在于将不适格的审判人员筛选出去,对精简后的法官给予更好的职务保障,从而增加法官的职业尊荣感,并使精英化、专业化的法官队伍提供质量更好的审判工作成果。然而,由于法官入额后的司法责任追究制与所享有的权利两者权衡不对称、平时司法压力的积累及其他原因的考量,导致特别是北上广等大中城市法官离职现象频发,"案多人少"的矛盾难以缓解。在各种利益的角力下,法官遴选机制出现偏差,

---

① 刘思达:《割据的逻辑——中国法律服务市场的生态分析》,译林出版社 2017 年版,第 4 页。
② 参见许昕、黄艳好、汪小棠:《中国司法改革年度报告(2014 年)》,《政法论坛》2015 年第 3 期;许昕、黄艳好、汪小棠:《中国司法改革年度报告(2015 年)》,《政法论坛》2016 年第 3 期;许昕、黄艳好、汪小棠:《中国司法改革年度报告(2016 年)》,《上海大学学报(社会科学版)》2017 年第 3 期;许昕、黄艳好:《中国司法改革年度报告(2017 年)》,《上海大学学报(社会科学版)》2018 年第 2 期;许昕、黄艳好:《中国司法改革年度报告(2018 年)》,《上海大学学报(社会科学版)》2019 年第 2 期;许昕、黄艳好:《中国司法改革年度报告(2019 年)》,《上海大学学报(社会科学版)》2020 年第 3 期。

甚至产生遴选结果上的逆向淘汰。最终,司法活动的质量与效率均出现下滑的不利后果①。检察官的员额制改革也存在着员额数量少、入额的检察官前景不明,以及地位不稳固、权利不充分、职业薪酬不对等之类的问题。当年轻的法官、检察官面临经济上的拮据和困窘,沉重的工作压力以及无处不在并触手可及的受贿机会时,其心中的秩序感和安定感很容易被破坏,也很难认真地对待职业伦理规范。不仅法官与检察官的职业保障仍显不足,律师权利保障的困境也并未完全改观。当下有关律师的行为规范要求仍以管控为主,律师的法律主体地位并不稳固。实践中侵犯律师权益的事件仍时有发生,律师群体在司法改革中一直处于边缘化的地位②。缺乏职业安全感的现状同样加重了律师这一法律职业群体在执业时的道德困境。

  法学教育以及法律职业准入机制仍不尽如人意,难以对进入法律服务市场的人数和法律服务的质量和数量进行有效控制。在法学教育方面,全国各地的高校从20世纪90年代起建立了数百个全新的法学院系,学生人数从70年代的数百人发展到当下几十万名在校生规模,从数量上看发展异常迅猛③。但是,与之相伴随的,是法学教育数量和质量的双重失控④。从数量上看,法律职业岗位需求量与法科毕业生数量相差悬殊。从法学院毕业后,走上法律职业岗位的学生比例并不高。从质量上看,长期以来,中国的法学教育改革没有发生根本性的制度变革⑤。法学教育中有关职业能力培养的环节仍较为薄弱,法律教育与法律职业之间仍未形成良性的互动关系。以当下的法律职业伦理课程为例,由于其作为必修课程的时间较短,专业教师缺乏、教学积累不足、授课时间有限、考评方式单一等因素,都很难真正充分培养学生的法律职业伦理精神。而作为法律职业准入机制基本组成部分的司法资格统一考试、法律职业资格统一考试,其所能考察的内容非常有限,也很难从源头上有效控制法律从业者的质量与数量⑥。不仅如此,国

---

① 宋远升:《精英化与专业化的迷失:法官员额制的困境与出路》,《政法论坛》2017年第2期。
② 许昕、黄艳好:《中国司法改革年度报告(2019年)》,《上海大学学报(社会科学版)》2020年第3期;许昕、黄艳好:《中国司法改革年度报告(2018年)》,《上海大学学报(社会科学版)》2019年第2期。
③ 刘坤轮:《新常态下的中国法学教育:背景与趋势》,《人民法治》2019年第10期。
④ 李学尧:《转型社会与道德真空:司法改革中的法律职业蓝图》,《中国法学》2012年第3期。
⑤ 丁相顺:《"项目推进"与"制度改革":比较法视野下的中国法学教育改革路径》,《交大法学》2016年第3期。
⑥ 李学尧:《转型社会与道德真空:司法改革中的法律职业蓝图》,《中国法学》2012年第3期。

家设置的统一资格考试反而助长了学生对待包括职业伦理教育在内的法学教育的工具主义心态。许多学生仅仅以"通过考试"为目的而接受法学教育与法律资格考试制度,他们热衷于参加各种培训考试技巧的培训班,而轻视高校侧重于学理的教学方式①。这种机会主义、功利主义的心态,并不利于学生培育良好的法律职业伦理态度。

最后,迅速变迁的社会环境,使得我国的法律职业伦理培育面临着巨大的分裂与挑战。近年来,我国经济和社会的转型超越了人们的想象。在一个迅速流变的社会环境中,有关道德的共识性判断往往是难以形成的。不仅法律实务领域中不同职业者之间相互信任度低、认同感低,同一职业内部由于分工与分层的存在,也出现了观念上的分化与判断上的冲突。学术法律人(如高校教师、科研机构研究人员)与职业法律人之间的分化与相互抵牾现象也异常突出。另外,随着律师事务所的私人化、市场化,我国的律师行业也出现了西方律师行业所面临的类似伦理困境:律师提供的服务向富人和特权阶层集中而越来越缺乏公共善的维度。而我国律师职业伦理困境的特殊性还在于:一方面,由于共识性判断的匮乏,本应遵守英雄伦理的部分律师,在日常执业中连道德伦理底线都无法遵守;另一方面,我国法律职业的技术伦理与大众道德的激烈冲突局面已提前到来。这种二律背反,所引发的冲击波将比西方类似问题对社会的伤害更大②。

可能正是由于上述因素的存在,我国法律职业伦理建设面临着异常艰巨的局面。尽管法律职业伦理问题是当下中外法律从业者与法学研究者关注的共同问题,但对于我国而言,这一问题具有特别重要的意义与紧迫性。我们需要认真研究法律职业伦理建构中的种种困境,才有可能形成具有现实针对性的解决方案。

---

① 郑成良、李学尧:《论法学教育与司法考试的衔接——法律职业准入控制的一种视角》,《法制与社会发展》2010 年第 1 期。
② 李学尧:《法律职业主义》,《法学研究》2006 年第 5 期。

对我国当前律师法律职业
伦理的新反思与新建议

王永杰　郑慧燕*

摘要:文章论述了法律职业伦理的新目标、新问题,并进行反思,提出相应的建议。对于法律职业伦理的研究,首先应该关注中国法律职业共同体的发展,其次律师行业应突破现有专业壁垒,构建现代化、立体化的业务划分体系,再次应处理好司法改革引发的新情况,最后应注意律师执业中的"二律背反"。违反律师职业伦理事件频发的关键在于利益难把握,应重视保障律师权益,正视律师执业困境,对于自媒体这把新时代双刃剑应及时作出回应。

关键词:法律职业伦理;司法改革;二律背反;非道德化

律师法律职业伦理这一古老的研究命题随着律师这一行业的产生而出现,在近现代有了长足的发展。以 1887 年美国亚拉巴马州律师协会出台的第一部伦理准则为起点,律师法律职业伦理不断得到扩充和完善。而学者所指出的其中律师传统的六个核心职责,即诉讼公正、业务能力、忠诚、机密性、合理的费用以及公共服务,一直得到延续[1]。中华全国律师协会(以下简称全国律协)制定的《律师执业行为规范》《律师职业道德基本准则》等规范文件中也多有体现其相关精神,并通过规范律师执业行为更好地发挥律师队伍在社会主义法治建设中的作用。

---

* 王永杰,中国浦东干部学院科研部副主任兼科研合作处处长,华东政法大学教授、博导,法学博士,主要研究诉讼法、司法制度、律师制度。郑慧燕,华东政法大学刑事法律学院刑事诉讼法专业硕士研究生。

[1] Carol Rice Andrews, "Standards Of Conduct For Lawyers: An 800 - Year Evolution," 57 Southern Methodist University Law Review (2004) 1387.

可见,法律职业伦理不仅为律师群体执业提供了价值导向,也为其框定了行为边界。对于律师法律职业伦理这一基本议题,必须密切关注律师职业发展的新动向,正视并深入分析现阶段律师遇到的伦理新困境,进而提出具有价值的反思与建议,从而谋求律师群体的长久、健康和持续地发展。

一、新对象:律师法律职业伦理的新目标

尽管对我国法律职业化建设的起步之晚不必讳言,但是其迟来的兴起也因此发挥了后发优势,带来了历史性的巨大机遇。

对于法律职业伦理的研究,首先应该关注中国法律职业共同体的发展。随着2001年司法资格考试制度的确立,法律职业共同体这一概念正式进入我国法学、法律领域。近年来,各项政策也不断促进法律职业共同体的构建。概言之,法律职业具有共同的基本特征:科班训练下系统的知识体系、自治性职业、准入内部考核、相适应的职业伦理体系。简言之,正确认识法律职业共同体是解析法律职业伦理的基础。

其次,针对律师群体而言,近些年其也正处于一个巨大的跃升期,迎来了大范围的规模扩张。根据司法部发布的《2019年度律师、基层法律服务工作统计分析》显示,截至2019年底,全国共有执业律师47.3万多人、律师事务所3.2万多家,1.5万多家党政机关、人民团体和3 000多家企业开展了公职律师、公司律师工作[1]。可见,数字无疑显示了律师职业的人员规模扩张,职业的专业范畴不断细分,律师的诉讼与非诉业务、公益法律服务涵盖了更多领域,传统的刑事、民事、行政、非诉业务划分已经迎来了专业危机。这是因为,扁平化、学科化的专业划分并不能满足复杂化的市场需求;实务面对的问题具有整体性,其杂糅了跨专业的学科知识,也叠加了政治、经济、心理等诸多要素。故而,目前律师行业正在逐步突破现有的专业壁垒,构建现代化的、立体化的业务划分体系,以更好地应对诸如民营企业民刑交叉等案件需求。

再次,关于律师队伍的新兴发展情况,就必须提及如火如荼的司法改革

---

[1] 中华人民共和国司法部:《2019年度律师、基层法律服务工作统计分析》,http://www.moj.gov.cn/organization/content/2020-06/24/574_3251377.html。

之中司法人员之间"暗流涌动"的情况——大量以法官、检察官为代表的司法机关工作人员辞职进入律师行业。相较于律师行业的蓬勃发展,在案多人少的超负荷工作压力、并不理想的待遇与晋升环境、终身追责制等多重因素影响下,离职法官、检察官进入律师行业现象,普遍具有一定的现实必然性。从司法程序中的"中立者"转变为"反对者",这一角色转换是辞职法官必须解决的课题。如果一位律师在诉讼中不懂、不善反对,那么其必然是一位失格的律师。从体制中走出的反对者们如何把握法律职业伦理,合规合纪地接案、办案,不让曾经的人脉资源成为突破律师伦理的诱因,这是摆在律师队伍"新成员"面前的巨大问题。同时,律所对外开放程度提高,担任"两代表、一委员"的参政议政途径也得到更好落实。包括但不限于这些的问题,都是律师队伍的"新面貌",也是律师法律职业伦理应当及时回应的内容。

最后,在研究律师法律职业伦理对律师队伍保持自身执业理性、处理各类相关社会关系的指导作用时,同样需要注意其中存在"二律背反"的理性内在矛盾。其一,关于信仰法律与信任法律、敬畏法律的一组矛盾。法律的信仰问题是法律领域最古旧的议题之一,尽管"信仰"一词在中国当前语境下是否应该改为"信任"更加合适存在巨大的争议,但这并不影响其在律师的法律职业伦理,这仍然是无论如何强调都不为过的内容。律师法律职业伦理同样要求律师提升自身专业素养,为当事人、国家、社会提供更高质量的法律服务。而律师群体对于诉讼技巧的钻研之精,在法律职业共同体中实属出类拔萃。这自然符合专业素养的要求,但常年技术化地解读法律对于法律信仰的消解应当如何克服,规则功利主义应当如何避免?"如果法律能言,它们就会埋怨律师"这类调侃格言真实地反映了民众的某种心态。简言之,信的不学、学的不信,显示其内部矛盾重重。其二,律师面对市场与当事人时,保持职业独立与提高商业性价值亦存在矛盾。商业性是律师职业的基本属性之一,既是当事人的利益共同体,也是潜在利益的博弈方,需要面对市场进行自我营销。律师如何面对市场保持职业的独立与尊荣,同时获取正当利益,这也是律师法律职业伦理应规范的内容。其三,律师群体内部的割裂与共容。律师群体的内部割裂一方面是同行对于案源的竞争,另一方面则是由于代表利益冲突的主体,造成天然的"职业割裂"。律师群体之间的利益之争,或是意气之争,难以避免。但是,中国律师理当相互辉映、同业互尊。近些年个别律师权益受侵害,同行积极团结互助正是符合职业伦理与本能的表现。其四,律师群体的不断分化与相互转化,党员律师与社会律师之间的角色冲突,有法(规则)不依与无法(规则)可依同时并存等诸多矛盾都值得思考,此处不再赘述。

二、新观察:律师法律职业伦理的新问题

首先,目前违反律师职业伦理事件之所以频频发生,核心问题就在于律师对于利益之间的关系难以把握,难以做出符合职业伦理的判断。仅 2019 年全年,有 83 家律师事务所受到行政处罚,167 家律师事务所受到行业惩戒;370 名律师受到行政处罚,746 名律师受到行业惩戒①。2020 年 8 月 7 日,全国律协召开新闻发布会通报部分惩戒典型案例,包括向法官行贿、违反监管场所规定进行会见、代理不尽责损害当事人诉讼利益、未统一接受委托而私自收费、刑事诉讼案件风险代理收费等常见律师违规违纪情形(当然,刑事律师风险收费问题一直争议较大,有的地方已经合法化)②。律师的不当执业行为远不止于此:一方面是业务的推广、案源的获取行为失范,例如在公安机关看守所、办公室就开始介绍案源,看守所门口、法院门口违规设立律所、进行会见,不当介绍费、违规收费、广告、不正当竞争等;另一方面是承办受托业务的行为不当,例如律师会见时违规传递物品、信件,私自收案、收费、传递药品,甚至因此成为非法运输毒品罪,伪证、泄露案情并不稀奇,醉驾等案件更是时有发生和报道,至于常见的案外收费、胡乱承诺,律师执业中变相诈骗、行贿,证券业务、金融整顿业务中非诉讼律师的虚假陈述等更是不胜枚举。

其次,律师法律职业伦理不能忽视对律师权益的保障,应正视律师执业面临的困境。除了老生常谈的"老三难"(会见难、阅卷难、调查取证难)一度解决但在"扫黑除恶"中又死灰复燃、变本加厉,与"新三难"(申请调取证据难、法庭上质证难、律师正确意见得到采纳难)问题叠加以外,律师面临的风险一部分来自检察官、法官等法律职业共同体的职权滥用,一部分来自双方当事人的法律意识淡薄。前者比如,法官针对律师诉讼中涉嫌管辖异议、不

---

① 中华人民共和国司法部:《2019 年度律师、基层法律服务工作统计分析》,http://www.moj.gov.cn/organization/content/2020－06/24/574_3251377.html。
② 参见中国律师网、中华全国律师协会网站:《2020 年 5 月份律师协会维权典型案例及惩戒典型案例》,http://www.acla.org.cn/article/page/detailById/30348。

诚信行为等可能滥用处罚权；检察官、法官对认罪认罚从宽的操作使得律师作无罪辩护反被投诉、很难再申诉，进而处于无能为力的被动境地；部分案件中律师的中立帮助行为成为虚假诉讼、"套路贷"和"扫黑除恶"中的共犯，如可能涉嫌虚假诉讼罪、诈骗罪、职务侵占、贪污、非法拘禁、寻衅滋事、故意伤害、敲诈勒索、贩毒、黑恶势力犯罪的共犯。后者对律师执业造成的困扰则更为普遍：例如双方当事人法律意识淡薄，诸多行径阻碍律师的正常工作，如要求律师代为行贿、不肯付费、事后闹事、滥用举报权、骚扰对方律师、伤害对方律师等。如果前述律师执业环境存在的问题得不到改善，法律职业伦理规范的推行就很容易走进死胡同。

再次，自媒体网络时代也为律师执业带来了新的机遇与挑战。一方面，我国律师职业化、规模化不断扩大，导致竞争加剧，越轨行为增多。自媒体顾名思义是指依托现代互联网技术发展，以个人为中心的信息传播方式。目前许多热点案件中都有"大V律师"的身影，公布案件信息、跟进案件结果、掀起公众讨论，形成了全民参与案件讨论的热潮。这虽然在一定程度上促进了公众监督权的行使，解决了部分案件立案难、处理推诿的问题，但律师在庭下自媒体上发表言论与评价，充当"意见领袖"的权利不能野蛮生长，这又必然引发律师自身在自媒体时代的责任与担当的思考，与此相关的内容纳入律师法律职业伦理范畴也是应有之义。擅自公开案件信息违反了律师的保密义务，利用舆论炒作案件、施加压力亦有悖行业准则，对自身的营销与推广也应有序、有度。另一方面，与此相对应的是，自媒体、新媒体的发展也使得发现律师越轨的成本降低，使得司法行政机关对律师行业的监管不断增强。监管手段的革新意味着更全面、高效的监管效果，有利于规制律师的不当行为，但必须在根据法律职业伦理明确律师自媒体发言边界的前提下，谨防司法公权力监管过度扩张打击律师正常言论表达的权利。这是因为，毕竟对于公共事件的关注与发声也是体现律师社会责任感与使命感的合理方式。而在当前的诉讼活动中，公权力系统对律师的尊重是相对缺乏的。因此，对于自媒体这把新时代双刃剑，法律职业伦理理应及时作出回应。

三、新思考：律师法律职业伦理的新反思

总体而言，尽管上述问题都是发展中的问题，基调仍是正在发展，因此

对问题的解决应抱有信心,但是,在理论研究层面,我们需要积极改善法律职业伦理依然缺乏"理论厚度"的现状。换言之,目前法律职业伦理研究或者学科地位边缘化亟待改变。

剖析目前法律职业伦理研究或者学科地位边缘化的原因:一是社会没有对法律职业伦理的价值形成共识;二是作为管理学性质专业并非显学。

与研究缺失相伴的,是对相关教育的忽视。尽管目前将法学教育主要定位为职业教育,法律职业伦理教育的重要性不言而喻,但在各个法学院的培养计划与授课安排中,却往往显示了教育者对法律职业伦理的傲慢与轻视。由此,首先需要明确的是律师法律职业伦理的价值定位:强调职业伦理重于职业规则和职业能力;法律职业伦理是职业共同体的联系纽带,是法律制度的逻辑起点,是相关法律制度的源头之一,是个人业务能力的组成之一。因此,法学教育应该重视职业伦理教育,涵括判断职业伦理的能力与方法。

由此,我们不得不反思目前法律职业伦理"非道德化"趋势的议题,以及应该如何解读、面对这一趋势?法律本身就是价值冲突与道德斗争的重要场域,为了向律师等法律人提供一套标准化、技术化的行为准则,法律职业伦理在一定程度上剥离了道德,以免陷入令人眼花缭乱的、不确定的道德价值命题。但在负面视角下,职业伦理与日常道德的分歧造成了民众对职业群体的误解,在刑事辩护中尤为明显:"律师很难是好人,好人很难做律师。"伦理观演变为评价是否"对"的标准,而非是否"好"的标准。但归根结底,法律职业伦理产生的初衷就在于减少职业行为与大众道德的冲突,过度工具化的观点导致整个社会对于法律职业抱有质疑与不满。而在近三十年美国乃至整个西方,法律职业一直笼罩在这一"职业危机"与"法治危机"的阴影之下。由此,我国法律职业的发展也应当对此保持警惕,正确处理好法律职业伦理与道德的关系。

此外,在相应法规范层面,我国律师法律职业伦理的制度构建已经引起司法部门与行业协会的重视,散见于《律师法》《律师执业行为规范》《律师协会会员违规行为处分规则(试行)》《律师职业道德基本准则》等规范文件,但总体显得分散、杂乱。法律、司法解释、行业自律规范各类文件存在大量内容重叠,效力层次也不明晰。尽管已有许多文件,但仍存在多处法律规范的不健全。例如,律师职业秘密规则流于粗放,职业秘密的概念在国外具有非常广泛的内涵,我国没有加以明确,也缺乏律师职业秘密特权的规定;律师执业过程中的利益冲突规则,尤其实践中与委托当事人之间的利益冲突情况复杂;前述所提律师在自媒体等公众平台对案件的宣传与评价问题,自由表达权利的情形与范围有待界定等。社会应该对法律职业伦理基本内涵形成共识,尤其是法律、政策的制定者。因此,下一步应当对现有规范进行整合,在融合伦理道德的基础上补充、完善相关规则,在内容与效力上形成一个完整的、自洽的规则结构体系,涵盖律师执业所涉关系的方方面面,起到更好的规范指引作用。

最后,具体到路径方法的确立,本文提出应遵循的七步法:第一,夯实律师法律执业伦理内涵的研究,尤其对于律师职业伦理与大众道德之间的分野、忠诚义务与公益义务之争应有更成熟的思考;第二,制定具有可操作性的行为规则,涉及律师行业的准入、考核、评价、监督、建设、维权等各个方面,弥补现有规定大多过于笼统的弊端;第三,相关实体法随之作出修改;第四,进而调整程序法;第五,积极在高校等研究机构开展课题研究,通过课题参与、设计、操作、宣传,丰富、补充法律职业伦理体系;第六,归纳整理同行认可的职业底线、执业规则与执业技巧;第七,根据实践情况建立反馈机制,不断发展完善律师法律职业伦理,使之保持制度活力,保持开放状态以便不断完善。通过七步法形成闭环,在保持制度稳定性的同时,保证与外界的交互、调整,形成符合中国社会法律服务发展需求的律师法律职业伦理。

四、结语

律师作为我国社会主义法治的建设者,司法改革的重要力量,保障其职业群体健康发展的重要性不消多言。

律师法律职业伦理在其中有着举足轻重的地位,作为律师的执业底线,关乎律师的职业素养与职业风险,对于当事人合法权益的保障、法律制度的正确实施、公平正义的维护也具有重要意义。而律师行业不能将法律职业伦理仅视为一套规范行为的法律条文,更应将其作为职业生涯努力践行的理想、追求、行为习惯与文化基因。

由是观之,这一道路任重而道远,可谓"路漫漫其修远兮",确实值得全社会"上下而求索"。

美中两国律师与委托人秘密保护制度比较及启示

刘英明*

摘要：律师行业能健康发展和国民能享受高质量法律服务的关键前提是律师和委托人之间建立良好的信任关系；而律师和委托人之间能否建立良好的信任关系依赖于律师和委托人之间交流秘密保护的范围与程度。美国法有三个法律渊源用以保护律师——委托人关系中的秘密：律师——委托人特免权、工作成果豁免原则和律师执业保密义务。中国法仅有律师执业保密义务一个渊源用以保护律师——委托人关系中的秘密。中国诉讼法应当尽快引进美国法的律师——委托人特免权规则和工作成果保护规则。在引进律师——委托人特免权规则方面，要注意该规则的权利性质与权利主体。工作成果保护规则在民刑诉讼中证据开示常规化非常重要。中国现行法的律师执业保密义务规则本身需要细化其例外规定。

关键词：律师——委托人特免权；工作成果保护；律师保密义务；信任

近十年来，随着 2009 年李庄案的进展与我国《刑事诉讼法》以及《律师法》等相关法律法规的修改，有关律师——委托人之间的信任及其秘密保护问题成为社会各界的讨论焦点之一。委托人只有和律师进行充分、坦率的交流，包括告知律师自己才知道的秘密，才能得到律师的高效服务；律师只有获悉充分的信息，才能为委托人提供明智的法律建议。正如《欧洲联盟律师规则》第 2.3.1 项所言："委托人向律师托付秘密以及律师获得其他机密信息，是律师职业活动的本质所在。在无法确保机密性的情况

---

* 刘英明，上海政法学院副教授，法学博士。

下,不可能产生信任。"①因此,研究如何在制度上保证律师和委托人之间的交流秘密,对于保证律师和委托人之间的信任关系,对于律师行业的健康发展具有重要意义。

就笔者所搜集的资料,笔者认为美国法关于律师和委托人之间的交流秘密保护较为系统全面,值得中国法律借鉴。本文旨在介绍美国法的相关经验,及其对中国相关制度的启示。

一、美国法关于律师和委托人关系中的秘密保护制度介绍

一般认为,美国法有三个法律渊源用以保护律师—委托人关系中的秘密:律师—委托人特免权、工作成果豁免原则和律师执业保密义务。律师—委托人特免权来源于证据法,律师工作成果豁免原则来源于程序法,保密义务则来源于律师职业行为规则。下面分别予以介绍。

(一)律师—委托人特免权

所谓律师—委托人特免权,是指在刑事诉讼和民事诉讼中,即使律师具有证人的适格性,仍然能够就其因提供法律服务而从委托人处知悉的秘密信息拒绝作证。其本质在于委托人有权拒绝披露(和有权阻止他的律师披露)他自己和其律师之间的秘密执业交流。律师—委托人特免权适用于有人企图利用法律程序强迫披露律师和委托人之间为提供法律服务而进行的交流场合。

律师—委托人特免权的范围根据案件发生地所在辖区的证据规则而定。对当代律师—委托人特免权的一个杰出表述,包含在《联邦证据规则(建议稿)》503 中②:

> 定义。下列术语在本条规则的含义是:
> (1)"委托人",是指律师向其提供职业法律服务,或其向律师咨询

---

① 《欧洲联盟律师职业规则》第 2.3.1 项,参见邵建东编译:《德国法学教育的改革与律师执业》,中国政法大学出版社 2004 年,第 280 页。
② 尽管本规则和其他特免权规则都未能在后来的立法中通过,但是联邦证据规则草案第 503 条尽可能概括了普通法的主流做法。律师—委托人特免权各州都认可,并且本特免权在大多数州都由制定法规制。但是,只有少数州以联邦证据规则草案第 503 条为范本。(Emanual 390 - 391)

以获得职业法律服务的个人、公职人员、法人、协会或其他组织或实体，公私在所不论。

（2）"律师"，是指经委托人授权，或被其合理地认为被授权在任何州或国家从事法律执业活动的个人。

（3）"律师的代表"，是指受雇协助律师提供职业法律服务的人。

（4）"秘密"交流，是指除了那些向其披露信息是为了促进向委托人提供法律服务或那些信息沟通所合理必需的人以外，并不打算向第三人披露的交流。具体为：

在委托人本人或其代表和其律师或其律师的代表之间进行的交流；

在其律师和律师的代表之间进行的交流；

由委托人或其律师同代理他人的律师在共同利益事项中进行的交流；

委托人的代表之间或该委托人与其代表之间进行的交流；

代理该委托人的律师之间进行的交流。

特免权的一般规则。委托人有权拒绝披露或防止任何他人披露秘密交流的特免权，目的是促进向委托人提供职业法律服务。

谁可以主张特免权。特免权可以由委托人，其保护人或监护人，已亡委托人的个人代表，继承人或信托人，或法人代表、协会或无论是否存在的其他组织的类似代表来主张。在交流时担任律师的人，可以但仅能代表委托人主张该特免权。在无相反证据的情况下，应假定他有此权利。

例外。在下列情形下，不存在本规则所规定的特免权：

促进犯罪或欺诈。在律师的服务被用于寻求、使之实现或帮助任何人实施或策划实施委托人知道或应当合理知道的犯罪或欺诈活动的情况下；

通过同一已亡委托人提出主张者。就某个与通过同一已亡委托人提出主张的当事人之间的争议相关的交流而言，无论该主张是遗嘱继承、非遗嘱继承还是生前行为；

律师或委托人违反职责。就某个与律师违反其对委托人的职责或委托人违反其对律师的职责的问题相关的交流而言；

  律师认证的文件。就某个与律师作为认证证人的认证文件的问题相关的交流而言；

  共同委托人。就某个与两位或以上的委托人之间的共同利益事项相关的交流而言，且该交流是其中任何人向其共同聘请或咨询的律师所作出，并在任何委托人的诉讼中被提供的情况下。

  从上述规定可以看出，律师—委托人特免权适用于委托人和律师之间为获得法律建议目的而进行的任何秘密交流。按照该特权，不得强迫律师就其与委托人之间的秘密交流作证。但是本特免权的享有者委托人有权放弃该权利。委托人可以通过以下几种方式放弃其特免权：自愿披露、因疏忽而披露、将委托人与律师之间的交流或律师的建议置于争议之中，委托人或律师的证言中提到交流内容将导致交流秘密不再享有特免权[1]。在促进犯罪或欺诈、通过同一已亡委托人提出主张者、律师或委托人违反职责者、律师认证的文件、共同委托人这五种情况下，不存在特免权。

  对律师—委托人特免权，理论界有正反两种意见。反对者的主要理由有两个：第一，隐瞒证据。本特免权隐瞒了那些很可能高度相关的、非常有证明力的证据。在一些案件中，这些被隐瞒的证据是无法用其他证据替代的证据。第二，杰里米·边沁认为，在刑事案件中，委托人要么是有罪的，要么是无辜的。如果他是无辜的，强迫他的律师披露他对律师的秘密交流不会伤害他，因为无论如何他会被无罪释放。如果他是有罪的，允许律师对他对其从委托人处获悉的信息保持沉默，仅仅有助于委托人准备错误的辩护或逃脱刑事处罚。对杰里米·边沁，这位提出上述观点的19世纪功利主义法律哲学家来说，任何有助于犯罪者逃脱惩罚的规则都是坏的，而不是好的。

  支持者的理由主要有以下几点：第一，将不再咨询律师。如果没有本特免权，许多人（包括一些有正当抗辩或主张的人）根本不会去向律师咨询。相比将秘密信息告诉律师，并且律师将来可能在法庭上运用该信息对自己造成不利，许多人宁愿选择根本不告诉律师任何信息。第二，不完全告知。那些决定咨询律师的人可能会不愿意将信息全部告诉律师。委托人可能会

---

[1] 参见易延友：《证据法学：原则规则案例》，法律出版社2017年版，第415—416页。

不提及那些委托人认为对其主张或抗辩不利的事实。但是,律师给出明智建议的前提是其知道所有的相关事实;委托人并不总能分清哪些事实有害、哪些事实有利、哪些事实确实有害但肯定会在案件中被揭露出来。最终结果很可能是,因为委托人选择了部分告知而非全面告知,律师给出了不明智的建议。第三,程序难题。如果没有本特免权,审判将会出现一系列极其困难的程序难题。如果律师被要求作为证人出庭作证,谁将代表委托人进行交叉询问?第二名律师怎样才能获得该案件的足够信息以交叉询问第一名律师?如果第二名律师获得了足够的信息进行交叉询问,他会不会也站在证人席上就他的委托人告诉他的那些信息接受询问?第一名律师站在证人席上的陈述是否对委托人有约束力?第四,只有极少数的信息才会被隐瞒。本特免权实际上只隐瞒了极其少量的信息。如果委托人告诉律师某事实存在,本特免权并不阻止对方证明该事实,它只阻止证明委托人曾经告诉律师该事实是怎样的。对方可以用其他方法去证明该事实,这与委托人没有告诉过律师该事实的情形下是一样的。第五,不讲道德的律师。如果没有本特免权,不讲道德的律师将获得优势。这就是说,在法庭作证时声称自己"记忆力差"的律师相对于那些忠实作证的讲道德的律师更有优势。与此类似,那些几乎不问委托人问题的懒惰律师将比那些仔细盘问其委托人的勤奋律师更有优势。第六,关系隐私。从更为广阔的视角来看,允许律师和客户关系绝对保密和绝对信任对社会更有益。特别是在一个政府力量日趋强大的社会里,个人需要"私人领域"以避免政府的审查。而律师—委托人之间的关系正是这种领域。

(二)工作成果豁免原则

工作成果豁免原则阻止律师被要求开示其在诉讼准备过程中获得的某些信息。律师工作成果豁免原则旨在避免律师的工作成果被对方获悉,从而减少诉讼的必要对抗性和保护律师的工作积极性。工作成果豁免原则源于1947年希克曼诉泰勒案[①]最高法院的判决。该案中,原告提起诉讼,要求被告为其拖船沉没事故中死亡的一名海员提供赔偿。被告的律师曾会见了该沉船事故的所有幸存者,并且听取了他们的陈述。原告在证据开示程序

---

① 329 U.S.495(1947).

中要求获得这些陈述的复印件,地区法院判定没有提供这些材料的被告律师构成藐视法庭罪。但是,最高法院撤销了原判,判定原告要求获得的陈述作为被告律师的工作成果受到保护,免于证据开示。在作出该判决时,法院并没有立论于《联邦民事诉讼规则》——虽然在希克曼案后,该规则增加了一个明确的工作成果规定——而是类推适用了英国的实践做法,即"由律师为诉讼准备的或因诉讼为律师准备的所有文件"都受到保护,免于证据开示。

在该案中,大法官墨菲提出的意见强调,原告律师可以从证人那里直接获得类似的陈述,因为他们都还活着,并宣称该原则的目的是保护律师思想的隐秘性。他担心,如果原告赢了,律师们将会受到阻碍,而不把他们的想法写下来了。他还预测说,"低效率、不公平和欺骗性的做法将不可避免地出现在法律意见咨询和诉讼案件准备活动中",这可能是因为在没有律师工作成果原则的情况下,律师们将采取其他办法来使其对手得不到相关的材料①。

作为披露规则例外的工作成果豁免规则这一概念并未立即带来成功,有几个州没有追随希克曼案的判决,而是继续适用自己的披露规则②。1970年,概括了工作成果豁免原则的规则即《联邦民事证据规则》26(b)(3)项被公布并在联邦法院实施。绝大多数州随后遵照《联邦民事证据规则》26(b)(3)项修改或制定了相关规定。

《联邦民事诉讼规则》26(b)(3)项规定:开庭审理准备:资料。除本条(b)(4)项规定的情况外,即使当事人根据本条(b)(1)项规定(该项规定,当事人可以获得除保密特权外的任何有关事项的发现)可能获得发现的文件或实物,但如果是由对方当事人或其代表人(包括对方当事人的律师、顾问、保证人、补偿人、保险人或代理人)或为对方当事人或其代表人准备参加诉讼或开庭审理而准备的文书或实物,只有在要求发现的当事人证明他为攻击和防御确实需要这些资料,并且通过其他的方法获得实质上相同的资料相当困难时,才可以获得上述文书或实物。根据当事人必要的证明,法院即使作出该资料的开示命令,也还要防止向对方展现一方当事人的律师或代理人对该案件的内心估计、结论、意见或法律理论构成③。

---

① 329 U.S.512(1947).
② Monier v. Chamberlain, 35 Ⅲ. 2d 351, 221 N. F. 2d 410(1966); Alsei v. Miller, 196 Kan.547, 412 P.2d 1007(1966).
③ 《美国联邦民事诉讼规则 证据规则》,白绿铉、卞建林译,中国法制出版社2000年版,第51页。

根据本条文，要求进行证据开示的当事人只有在证明了"实质需要"，并且证明了未经过度困难就难以获得通过其他方法获得实质相同的材料的情况下，才能对对方当事人的律师或代表在"预测"到诉讼的情况下准备的文书和物证进行证据开示。这种工作成果豁免被称为"相对豁免"。

此外，即使进行了所要求的证明，法院也必须保护"律师或当事人的其他代表关于诉讼的精神印象、结论、意见和法律理论"。这种工作成果是律师个人思考的产物，可以获得"绝对豁免"。

值得注意的是：工作成果豁免原则是律师在审前准备阶段拒绝开示特定文件的法律依据。如果对方碰巧以某种方式——最可能的是通过非律师的来源——获得了上述文件，如果这些文件不适用律师—委托人特免权，则这些文件可以在庭审中被采纳。如果这些文件适用律师—委托人特免权，工作成果豁免规则根本不起作用，因为开示只限于不受特免权保护的材料。

在美国，工作成果豁免原则也适用于刑事诉讼，并且该原则在适用上更有利于被告律师。美国最高法院和许多州法院认为，公诉人为诉讼准备的材料的豁免范围应当小于辩护律师为诉讼准备的材料的豁免范围[①]。

尽管律师—委托人特免权和律师工作成果原则对信息披露原则都有阻碍作用，但是两者之间还是存在某些关键性的区别。首先，律师工作成果原则认可的是一个受到限制的特免权，而律师—委托人特免权在通常情况下被认为是绝对的[②]。至少就除了"律师的精神印象、结论、意见或法律理论"之外的"文件和物证"的证据开示而言，工作成果保护要遵守实质需要标准。相反，如果适用律师—委托人特免权，则对有关需要的证明通常并不能超越该特免权。

其次，律师工作原则仅仅适用于"预料到诉讼"时准备的信息，律师—委托人特免权保护秘密交流，无论是否预见到诉讼，因而律师工作成果保护的范围可能受到诉讼要求的不当限制。但是，在现实中，相对于律师—委托人特免权，律师工作成果原则要涵盖更多的材料。律师工作成果原则适用于所有由律师或委托人的代表收集的信息，只要是在预测到诉讼的情况下收集的。这样它不仅适用于委托人传递给律师的信息，也适用于来自外部的

---

① 陈宜、李本森主编：《律师职业行为规则论》，北京大学出版社 2006 年版，第 45 页。
② 不过，这种观念已经开始渐渐改变。Greater Newbury port Clamshell Alliance v. Public Service Co. of N.H., 338 F.2d 13,19(1st.Cir.1998)（在民事损害赔偿诉讼中，"在特免权在相当程度上损害被告的辩解能力的情况下，公平性要求特免权拥有者放弃特免权"）。

信息。例如非当事人的证人向律师所做的陈述,以及调查者在没有律师参与下所汇编的材料。相反,律师—委托人特免权仅仅适用于律师与委托人的秘密交流,或与双方的代表人的交流。

(三) 律师执业保密义务

美国律师协会《职业行为示范规则(2004)》在示范规则1.6中规定了下列义务:

(a) 除非委托人做出了明示同意、披露是为了执行代理且已得到默认授权或者披露为(b)款所允许外,律师不得披露与代理委托人有关的信息。

(b) 在下列情况下,律师可以在其认为合理必要的范围内披露与代理委托人有关的信息:

(1) 为了防止合理确定的死亡或者重大身体伤害;

(2) 为了防止委托人从事对其他人的经济利益或者财产产生重大损害的,并且委托人已经利用或正在利用律师的服务来加以促进的合理确定的犯罪或者欺诈;

(3) 为了防止、减轻或者纠正委托人利用律师的服务来促进的犯罪或欺诈对他人的经济利益或财产产生的合理确定的或者已经造成的重大损害;

(4) 为了就律师遵守本规则而获得法律建议;

(5) 在律师与委托人的争议中,律师为了自身利益起诉或者辩护的,或者为了在因与委托人有关的行为而对律师提起的刑事指控或民事控告中进行辩护,或者为了在任何与律师对委托人的代理有关的程序中针对有关主张作出反应;

(6) 为了遵守其他法律或者法庭命令。①

根据上述规则,除非委托人做出了明示同意,为了执行代理并已得到默

---

① 《美国律师协会职业行为示范规则(2004)》,王进喜译,中国人民公安大学出版社2005年版,第20—21页。

认授权或者本规则所规定的例外款项所允许外,律师不得披露与代理委托人有关的任何信息。受律师保密义务所保护的信息不仅包括律师—委托人特免权所保护的律师和委托人之间因寻求法律帮助而进行的职业秘密交流信息,还包括律师工作成果豁免规则所保护的工作成果,还包括律师的观察,律师因为代理而从第三方获得的交流信息等,甚至还包括众所周知的委托人信息。

特免权与执业责任的区分。保守在执业过程中知悉的委托人秘密不仅是特免权的要求,同时也是律师执业责任法的要求。但是两者是有区别的。从职业秘密义务规则的内容来看,其与特免权规则之间至少存在两个方面的区别:一是特免权规则禁止披露的仅仅是律师与委托人秘密交流所获得的信息;律师执业保密义务要求,除了特定情况外,"与代理委托人有关的信息"都受到保护,律师不得公开。无论该信息是直接来自委托人秘密交流,还是直接来自第三人。即使是处于公共档案中或者众所周知的、与代理委托人有关的信息,也受律师执业保密义务的保护,律师不得公开。二是职业秘密义务适用于所有的场合,包括非法律程序场合;特免权规则仅适用于法律程序。在这些程序中,律师可能被传唤作为证人或以其他方式被要求提供其与委托人秘密交流有关的证据。

以下三个例子或许有助于我们澄清这三个概念的区别:

例1:州检察官正在调查某涉嫌税务诈骗的个人。调查过程中,州检察官命令代理该人进行不动产交易的律师事务所交出相关文件。检察官是否有权解除上述文件,与律师—委托人特免权的范围有关。律师—委托人特免权的例外之一是"诈骗犯罪"。根据这项例外,律师—委托人特免权不适用于委托人为进行犯罪或诈骗目的而寻求法律服务的场合。这个例子不涉及工作成果原则,因为工作成果豁免仅仅适用于因预期诉讼而收集信息的场合。既然这件事涉及税务诈骗调查并且法律服务与不动产交易有关,委托人文件中的信息不是为预期诉讼而收集的,检察官命令交出委托人的文件也提出了律师如何应对该命令的职业性问题,在回应检察官关于该文件的命令时,律师可以援引律师执业保密义务。

例2:某律所被某制造企业雇佣为其在产品责任诉讼中辩护。该律所会见了事故中的许多证人。会见者就他们的会见只做了记录。这些记录不受律师—委托人特免权的保护,因为这些信息不是委托人秘密传达给律师事务所的。但是,这些记录受工作成果原则的保护,因为它们是一方当事人的代表为预期诉讼而准备的材料。

例3:某律师获悉了委托人——某公众公司敏感的财务信息。如果律师为其个人利益运用这些信息,该律师违反了律师执业保密义务,因为职业义务要求律师除若干例外情形外,原则上必须保守与代理有关的信息。律师—委托人特免权和工作成果原则不适用于本案情形,因为这两种原则仅限于某方当事人企图强迫律师公开信息的对抗事项。

二、中国法关于律师和委托人关系中的秘密保护制度介绍

在我国,现行规范律师保密义务的法律法规有如下五处:

一是《刑事诉讼法》(2018年修正)第四十八条规定:"辩护律师对在执业活动中知悉的委托人的有关情况和信息,有权予以保密。但是,辩护律师在执业活动中知悉委托人或者其他人,准备或者正在实施危害国家安全、公共安全以及严重危害他人人身安全的犯罪的,应当及时告知司法机关。"

二是《律师法》(2017年修正)第三十八条:"律师应当保守在执业活动中知悉的国家秘密、商业秘密,不得泄露当事人的隐私。律师对在执业活动中知悉的委托人和其他人不愿泄露的情况和信息,应当予以保密。但是,委托人或者其他人准备或者正在实施的危害国家安全、公共安全以及其他严重危害他人人身安全的犯罪事实和信息除外。"

三是《律师执业管理办法》(2016年修正)第四十三条:"律师应当保守在执业活动中知悉的国家秘密、商业秘密,不得泄露当事人和其他人的个人隐私。律师对在执业活动中知悉的委托人和其他人不愿泄露的有关情况和信息,应当予以保密。但是,委托人或者其他人准备或者正在实施危害国家安全、公共安全以及严重危害他人人身安全的犯罪事实和信息除外。"

四是《律师执业行为规范》(2009年全国律协二次理事会审议通过)第八条:"律师必须保守在执业活动中知悉的国家秘密、商业秘密,不得泄露当事人的隐私。律师对在执业活动中知悉的委托人和其他人不愿泄露的情况和信息,应当予以保密。但是,委托人或者其他人准备或者正在实施的危害国家安全、公共安全以及其他严重危害他人人身安全、财产安全的犯罪事实和信息除外。"

五是《律师执业行为规范》(2009年全国律协二次理事会审议通过)第五十二条:"委托人知情并签署知情同意书以示豁免的,承办律师在办理案件的过程中应对各自委托人的案件信息予以保密,不得将与案件有关的信息披露给相对人的承办律师。"

针对上引五处规定的理解,有以下两点需要特别阐述。

(一)我国律师保密义务的整体结构

根据上述法规的相关规定,我国现行律师保密义务主要分为三类:第一类是对国家秘密、商业秘密、当事人隐私的绝对保密义务,由《律师法》第三十八条第一款、《律师执业行为规范》第八条第一款以及《律师执业行为规范》第八条第一款规范。针对律师在执业活动中获悉的上述三类信息,律师必须保密,没有例外情形。第二类是对委托人和其他人不愿泄露的情况和信息的相对保密义务,由《刑事诉讼法》第四十八条、《律师法》第三十八条第二款、《律师执业行为规范》第八条第二款规定。针对律师在执业活动中获悉的委托人和其他人不愿泄露的情况和信息,原则上律师必须保守秘密,三种例外情形下才能豁免。第三类是委托人知情并签署知情同意书以示豁免的信息,律师原则上不用保密,特定情形下才需要保密。这一类信息的保密义务主要由《律师执业行为规范》第五十二条规范。

(二)我国《刑事诉讼法》关于律师保密义务与作证义务规定的历史变迁

还需要说明的是,辩护律师的保密义务在《刑事诉讼法》中明文规定,是在2012年《刑事诉讼法》修正时。《刑事诉讼法》(1996年修正)规定了知情者作证义务与发现犯罪和犯罪嫌疑人的报案或举报义务[1],但没有规定辩护律师的保密义务。2007年到2012年之间,现行实定法中,律师保密义务[2]

---

[1]《刑事诉讼法》(1996年修正)第四十八条规定:"凡是知道案件情况的人,都有作证的义务。生理上、精神上有缺陷或者年幼,不能辨别是非、不能正确表达的人,不能作证人。"第八十四条第一款规定:"任何单位和个人发现有犯罪事实或者犯罪嫌疑人,有权利也有义务向公安机关、人民检察院或者人民法院报案或者举报。"

[2]《律师法》(2007年颁布)第三十八条规定:"律师应当保守在执业活动中知悉的国家秘密、商业秘密,不得泄露当事人的隐私。律师对在执业活动中知悉的委托人和其他人不愿泄露的情况和信息,应当予以保密。但是,委托人或者其他人准备或者正在实施的危害国家安全、公共安全以及其他严重危害他人人身、财产安全的犯罪事实和信息除外。"

与作证义务之间存在某种程度上的冲突。即，如果律师在执业中知道了其委托人的相关案件情况，这时候是选择作证还是不作证？作证的话，违反了《律师法》关于律师保守秘密条款的规定；不作证的话，则又违反了《刑事诉讼法》关于知情者作证义务与发现犯罪和犯罪嫌疑人的报案或举报义务的规定。

2012年修订《刑事诉讼法》时增加了辩护律师保守秘密的义务。2018年《刑事诉讼法》修订时，对该条文予以保留。这样一来，我国现行《刑事诉讼法》与国际刑事诉讼通行做法接轨，一方面规定原则上知情者都有作证义务①，另一方面规定例外情形下某些人即使获悉了案情情况，仍然可以拒绝就其所知悉的案件情况作证。其中之一为律师可以就其在执业过程中获知的案件信息拒绝作证。

三、比较与借鉴

（一）三个侧面与一个侧面

从前述美中两国关于律师—委托人关系中的秘密保护规范简述来看，美国法实行的是三个方面的保护，中国仅规定了一个方面的保护。美国的律师—委托人关系中的秘密保护，可以基于律师—委托人特免权的保护、工作成果保护和律师执业保密义务这三个角度。而中国现行法关于律师—委托人关系中的秘密保护只能基于律师执业保密义务。中国诉讼法应当尽快引进美国法的律师—委托人特免权规则和工作成果保护规则。

（二）中国法的律师执业保密义务与美国法的特免权规则：貌似而实非

首先，英美法的特免权规则对于律师可以拒绝披露的事项作了比较严格的限定：第一，特免权只有委托人有权主张；第二，只有委托人秘密属于特免权保护的范围，其他人秘密不属于特免权保护的范围；第三，只有基于

---

① 《刑事诉讼法》（2018年修正）第六十二条规定："凡是知道案件情况的人，都有作证的义务。生理上、精神上有缺陷或者年幼，不能辨别是非、不能正确表达的人，不能作证人。"第一百一十条第一款规定："任何单位和个人发现有犯罪事实或者犯罪嫌疑人，有权利也有义务向公安机关、人民检察院或者人民法院报案或者举报。"

交流产生的信息才属于特免权保护的范畴。但我国《律师法》规定的内容显然并不包括上述三方面的限制：第一，我国《律师法》的规定仍然侧重于律师职业道德和执业纪律，因此其着眼点在于律师而不在委托人，故律师可以拒绝披露相应信息，但委托人却无权阻止律师披露相应信息。因此，在这一点上和英美法系着眼于委托人而不是着眼于律师的特免权，显然不可相提并论。第二，我国《律师法》规定的保守秘密不仅限于保守委托人的秘密，而且包括保守委托人以外的第三人主要是证人的秘密。这也和它的侧重点不是委托人权利而是律师执业纪律有关。第三，我国《律师法》不仅保护通过交流获得的信息，而且保护所有执业过程中知悉的委托人的商业秘密和个人隐私。因此在保护范围方面，我国《律师法》规定的范围要广于英美特免权规则保护的范围。

其次，从规范属性来看，英美特免权规则规定是"权利"，因此属于权利规范；我国律师法规定的是义务，因此属于义务规范。对于权利而言，不行使权利，即构成权利的放弃。因此，特免权是可以放弃的。也因此，英美的特免权规则规定了关于何种情形下视为放弃权利的规则。但是，"义务"是不容放弃的。因此，《律师法》并没有规定何种情形可以构成"放弃义务"的规则。

再次，从表面上看，中国法的律师执业保密义务似乎在功能上与美国法的特免权规则具有重合之处。《刑事诉讼法》（2018年修正）第四十八条运用了"有权"的表达，似乎也逐渐具有了权利属性，但是，即使经过这样扩张解释的中国辩护律师"特免权"，也与英美法系证据法上的律师—委托人特免权存在重大差异。

最后，但并非最不重要的是，特免权规则存在着多种例外。其中包括交流的内容涉及：将来的犯罪或诈骗行为；共同以已故委托人名义主张特免权；违反义务；经律师见证的文书；不同的委托人共同委托律师提供法律服务；等等。而我国《律师法》对于保守秘密这一义务仅规定了两项例外：一是委托人或其他准备或正在实施的危害国家安全、公共安全的犯罪事实；二是其他严重危害他人人身安全的犯罪事实和信息。也就是说，《律师法》规定的律师保守职业秘密的内容的例外，只包括犯罪行为，而且是可能导致严重危害他人人身安全的犯罪事实和信息。这里存在一个法解释学的问题，那就是："其他严重危害他人人身安全的犯罪"究竟何指？

除此以外,在英美特免权规则的例外场合,由于我国《律师法》并未规定,是否可以视为在这些场合律师也可以职业秘密为由拒绝披露其从委托人处获得的信息?例如,当共同委托人因意见不合而发生诉讼时,律师是否可以拒绝作证?

(三) 律师执业保密义务例外规定比较:翔实与简略

美国律师协会《职业行为示范规则(2004年)》在规则1.6详细规定了律师执业保密义务规定的例外情形。这些例外情形包括两大类:第一类是委托人做出了明示同意、披露是为了执行代理且已得到默认授权。第二类是尽管没有得到委托人的明示或默示同意,但律师可以在其认为合理必要的范围内进行的披露,这又具体包括如下情形:① 为了防止合理确定的死亡或者重大身体伤害;② 为了防止委托人从事对其他人的经济利益或者财产产生重大损害的,并且委托人已经利用或正在利用律师的服务来加以促进的合理确定的犯罪或者欺诈;③ 为了防止、减轻或者纠正委托人利用律师的服务来促进的犯罪或欺诈对他人的经济利益或财产产生的合理确定的或者已经造成的重大损害;④ 为了就律师遵守本规则而获得法律建议;⑤ 在律师与委托人的争议中,律师为了自身利益起诉或者辩护的,或者为了在因与委托人有关的行为而对律师提起的刑事指控或民事控告中进行辩护,或者为了在任何与律师对委托人的代理有关的程序中针对有关主张作出反应;⑥ 为了遵守其他法律或者法庭命令。

中华全国律师协会《律师执业行为规范》(2009年)在第八条和第五十二条也规定了律师执业行为例外的情形。这些情形也大致包括两大类,即委托人同意和未得到委托人同意但必要情形,但规定相对简单了很多。在前一类,中国现行法只规定了"委托人明示同意",未规定"为了执行代理且已得到委托人默认授权"。考虑到律师与委托人之间因专业服务往来的复杂性和律师与委托人之间的信托关系本质,默示授权例外非常必要。在后一类,中国现行法只规定了类似美国《职业行为示范规则(2004年)》在规则1.6(b)①②③的情形,没有规定类似规则1.6(b)④⑤⑥的情形。或许⑥情形在中国法官自由裁量权过大的背景下,引进需要再斟酌。但是考虑到李庄案这类中国当事人不当投诉甚至恶意陷害律师的诸多案例,引进美国《职业行为示范规则(2004年)》规则1.6(b)④⑤非常必要。

四、尾言

  律师和委托人之间的信任关系对于律师行业的健康发展和国民享受高质量的法律服务至关重要。毋庸讳言,在中国当前,律师与委托人之间的信任关系整体还处在探索、瓦解、重建的迷茫阶段。美国加州大学洛杉矶分校教授林·扎克曾提出:"人类社会信任建立经历了从身份,到过程,再到制度的三个阶段。"[①]中国律师行业也必须尽快借鉴域外先进经验并完善自己的制度体系,从而建立委托人与律师之间的全面深入合作关系,从而能为中国各领域的伟大复兴贡献法律人特有的一份力量。

---

① 转引自肖知兴:《中国人为什么创新不起来》,中国人民大学出版社 2010 年版,第 56 页。

检察官廉洁精神的新型培育

王延祥*

摘要：培育检察官的廉洁精神，是由检察权的监督性、人民性、导向性、受注性等本质属性所决定的。检察官廉洁精神的培育，应当抓思想——根植廉洁理念，重源头——完善廉洁制度，补漏洞——强调廉洁行为，夯基础——重视廉洁保障，定方向——关注廉洁考评，敲警钟——强化廉洁监督。检察官廉洁精神的培育，应当以问题为导向、以标准为核心、以氛围为目标、以榜样为引领、以责任为基石，以廉洁执法不断提升案件质量和执法公信力。

关键词：检察官；廉洁精神；新型培育的内容与路径

恩格斯认为，"思维着的精神"，是"地球上最美丽的花朵"[①]。廉洁，不仅是我国优秀传统文化中的核心要素，而且随着经济社会的发展，廉洁从司法伦理向司法制度拓展和升华。在司法体制改革的背景下，培育检察官的廉洁精神，是业务工作、队伍建设的总抓手和切入点，是提高执法质量和司法权威的基石。

一、检察官廉洁精神培育的法理根据

培育检察官的廉洁精神，是由检察权的本质属性决定的。检察官作为"法律守护人"，同时承担着追诉犯罪和开释无辜的责任，从而防止检察权异化而失去"客观义务"之本质要求和动力基点[②]。

---

* 王延祥，上海市人民检察院第二分院研究室副主任。
① 《马克思恩格斯选集》第三卷，人民出版社1995年版，第462页。
② 参见刘佑生主编：《中国宪政与检察制度》，中国方正出版社2007年版，第202页。

（一）检察权的监督性

在我国权力结构中，检察权处于一种独特的地位，是独立于审判权、行政权的具有国家强制力的法律监督权。它除了承担追诉犯罪的普适职能外，还承担着审查逮捕、司法人员职务犯罪侦查，刑事、民事、行政等三大诉讼监督职能以及公益诉讼职能。作为一种监督和制约的权力，己不正焉能正人？检察权大部分属于程序启动权，在其之前已经有公权力介入，其办理的案件不仅是权利、权力主体及其相互之间矛盾纠纷的积聚点，也是监督职能良性运行的疏导点。因此，培育检察官的廉洁精神，能够让检察官点亮廉洁的灯塔，以清正廉明的姿态，面对不断增多、案情迥异的各种纠纷，作出明智而公正的裁决。

（二）检察权的人民性

我国宪法确认了人民主权原则，检察权作为国家政治权力的组成部分，其权力亦源自人民的赋予。现代检察权具有的"权力制衡和社会控制"的双重职能，敦促检察官不仅要防范、规制警察和法官，也要通过守护法律，保障民权和民生。随着经济社会的发展，人民群众对司法公正、司法清廉提出了更高的要求。因此，培育检察官的廉洁精神，管控从检主体的执法行为，能够让检察官始终保持"清正廉明"的品格，既防止因自身执法不公、不廉引起的"始发性"矛盾，又能对群众不服其他执法机关的执法行为要求检察监督的"传来性矛盾"作出令人信服的化解，通过办理个案，阐释社会正义。

（三）检察权的导向性

检察权能是一种复合性权能，其权力行使的过程，牵引和导向社会行为模式和社会主流价值，促进对司法公正的认同。司法公正不仅需要"良法"，更需要执法者的"司法伦理"。因为"清正廉明"的品性和"秉公执法"的良知，是司法伦理的核心，其不仅能够修复法律的不足，烫平法律的"皱褶"[①]，而且能够保障执法过程中"道义性"成分的发挥。因此，培育检察官的廉洁精神，完善廉洁从检的制度规范，使得无论是程序性决定还是实体性决定，

---

① 参见［英］丹宁：《法律的训诫》，杨百揆等译，法律出版社1999年版，第13页。

都是经过检察官司法伦理"过滤"过的法律,将法律中的规律和意志,转化为看得见的公平正义,评价、指引人们的行为,示范、引导崇法、公平、诚信的社会观念和社会文化。

(四)检察权的受注性

检察机关的刑事检察权,具有惩处、矫正犯罪,修复社会秩序的机能;检察机关的自侦权带有司法弹劾的性质,其承担着不同于普通刑事案件侦查权的社会功能;检察机关的刑民行三大诉讼监督权,具有防范权力恣意行使的"纠偏"功能。同时,检察权与传统司法权相比,具有积极、主动介入的能动特质。所以,一方面检察权受到社会的广泛关注,另一方面检察权也受到诸多诱惑。检察权的特殊性,决定了落马于检察官职位上的检察官,格外引人注目。因此,培育检察官的廉洁精神,落实廉洁从检的刚性责任,能够使检察官固守清廉本色,秉持慎思笃行,成为社会传媒的正面焦点,防止以权滥法、以情换法、以钱卖法。

二、检察官廉洁精神培育的主要内容

廉洁是检察人员的职业本色,是检察人员必须坚守的道德底线。廉洁精神的培育,是一项涉及廉洁理念、制度、行为、监督等内容的复杂的系统工程。其主要内容包括:

(一)抓思想——廉洁理念的根植

廉洁理念,是廉洁精神培育之"魂"。因为思想是行动的先导,统领和支配着检察官的执法行为。要实现该目标,应当做到:

第一,廉洁理念入耳入脑入心。首先,通过廉洁教育,培养检察官树立正确的世界观、人生观、价值观,在执法中践行理性、平和、文明、规范。其次,要实现理念的"三化":一是"内化",即通过理念主体意识的培养,将其发展成为自我人格的一部分;二是"外化",即通过理念实践意识的催生,将其转化为具体的执法行为;三是"固化",即通过理念本位意识的锻造,将其固定在自己的头脑和行动中。

第二,强化检察官的司法伦理。司法伦理作为司法者在职业生活和社会生活中应当遵守的道德行为准则,既维护整个群体的声誉,又保证对案件处理具有完整的伦理正当性。司法伦理,从身份层面来看,就是要培育检察官的"身份荣誉意识";从道德层面来看,就是要求检察官固守"清正廉明";从思维层面来看,就是要求检察官树立"人权意识";从司法行为来看,就是要求检察官坚持"秉公执法"。

(二)重源头——廉洁制度的完善

廉洁制度,是廉洁精神培育之"体"。因为廉洁从检的状况并不与其被强调、重申成正比,而是必须有切实可行的"他律"措施。要实现该目标,应当做到:

第一,廉洁制度体系化。制度体系要具有"三性":一是突出"时效性"。要认真清理并及时废止、改进不合时宜的旧规范,制定符合新修订刑诉法、《人民检察院刑事诉讼规则》以及《执法工作基本规范》《岗位素能基本标准》等要求的廉洁规范。二是注重"全面性"。要有多角度思维,在突出对风险源较高的批捕、起诉、自侦等权力运行的风险源点防控外,还要确保各部门、岗位、环节,每项工作、每个行为都有章可循。三是追求"实用性"。制度内容要包括禁止、追究、奖励等内容,制度体系要达到"自控、互控、监控"制衡严密的效果。

第二,提升制度执行力。廉洁制度应当"立""行"并重,"建""管"结合,切实强化制度的执行力。一是学习培训经常化。通过专题教育、支部学习等方式,使制度在学习中潜移默化。二是教育方式多样化。可以采取集中学习与个人自学相结合、重点学习与案例分析相结合、专家授课与学习交流相结合等方式,使人们的廉洁行为在自觉中深化。三是督促检查连续化。要加强对制度落实情况的检查,保持监督检查在一定时期、一定范围内的连续性,使廉洁从检的规则在督查中固化。

(三)补漏洞——廉洁行为的强调

廉洁行为,是廉洁精神培育之"用"。因为廉洁行为是理念、制度、标准的外化表现,是衡量廉洁从检的优劣、效果的"显示器"。要实现该目标,应当做到:

第一,执法行为要严格遵守廉洁规则和程序规则。一是在执法过程中,要将廉洁从检的各项规定外化于执法中的具体行为。二是遵守各项程序性办案规则。如,公诉部门提起公诉、出席法庭、审判监督等,都应当展现检察官清正廉洁的制度要求;自侦部门采取强制措施、初查、立案侦查、办案安全等,都应当文书、手续完备,符合法定的条件、时限等要求。

第二,执法过程要自觉树立廉洁形象。检察官在执法工作中保持良好的执法形象,是检察官职业素养的直接体现,也是基本的职业要求。一是在执业心态上,要保持"宁静、克制、礼貌",注重细节,"秀于外而慧于中",充分尊重涉案当事人和证人。二是在仪容仪表上,平时着装要规范、整洁、恰当。三是言行举止上,讯问或调查取证用语,应当合法、规范,言谈应文明礼貌,文书字迹要清晰。

(四)夯基础——廉洁保障的重视

廉洁保障,是廉洁精神培育之"根"。因为廉洁保障涵盖了物质保障、组织协调等内容,为廉洁精神的培育提供物质、精神和技术支持。要实现该目标,应当做到:

第一,物质保障规范化,廉洁力量立体化。廉洁精神的培育是一项整体性工程,不仅要落实在制度层面,还必须有人财物的保障。一是要根据廉洁工作的特点,确保这项工作必备的场所、设备、设施、技术、经费及时到位。二是根据这项工作涉及面广、要求高等特点,在配齐、配足纪检监察部门力量的基础上,政治部工青团妇应结合各自工作的特点,检察干警应根据自身岗位的风险源点,密切配合,形成全方位、多层次的廉洁保障体系。

第二,宣传载体丰富化,教育手段信息化。廉洁精神的宣教应当增强视觉冲击力,为此,一是要发挥传统教育的特色。通过文艺颂廉、书画倡廉、读书思廉、警句固廉、演讲宣廉、环境促廉等方式,在春风化雨、润物无声中渗透廉洁精神于各项检察工作。二是要运用制度+科技的新模式。设计高质量的廉洁网站,集严肃性与权威性、思想性与艺术性、知识性与趣味性、观赏性与互动性于一体;开发、推广各种有吸引力的网络产品,如廉政游戏、视频、动漫等,展现廉洁从检文化。

(五)定方向——廉洁考评的关注

廉洁考评,是廉洁精神培育之"尺"。因为廉洁考评工作,是廉洁精神培

育的"风向标"和"指挥棒",对于廉洁自律有着深层次的影响,并且会引导行为过程。要实现该目标,应当做到:

第一,考评指标的设定应当尽量科学合理。一是应当精心研究并且不断完善廉政考评系统,坚持"廉政考评跟着廉政规范走"的方针,充分发挥其引导效能。二是应当进一步完善执法档案软件,除了检察执法指标外,还应包括廉政年终考评与日常考评、上级考评与单位自我考评以及诫勉谈话、违法违纪等内容。

第二,考评结果应当客观公正。考评工作,应当与评先争优、职级晋升、提拔任用等政治荣誉、经济利益紧密挂钩。对于清正廉明、公正执法、赢得社会认可的"楷模型"检察官,应予以激励;对于"大众型"检察官,要不断鞭策;对于"松懈型"检察官,要予以惩戒;对于"害群之马",要清理出检察队伍。

(六)敲警钟——廉洁监督的强化

廉洁监督,是廉洁精神培育之"力"。因为廉洁精神的培育既需要强大的内在推动力,也需要外部力量对执法环节、过程和廉政情况的监视、督促。要实现该目标,应当做到:

第一,完善内部监督。检察官法律监督者的角色,并不使其具有避免权力滥用的天然免疫力和免于接受监督的特殊地位。一是强化内部廉政监督。切实落实"三重一大"制度,提高决策的科学化、民主化。二是形成内部监督合力。完善案管部门对案件实体和程序的监督,加强纪检监察部门的检务效能专项监察以及侦监、公诉部门对自侦案件的把关评脉,监所执行部门对强制措施决定、变更、撤销的监督等,使得检察权的行使与监督同步延伸。

第二,主动接受外部监督。检察权本身是出于制约其他国家权力而设置的,因此,它也必须主动接受外部监督。一是加强人大、政协监督,探求外部监督的制度化、常态化。二是充分发挥人民监督员的制度优势,强化对检察机关的执法监督。三是围绕"检务公开",健全外部监督形式和机制,畅通外部监督渠道。四是强化对干警八小时外的监督,探索牵手干警居住社区,发动干警家属参与廉政建设,构筑廉政的第二道防线。

三、检察官廉洁精神培育的基本路径

廉洁精神的培育,关乎检察业务、检察队伍的持续发展,应当强势推进、强制入轨,变"物理变化"为"化学变化"。通过软硬并举,内外兼修,精心组织,循序推进,以廉洁执法不断提升案件质量和执法公信力。

(一)以问题为导向

廉洁精神的培育,就是在问题的引领下,从不完美不断企及完美的过程。要在深入调查的基础上,定期进行廉洁从检情况分析,滚动排查薄弱环节和不足之处,针对暴露出的问题表象,寻求解决之策,在发现、破解症结中提升廉政建设水平。对于存在的问题,要有前瞻性思维,既要看到眼前的问题,又要预见潜在的隐患,通过开展季度廉洁讲评、廉洁教育、廉洁培训、典型案例分析、处罚违纪案件等方式,在发现、分析、解决问题中实现工作新跨越。

(二)以标准为核心

廉洁制度是廉洁精神培育的坐标,能够让干警明白做什么、怎么做,以及做到什么程度。与其说它是干警的"紧箍咒",不如说它是干警的"护身符"。没有一个廉政制度体系,就很难保证这项工作的效果。因此,应当坚持以制度为核心,对其进行标准化设计、流程化改造,形成闭合性的锁链。制度本身的可操作性是关键,应当将顶层设计与问计于民、问计于一线干警结合起来,通过召开座谈会、论证会、金点子征集等多种形式,制定符合实践需要的廉政守则。

(三)以氛围为目标

廉洁精神的培育具有长期性,需要时间的积淀。因此,应当加强廉政文化建设,形成秉公执法、亲民爱民的政治文化,爱岗敬业、开拓进取的职业文化,诚实守信、团结向上的组织文化,崇尚法纪、洁身自爱的机关文化,通过文化的渗透和滋养,使干警在精神上、认知上以及工作实践中将廉洁理念、制度、行为结合起来,不断对这些文化进行传播,在思想交流中碰撞,在执法实践中深化。通过廉洁文化激浊扬清的功能,形成自我约束、自我监督、自我升华的氛围。

(四)以榜样为引领

典型就是旗帜,典型就是方向。要善于发现标兵、培育样本、抓住亮点,及时总结、提炼行之有效的经验做法,使样本产生牵引、放大作用。要挖掘我国历史上廉洁从政的典型事例,如,历史上的岳飞、于成龙以及革命战争时期的张思德,新中国的雷锋、焦裕禄,近年来为浙江叔侄强奸案昭雪的张飚等。特别是要善于发现身边人身边事,激励检察官见贤思齐,用身边的先进事迹感染人、激励人。通过树立典型,以标兵引路,在"拿来主义"的基础上,结合实际创新、超越。

(五)以责任为基石

廉洁精神的培育是全局性、综合性过程,必须坚持以责任为基石,通过分解、细化各级责任,使各项制度一以贯之地贯彻落实。要建立权责一致的责任机制,检察长、中层干部层层负责,确保"一岗双责"有效落实,形成"一把手"是第一责任人、分管领导靠前抓、部门领导合力抓、全体干警积极参与的工作格局。对发生问题的单位,除了追究当事人外,还要追究单位领导放任、管理松懈、监督失察等间接责任。通过刚性问责,培育全体干警的廉洁精神。

我国新时代检察官职业伦理的建设与完善

曹小航*

摘要：检察官的道德伦理、职业操守关系我国各种法律法规制度的落实和法治的进步，关系到司法的公正性和权威性。人权理论是法伦理观念构建的核心。修订后的《刑事诉讼法》和《民事诉讼法》等在尊重和保障人权方面做出较多的修正，要求检察官严格依法办案，发挥法律监督职责，杜绝冤假错案。2019年修订的《检察官法》有关于检察官职业伦理的单独规定，强调司法责任制，要求检察官应当勤勉尽责，清正廉明，恪守职业道德，即忠诚、为民、担当、公正和廉洁。而检察官道德伦理规范应该由理念责任转向责任伦理，明晰界定不同情况下检察官应承担的责任。文章阐述了在新时代司法体制改革的大背景下，检察官职业伦理道德建设的重要性，新《检察官法》对检察官职业伦理道德建设的保障及其目前仍然存在的困境，探索了员额制管理、增强职业保障性、加强权力运行监督和完善法律职业道德教育体系的途径。

关键词：新时代；检察官职业伦理；建设与完善

新时代是中国人站起来、富起来又走向强起来的时代，作为一个走向国际舞台的发展中国家，如何建设法治社会，如何建设中国特色社会主义强国，备受瞩目和考验。法安天下，德润人心，国家的治理需要法律和道德协同发力，两者不可偏废、不可分离。法律的背后是伦理，法律和道德互相渗透，法律源自道德伦理，伦理需要法律支撑和维护。只有了解政治伦理、社

---

* 曹小航，上海市人民检察院第二分院高级检察官。

会伦理和家庭伦理,才能更好地理解法律的文本和内涵。因此,检察官作为法律监督者,提高道德伦理建设显得尤为重要。这不仅关乎其严格执法、公正执法,更关乎治国理政的全面推进,依法治国的全面落实和司法改革的兴衰成败。本文主要针对检察官职业伦理的建设和完善进行简要论述。

一、检察官职业伦理的法律规定

检察官是法律的执行者、社会秩序的维护者,检察官的道德伦理、职业操守在很大程度上影响着各种制度的落实和法治的进步。所谓职业伦理,是指在职业范围内形成的比较稳定的价值观念、行为规范和习俗的总称。职业伦理不同于一般的社会伦理和个人道德,是特定行业或者职业成员内部形成的最基本的价值取向和行为标准,反映了一个职业群体的主导价值和精神特质,具有普适性、稳定性和外在约束性。检察官作为职业法律共同体中的重要成员,不同于一般的公务人员,其经过长期的法律专业学习和训练后,会形成一种基于纯粹技术的身份荣誉感和责任感。伴随着法治进程的发展,检察官在我国依法治国中的地位和作用也越来越重要,对检察官的职业伦理建设提出了更高的要求。

当代中国刑事法律与伦理的接界是人权理论的发展。人权是人作为人以其自然属性与社会本质所应当享有和实际享有的权利。毋庸置疑,人权理论本身也就是法伦理观念构建的核心。2017 年底,国务院新闻办公室发表《中国人权法治化保障的新进程》白皮书,其中正文部分强调不断完善人权保障法律体系,依法保障公民合法权益,有效提升人权司法保障水平,夯实人权法治化保障的社会基础,积极促进全球人权的法治建设[①]。人权观念的不断进步,要求检察官在行使权力时要牢牢把握其职业道德伦理,严把事实关、程序关和法律适用关。白皮书指出:2012—2016 年,全国检察机关对 12 552 名犯罪嫌疑人建议释放或变更强制措施。2016 年,各级检察院对不应当立案而立案的,督促撤案 10 661 件;监督纠正违法取证、违法适用强制措施等侦查活动违法情形的共 34 230 件;对不构成犯罪或证据不足的不批

---

① 最新《中国人权法治化保障的新进程》白皮书,http://baijiahao.baidu.com/s?id=1586933800977207065&wfr=spider&for=pc。

准逮捕共 132 081 人,不起诉 26 670 人;对认为确有错误的刑事裁判提起抗诉共 7 185 件①。各级检察院,健全检察环节错案发现、纠正、防范和责任追究机制,确保无罪的人不受刑事追究。人权理论的推进与强化,冤假错案的纠正与减少,反映了检察官职业伦理水平不断提升。

2018 年修订的《刑事诉讼法》在尊重和保障人权方面做出了较多的修正,尤其注重规范司法人员执法方式和拓展当事人权利空间。《刑事诉讼法》体现的价值观,由陈旧的"有罪推定""疑罪从有""重打击犯罪轻保护人权"等错误观念,逐步转化成"疑罪从无"和"尊重和保障人权"。价值观的转变和进步,则必然要求主办刑事案件的检察官,严格遵守《刑事诉讼法》背后所反映的人道、公正、自由、平等、秩序等基本价值理念,体现一定的社会普遍的伦理观。

2019 年 4 月 23 日,中华人民共和国第十三届全国人民代表大会常务委员会第十次会议修订通过《中华人民共和国检察官法》,新法对检察官的职业道德明确提出了要求。本次修订《检察官法》,将原《检察官法》"义务和权利"的该项内容调整补充到"总则"部分规定,形成了关于检察官职业伦理的单独规定。此外,本条规定与《公务员法》的相关规定也有一定程度的衔接。检察官性质上仍属于公务员,具有普通公务员的共性。但需要注意的是,检察官作为行使检察权的特殊公务员,又不同于普通的公务员。除了应具备一般公务员的条件、要求和素养外,还应具备相应的职业伦理。因此,在新修订的《检察官法》中,根据司法人员管理和司法权运行的一般性规律,将上述符合检察属性和检察官职业特殊性的规范,如"勤勉尽责""恪守职业道德""清正廉明"等单独提炼和总结,形成符合检察官职业特色的职业伦理。检察官不仅要遵守《公务员法》规定的相关义务,还要着重遵守检察职业的职业伦理,这也是契合了《公务员法》中将检察官归属于特殊性质公务员的精神。从《检察官法》修订中可以看出,检察官职业伦理在新时代的社会背景下得到了进一步强化。

二、检察官职业伦理的具体内涵

从设立检察官制度的目的来看,不管是大陆法系还是英美法系,都把检

---

① 最新《中国人权法治化保障的新进展》白皮书,http://baijiahao.baidu.com/s?id=15869338009772070065&wfr=spider&for=pc。

察官作为法律守护人、人权捍卫者和国家利益的代表。国际检察官职业伦理规则将检察官定位为公诉人的角色,表现出其与律师职业伦理、法官职业伦理的明显区别。刑事司法是控、辩、审三方博弈的过程,三方关系的图式犹如等边三角形,必然会产生检察官、法官和律师职业伦理共性下的各自特性。在刑事诉讼活动中,法官是居中裁判者,对应的职业伦理规则是平衡模式,要求法官不偏不倚,秉公执法;律师是辩护方,对应的职业伦理规则是偏正模式,要求律师在不僭越法律的前提下,最大限度地维护委托人的权益;检察官是追诉方,对应的职业伦理规则虽也是偏正模式,但在内容上却有所不同,要求检察官依法追诉,不惧权贵,维护社会公平正义,保障全社会利益;同时要求保障人权,遵守程序正义,防止冤假错案的发生。

检察官行使公诉职能应当具备职业伦理,我国检察官的职业道德准则与国际法律文件普遍确认的检察官伦理规范具有很大程度的一致性。我国《检察官法》第四条规定"检察官应当勤勉尽责,清正廉明,恪守职业道德",对检察官的职业伦理进行了准确清晰的阐述。

(一) 勤勉尽责

这里的"勤勉尽责"是指检察官的工作态度。我国《检察官法》第七条规定了检察官的具体职责,包括对法律规定由人民检察院直接受理的刑事案件进行侦查,对刑事案件进行审查逮捕、审查起诉、代表国家进行公诉,开展公益诉讼工作,开展对刑事、民事、行政诉讼活动的监督工作以及履行法律规定的其他职责。其中每项职责都是检察官依法行使国家检察权的一个方面,关系重大,责任重大,任务繁重。将相关职责履行好,需要检察官时刻保持勤勉尽责。

"勤勉尽责"主要体现在两个方面:一是检察官应主动履行职责,担当负责。比如,检察官在办理刑事案件的过程中,需要全面收集、固定、审查、运用各种证据材料,既包括犯罪嫌疑人、被告人有罪、罪重的证据材料,也包括无罪、最轻的证据材料。检察官如果只注重犯罪嫌疑人、被告人有罪、罪重的证据材料,或者因为各种原因而注重犯罪嫌疑人、被告人无罪、罪轻的证据材料,是不符合客观公正的标准,未能做到尽职尽责。再如,检察官在开展民事、行政公益诉讼工作时,既包括通过诉讼活动维护公共利益,也需要开展大量的诉前工作,通过公告、检察建议等方式帮助相关主体主动维护权益,促进行政机关依法履职,这样能够以较少的司法投入获得最佳的社会效果。这样需要检察官在平时积极主动作为,勤勉尽责,不将问题拖延,不等危害放大,及时地维护社会公共利益。二是检察官应勤勉履职。新时代人民群众日益增长的对美好生活的需要,对检察工作提出了更高的要求。检察官办案量逐年增加,更依赖检察官在履行职责时勤勉尽责。

(二) 清正廉明

根据我国《检察官法》第四条规定,检察官应当"清正廉明",主要体现在以下三个方面:其一,清正廉明是检察职业的基本要求。检察官不仅是国家公务员,而且是司法工作人员,依法行使国家检察权,从事对诉讼活动监督等重要工作,与人民群众有着密切联系。如果检察官品行不端,不仅有损自身形象,也会严重削弱检察机关的公信力。因此,从事检察职业需要清正廉明,要做到品行正派、廉洁奉公、不以权谋私、不徇私枉法、严格自律,认真践行社会主义核心价值观,保障检察工作顺利进行。其二,清正廉明是高素质检察队伍的内在要求。检察队伍职业的特殊性和职责的重要性,决定了检察官必须是清正廉明的典范,必须比其他公务人员有更高的清廉标准和要求。其三,清正廉明是高水平检察工作的重要保障。检察官在行使法律监督职责时,需要保证清正廉明。只有这样才能取得监督工作的主动权,才可以提升监督工作的公信力。检察官具有清正廉明的职业本色,可以增强其客观公正的立场,突出实事求是、明辨是非的能力,通过更加准确地适用法律,更好地维护公平正义,实现社会效果和法律效果的有机统一。

(三) 恪守职业道德

1. 忠诚

"忠诚"即"坚持忠诚品质,永葆政治本色",是指忠于党、忠于国家、忠于人民、忠于宪法和法律、忠于人民检察事业。而执政党的先进性表现在其并无一党一人之私利,而完全是为了维护国家和人民的根本利益。检察官的忠诚并不等于无条件服从领导,不是法律的机械的执行者,而应该在职业道德判断的前提下,实现实质正义的忠诚。如何判断明显违法的决定或者命令,是需要执法者有洞察力和职业操守的。比如,安徽某地原检察长汪成服从区委书记指令,对举报人实施打击报复造成严重后果,后以报复陷害罪被判处六年有期徒刑的案件就是一个反例。汪成错误解读"忠诚"原则,并由此打破司法公正的法律底线,教训深刻,也是检察伦理包括客观义务教育的典型案例。

我国检察官的职业道德准则与国际法律普遍确认的规范在很大程度上具有一致性,但也存在着区别。我国检察官的职业道德价值以"忠诚"为第一位,而国际检察官法里通常以"公正"为检察最重要的价值①。对忠诚的强调,与我国执政党"统揽全局、协调各方"的国家体制密切相关。国际准则强调检察官不得参加可能妨碍其中立性、客观性的党派活动,尤其是将检察官视为司法官的法律体制,更强调检察官要超越党派利益,不受政治干预。因此,在政治要求方面,我国检察伦理体现了"中国特色"。但是,正如习近平总书记所说:"没有超越政治的法律。"当下发生的华为公司高管人员孟晚舟被加拿大、美国以莫须有的罪名逮捕、引渡就是实例。另外,美国最高法院等的大法官也有党派,有的是时任总统提名后任命的。在涉及国家和党派大是大非的问题面前,他们的政治立场和素养都决定了没有完全纯粹的司法公正性。何况,对司法公正性的理解也是由每个执法者的立场、经历、身份、水平和视野等决定的,没有整齐划一的答案。

检察官讲政治不等于无条件服从政治。忠诚于党,恪守政治伦理,检察官在执法过程中维护法律尊严,维护国家的政治原则,就是以公正为核心的忠诚。应该正确理解忠诚伦理原则的内涵与行为要求。若案件涉及国家的根本利益和政府权威时,检察官应顾全大局,履行宪法法律,忠诚职责,敢于担当,勇于监督。

2. 为民

"为民"即"坚持为民宗旨,保障人民权益",要求检察官树立高尚的敬业精神和全心全意为人民服务的意识,自觉抵制社会上的各种不正之风,坚持秉公执法,清正廉洁,不徇私情,加强自身修养,树立良好的检察官形象,做一名全心全意为人民服务的合格检察官。

以北京市检察机关为例②,2016年北京市检察机关立足于"以人民为中心"的理念,打破传统以内设机构为单元的分散服务模式,积极整合检察机

---

① 龙宗智:《检察官客观义务与司法伦理建设》,《国家检察官学院学报》2015年第3期。
② 《检察新产品系列(4):检察服务中心》,北京市人民检察院,http://www.bjjc.gov.cn/bjoweb/rdxw/98001.jh-ml。

关对外服务职能,发挥科技强检的优势,按照"统一名称、统一规划、统一职能、统一标准"的要求,成立"一站式"检察服务中心。

2018年北京市检察院制定下发《北京市检察机关检察服务中心建设标准(试行)》,明确该中心包括2309检察服务热线、引导区、等候区等11个功能区,配有人脸识别、语音识别、自助服务终端等先进设备。其中设置的律师接待室和心理咨询室,主要用于北京市公益法律服务促进会选派的律师和心理咨询师为群众提供法律咨询、心理疏导等服务。

检察服务中心的设立和运行,充分体现出北京市检察机关始终以维护人民群众合法权益为工作的根本出发点和落脚点,在方便群众、促进社会矛盾化解等方面发挥重要作用。

3. 担当

"担当"即"坚持担当精神,强化法律监督",要求检察官刚正不阿,有担当的勇气和魄力,敢于坚持原则,敢于承担风险,敢于同不法势力相较量。检察官处于反腐败斗争和打黑除恶的最前线,工作职责决定了要具备担当的职业伦理,敢于查办大案要案,敢于旗帜鲜明地亮出观点和立场,揭露和控诉种种违法犯罪行为,坚定捍卫国家和人民的根本利益。

多年来,全国检察机关坚决贯彻党中央关于反腐败斗争的决策部署,坚持"老虎""苍蝇"一起打,形成有腐必反、有贪必肃的工作理念,依法严厉打击贪腐犯罪,充分展示了检察官勇于担当的职业伦理。在修订《刑法》(九)之前,2015年查办贪污贿赂、挪用公款100万元以上的案件4 490件,查办原县处级以上干部4 568人,其中原厅局级769人。依法对苏荣、白恩培、周本顺等41名原省部级以上干部立案侦查,对周永康、蒋洁敏、李东生等22名原省部级以上干部提起公诉[①]。虽然现在检察机关拥有对职务犯罪的侦查权转移到各级监察委员会,只保留了一小部分对执法人员职务犯罪的侦查权,但是对所有涉嫌职务犯罪人员的批准逮捕、提起公诉和执行监督等法律职责不可替代,依然发挥着法律监督的作用和威力。

强化法律监督要求检察官履行法律监督的职责,通过立案监督、审判监督、执行监督等发现问题,纠正违法,追诉漏罪,防止冤假错案的发生。敢于

---

① 《最高检:贪污贿赂犯罪呈高发态》,中国新闻网,http://www.chinanews.com/gn/2016-04-18/7838159.shtm20ll。

监督、善于监督、刚性监督,这些检察官职业的特质,要求其必须做到执法办案严明,才能对国家负责,对人民负责。

4. 公正

"公正"即"坚持公正理念,维护法治统一",要求检察官崇尚法治,客观求实,依法独立行使检察权,坚持法律面前人人平等,自觉维护程序公正和实体公正。公正有丰富的职业伦理内涵。

公正要求检察官树立法治信仰。检察官应当树立对公正的追求,培育职业理想,保持职业的荣誉感和责任心。公正是法律的灵魂,是最高的价值追求,检察官作为法律监督者和法律权威的维护者,更应该把追求公平正义作为信仰。但是随着社会经济的快速发展,价值观的多元化追求,某些检察机关队伍中正义的法治信仰有所淡漠,规则可以临时变通,程序可以随时打破。因此,保持追求公平的法治信仰是每一个检察官职业伦理的基本要求,也是每一个法律人的基本责任,不能唯上,更不能单纯以追求胜诉率为执法目标。检察机关应该依法对公安机关、法院和监所部门进行法律监督。

公正要求检察官独立自主地执法办案。《宪法》《人民检察院组织法》和《检察官法》等法律都明确规定,人民检察院依照法律规定独立行使检察权不受行政机关、社会团体和个人的干涉。鉴于检察系统为"检察一体",则要求检察机关做到整体独立,不受外部因素的干扰。随着网络媒体的快速发展,检察官在办案过程中可能会受到媒体、舆论的干扰。尤其面对社会争议较大的案件时,检察官更需要独立思考,调查研究,实事求是,避免受到舆论绑架、道德绑架而失信于民,丧失检察官代表的司法独立、司法权威。

公正要求检察官坚持实体正义和程序正义。公平正义是人类社会共同追求的价值目标,是法治的生命线,更是司法的灵魂,让人民群众在每一个司法案件中感受到公平正义,是检察机关义不容辞的责任。中国刑诉法泰斗陈光中先生表示:有真相才有正义,查明真相是中国司法文明的优良传统。在诉讼中,对于真相问题应当坚持实体正义与程序正义相结合。程序正义与实体正义犹如鸟之两翼、车之两轮,互相依存、互相联系。这就要求检察官在实现公正时需两者并重,不能有所偏颇。

公正要求检察官贯彻法、理、情的统一。中国检察官追求的是实质公正而非形式公正。检察机关在新时代所追求的应该是良法善治,适应老百姓对司法的需求。在推一推、拉一拉当中,以社会危害性大小作为考量标准,体现了尊重人性、人文关怀,保障人权和司法救济。比如中国特色的控告申诉制度、调解和解制度、值班律师制度、认罪认罚从宽处罚等制度,使公正不仅具有法律的刚性,还具有制度的柔性。

5. 廉洁

"廉洁"即"坚持廉洁操守,自觉接受监督",要求检察官模范遵守法纪,保证清正廉洁,淡泊名利,不徇私情,自尊自爱,接受监督。每个检察官都要奉公执法、知法守法,在工作中必须遵守国家的法律法规、各项政策规章,保持清廉作风,起到带头模范作用,树立司法界的权威和榜样。

2010年最高人民检察院通过《检察机关领导干部廉洁从检若干规定(试行)》,促进检察机关领导干部廉洁自律和公正廉洁执法,加强检察机关自身反腐倡廉建设。该法强调,检察官严禁利用职权和职务上的影响谋取不正当利益;严禁违反规定办案或者以案谋私、以权谋私的行为;严禁违反公共财务管理和使用的规定,假公济私、化公为私;严禁利用职权和职务上的影响为特定关系人谋取利益;严禁讲排场、比阔气、挥霍公款、铺张浪费等违法违纪的行为。检察官应保持廉洁作风,将廉洁的职业道德铭记在心,融入血液。《检察官法》第四十七条也详细规定了对检察官的廉洁自律要求,有贪污受贿、徇私枉法等问题的要法办。《人民检察院组织法》规定人民检察院实行司法公开,发生法律效力的起诉书、判决书等法律文书公开,目的也是防止暗箱操作,滥用职权,以公开促进公正。

三、检察官职业伦理建设的重要性

党的十八大之后,中央全面深化司法体制改革和工作机制改革。在此大背景下,2013年和2015年最高人民检察院先后出台了《检察官办案责任制改革试点方案》(以下简称《试点方案》)和《关于完善人民检察院司法责任制的若干意见》(以下简称《若干意见》),以基层检察院为试点单位,通过科学划分执法权限,建立健全检察机关执法办案组织,在消除检察活动行政化倾向、突出检察官主体地位、落实检察官办案责任等方面取得了积极明显的成效。然而,司法公正的基础是检察官的素质。当前我国司法领域问题突出、司法公信力还不够。究其原因,除了司法体制、职权配置、权力运行机制等不够科学的深层次因素外,司法腐败、冤假错案、办案粗疏、作风不正等司法人员职业伦理的缺失也给社会公众留下了严重的负面影响。因此,促进新时代检察官的职业伦理建设与完善显得至关重要。

(一)检察官职业伦理建设有利于增强司法公正性

近年来,我国发现的冤假错案并不少见,随着侦查手段和破案技术不断进步,越来越多的冤案错案得以昭雪。比如,聂树斌强奸杀人案,佘祥林杀妻案,赵作海杀人案,陈满故意杀人案等重大冤假错案。冤假错案的发生在于司法人员没有以事实为依据,以法律为准绳;在于司法人员缺少执法责任心和职业伦理,缺少识别真相的能力和执法水平。

以"佘祥林杀妻案"为例,亡者归来,无案可破,检察机关在办理此案中存在诸多问题,主要体现在以下几点:一是执法观念陈旧。检察机关有关办案人员存在"有罪推定""疑罪从有""重打击犯罪轻保护人权"等错误思想。在本案中,检察机关只注重被告人的有罪供述,不重视其无罪辩解;在案件存在疑点、证据不到位、犯罪嫌疑人屡屡翻供和辩解的情况下,唯恐放纵罪犯而忽视保护嫌疑人合法权益,甚至利用不合法手段进行诱供。

二是法律监督不到位。在批捕环节,缺乏监督意识,审查把关不严。面对佘祥林无罪辩解和四次矛盾重重的供述,未能把好事实关、证据关,而是轻率批捕。在审查起诉环节,检察官工作责任心不强,未认真履行法律监督职责。各个环节均没有落实作为一名检察官应有的监督职责。

三是执法作风不严谨。佘祥林案无直接定罪证据,间接证据也未形成证据链,佘祥林在公安机关的交代中既有有罪供述,又有无罪辩解,其有罪供述存在相互矛盾、前后不一之处。同时在尸体确认、作案工具、作案方法等方面也存在不少疑点。几个检察机关对该案多次审查,但由于执法作风不端正,审查不细致,均未能严格把关,未能避免冤案发生。

四是执法能力和水平低下。命案必破,是人民对司法机关的殷切期望,亦是司法机关追求和努力的目标。但不能违背实事求是这一最基本的职业道德,不能采取"不破不立"的办案模式,而是要把命案真正办成经得起历史检验的"铁案"。

建立和完善检察人员的职业伦理建设,只有检察人员内在地认识到自己应尽的责任,树立起崇高的法治信仰,才能强化监督意识,加大监督力度;才能改进执法作风,严把案件质量关;才能提高司法公信力和树立政府威信,减少甚至杜绝冤假错案,追求实现社会公平正义。因此,检察机关进行职业伦理建设,有利于防止或减少冤假错案,有利于增强司法公正性。

(二)检察官职业伦理建设有利于增强司法高效性

加快构建立体化、多元化、精细化的诉讼程序,推进案件繁简分流、轻重分离、快慢分道、认罪认罚从宽制度、员额制去行政化的模式,以及"谁办案、谁负责"的办案机制等,都提高了司法效率,使司法公正得以更快实现。

检察官完善的职业伦理有利于增强司法的高效性。2017年,最高人民检察院印发《最高人民检察机关司法办案组织设置及运行办法(试行)》《最高人民检察机关检察官业绩考核办法(试行)》《最高人民检察院机关司法业绩档案工作管理办法(试行)》,落实最高人民检察院机关检察官办案责任制改革,明确办案质量终身负责的办案机制。

2019年修正《检察官法》时在加强对检察官管理的基础上,加强了对检察官职业伦理建设的要求。司法责任制、员额制等是本轮司法体制改革的重要内容。这些改革要求构建公正高效的检察权运行机制,将员额检察官办案主体地位和加强监督制约相结合,赋予独任检察官、检察官办案组等更大的权力,做到"谁办案谁负责、谁决定谁负责"。

上述改革都要求检察官具备更高的业务能力和职业道德。"徒法不足以自行",检察官办案责任制的实现,不仅需要良好的办案组织和工作机制,更需要具有独立办案能力且品行良好的检察官。检察官作为检察权行使的主体,必须在办案中遵循司法职业伦理,才能让社会树立起对司法的信心,支撑起检察官办案责任制等司法改革。检察官职业伦理建设,一方面为检察官办案责任制改革的合理性进行价值背书,另一方面通过理性的力量为检察官办案责任制构建伦理标准,借此来提升全社会对检察机关和检察官的司法信心。

因此,加强检察官职业伦理建设,有利于增强司法高效性。检察官的职业伦理并非是一种纯粹的规范性伦理,而是一种责任伦理。它关注的不仅仅是伦理规范,还关注由这些规范而产生的实际效果。检察官职业伦理指引从业者凭良心和良知执业,规范检察办案行为,并对违反者予以惩戒,以维护职业的地位和尊荣,有利于强化检察官的内部自律和内心自省作用,为实现司法的高效性保驾护航。

(三)检察官职业伦理建设有利于增强司法权威性

长期以来,理念伦理在检察官职业伦理建设中占据主要地位。各种规范性文件无不强调检察官要树立行动的纯洁性和手段的正当性,而忽略规则伦理,即违反职业道德所应承担的法律后果。有了责任的约束才能更好地保障检察官践行职业道德,使其不能违背也不敢违背,增强司法的权威性。

职业伦理本身就是一种责任伦理。在理性主义占据垄断地位的现代社会,对于检察官的职业伦理规范而言,更主要的是一种可以具体操作的责任型伦理规范。在司法伦理学上,责任概念不仅仅是产生于外在的强制规范,还包含了正义、善良意志等自然法概念。而不同伦理下产生的职责是完全不同的,其所产生的职责含义甚至会与遵循人类基本生存准则而产生的职责含义处于对立的两极。有把枪口抬高1厘米的主权是应主动承担的良心义务。任何人都不能以服从命令为借口而超越一定的伦理底线。检察官的职业伦理来源于责任感,检察官办案责任制就是要求检察官保持职业伦理责任感,并对其职务行为的后果承担责任。尤其是一些底线伦理和行业规范,检察人员履职必须遵从,一旦违反即不适合做一名检察官。

从比较法的视角看,不论是国际检察官职业伦理(如联合国《检察官角色指引》和国际检察官联合会《检察官专业责任守则和主要职责及权利的声明》),还是世界各国检察官职业伦理,都规定了两种类型的职业伦理规范,其中惩戒性规范作为底线伦理,一般比较具体,期待性规范作为上线伦理则比较抽象。检察官职业伦理建设应当更加注重对检察官职务行为的指引或提示,探索完善因执法办案造成严重后果或恶劣影响等情况的追责制度,确定司法责任和承担主体,科学认定应承担的司法责任,真正把责任落实到"人"。尤其要明确底线伦理和确定司法责任豁免制度,办案中虽有错案发生,但检察官恪尽职守,依法办案,没有故意、过失和严重违反办案纪律的行为,不应承担司法责任。但即使没有发生错案,办人情案、关系案,严重违反法律程序的,也要严肃追责。

因此,应将检察官职业伦理规范由理念伦理转向责任伦理,明晰界定不同情况下检察官应承担的责任。明确"谁办案谁负责"的具体内涵,促进检察人员自觉规范自身言行,为检察官依法独立公正行使职权提供制度保障和救济途径,强化检察官的责任意识和职业伦理建设。只有贯彻落实检察官的职业伦理建设,才能真正实现司法的权威性和稳定性。

四、新《检察官法》对检察官职业伦理建设的保障

我国正处于社会转型期,各种社会矛盾不断凸显,人民群众的诉求开始向多方面扩展和延伸,对检察机关及检察人员的期望与要求更高。并且,随着市场经济体制的逐步建立,人民群众的诉求由原来以经济利益为主开始向社会文化、公共利益等多方面扩展和延伸,检察机关在处理这些案件和矛盾时,稍有不慎就易引发群体事件和个人极端事件,给检察机关做好群众工作带来巨大考验。《检察官法》在此背景下,多角度全方位地对相关法律规定进行修改和完善,以便检察官更好地把职业伦理落到实处。

(一)明确界定检察长和检察官的职责权限

《检察官法》第九条规定:"检察官在检察长领导下开展工作,重大办案事项由检察长决定。检察长可以将部分职权委托检察官行使,可以授权检察官签发法律文书。"

本条是2019年修订的新增内容。人民检察院司法责任制改革的一个目标是,通过科学界定检察委员会、检察长和检察官在司法办案工作中的职责权限,做到"谁办案谁负责,谁决定谁负责"。本条对检察长和检察官的职权关系作了规定,总体上坚持突出检察官办案主体地位与保障检察长对司法办案工作的领导相统一,明确人民检察院检察长与检察官之间在办案中的职责权限。一方面,推行检察官办案责任制,突出检察官办案主体地位。人民检察院办理案件,根据案件情况可以由一名检察官独任办理,也可以由两名以上检察官组成办案组办理。由检察官办案组办理的,检察官应当指定一名检察官担任主办检察官,组织、指挥办案组办理案件。检察官对办案质量负责。另一方面,也强调检察官在检察长领导下开展工作,受检察长领导和监督。检察长对案件行使有关监督管理职权。明确规定各方的职责,则有助于贯彻落实职业伦理。

检察长和检察官的职责权限规定主要体现在以下两个方面:

1. 本条规定符合司法责任制改革对检察长和其他检察官职权划分的要求

通过依法合理放权,使一线办案检察官成为有职有权、相对独立的办案主体,是检察权运行机制改革的一个基本取向,也是更好地落实司法责任的一个重要前提。同时,检察权的运行机制,必须依据和符合宪法法律规定的检察机关领导体制。我国《宪法》规定,最高人民检察院领导地方各级人民检察院和专门人民检察院的工作。这种"检察一体""上命下从"的领导体制决定了完善检察权运行机制,既要赋予检察官相对独立的依法对案件作出处理决定的职权,又要坚持检察一体原则,加强上级人民检察院和本院检察委员会、检察长对司法办案工作的领导。过去实行"三级审批"办案模式,在一定程度上模糊了各类检察人员之间的职责权限,各主体在形成案件处理决定中的责任不够明确。责任的不明确使得各类检察人员应遵守的职业道德不明晰,易出现滥用职权等不符合职业伦理的情况。

为解决这一问题,《最高人民检察院关于完善人民检察院司法责任制的若干意见》对普通检察官与检察长(分管副检察长)在司法办案中的职权和责任以及对司法办案工作的监督管理权,同时明确检察官对检察长(分管副检察长)负责,在职权范围内对办案事项作出决定。

2017年最高人民检察院制定最高人民检察院权力清单。检察官权力清单主要用以明确检察长、检察委员会和检察官之间的办案事项决定权。2017年3月最高人民检察院印发的《关于完善检察官权力清单的指导意见》第七条规定:"以人民检察院名义制发的法律文书属检察官职权范围内决定事项或不涉及办案事项决定权的,可以由检察官签发。"随着实践的发展,将逐步通过人民检察院刑事诉讼规则、民事和行政诉讼监督规则等司法解释文件,确定对检察官的授权范围。

2. 明确了检察长和其他检察官在司法办案中的基本关系及职责权限

本条总结司法改革制改革的实践,明确了检察长对办案工作的领导权和检察官的办案主体地位。检察官依据检察长授权履行职责,可以在职权范围内作出办案决定,签发法律文书。实行检察官办案责任制,要求检察官在司法一线办案,并对办案质量终身负责。独任检察官和检察官办案组在办理案件时,可以在其职权范围内对办案事项作出决定,可以对其职权范围内决定事项或不涉及办案事项决定权的事项签发法律文书。这是落实检察官办案主体地位的重要体现。

检察长或副检察长参加检察官办案组或独任承办案件的,依法在职权范围内对办案事项作出决定。对于重大办案事项,应当由检察长决定。根据司法体制改革的有关要求,完善入额领导干部办案机制。担任领导职务的法官、检察官每年应当办理一定数量的案件,并带头办理重大复杂敏感、新类型和在法律适用方面具有普遍指导意义的案件。本条的规定,既体现了"检察一体化"的原则,落实了法律关于检察长统一领导检察工作的规定,也有效落实了中央关于司法责任制改革的要求。属于检察长或者检察委员会决定的事项,检察官对事实和证据负责,检察长或检察委员会对决定事项负责。

检察长具有案件审核权。检察长(副检察长)有权对独任检察官、检察官办案组承办的案件进行审核。检察长不同意检察官处理意见,可以要求检察官复核或者提请检察委员会讨论决定,也可以直接作出决定。检察官执行检察长(副检察长)决定时,认为决定是错误的,可以提出异议。检察长(副检察长)不改变该决定,或者要求立即执行的,检察官应当执行,执行的后果由检察长(副检察长)负责,检察官不承担任何司法责任。

检察长具有监督管理权。检察长对司法办案工作进行监督管理,具有主持检察委员会会议,决定检察人员的回避,指定重大、疑难、复杂案件的承办人,要求检察官报告办案情况,更换承办案件的检察官等权力。

通过清晰界定各检察人员的基本关系和职责权限,明确各自享有的权力以及应承担的义务与责任,有利于保障检察官职业道德的建设与完善。

(二) 增加对检察官职业尊严与人身安全的保护

《检察官法》第五十六条规定:"检察官的职业尊严和人身安全受法律保护。任何单位和个人不得对检察官及其近亲属打击报复。对任何检察官及其近亲属实施报复陷害、侮辱诽谤、暴力侵害、威胁恐吓、滋事骚扰等违法犯罪行为的,应当依法从严惩治。"

本条是2019年《检察官法》新增加的规定。检察官是依法行使国家检察权的检察人员,是社会公平正义的维护者,检察官依法履行职责,受法律保护。检察官依法行使国家检察权,或多或少都会触及案件相关人员的利害关系,一些人甚至因此迁怒于检察官等司法工作人员,近年来实践中曾经发生检察官等司法人员因为办理案件被伤害甚至被杀害的案件。也有个别当事人为了获得有利于己的案件处理结果，对检察官采取损害尊严、人格、人身安全的行为。只有保障检察官及其亲属的人身安全，才能使其能无后顾之忧地依法履职，真正把检察官的职业伦理落到实处。《检察官法》对保护检察官的职业尊严和人身安全作了专门规定。

本条规定也体现了司法体制改革的重要内容。中共中央办公厅、国务院办公厅印发的《保护司法人员依法履行法定职责规定》第十七条规定，对干扰阻碍司法活动，威胁、报复陷害、侮辱诽谤、暴力伤害司法人员及其近亲属的行为，应当依法从严惩处。对以恐吓威胁、滋事骚扰、跟踪尾随、攻击辱骂、损毁财物及其他方式妨害司法人员及其近亲属人身自由和正常生活的，公安机关接警后应当快速出警、有效制止；对正在实施违法犯罪行为的，应当依法果断处置，从严惩处。对实施暴力行为危害司法人员及其近亲属人身安全的精神病人，在人民检察院决定强制医疗之前，经县级以上公安机关负责人批准，公安机关可以采取临时保护性约束措施，必要时可以将其送精神病医院接受治疗。

通过新增检察官职业保障规定，在法律制度上确保其能依法履行职责，践行职业伦理，更好地为人民服务。

（三）等级制度及晋升原则的去行政化

本轮司法改革，其中一个重要核心就是去行政化。过去，检察机关存在的行政化主要体现在三方面：一是检察官和行政官员没有显著区别，都是科层制，检察官有科级、处级、厅级干部的区分；二是检察机关本身和行政机关也没有显著区别，检察机关在检察长领导下，内部各个部门，有部门领导，部门领导下面是检察官；三是对于当地党政机关而言，检察机关和其他行政机关也没有任何区别，人财物同样接受地方党政的领导。而检察机关这种行政化特征明显不符合司法工作的特性，因为司法工作强调检察官的亲历性，要求检察官根据自身的亲历，审查证据结合法律来独立作出判断，而没有亲自办案的行政领导，则容易随意干预办案，导致冤假错案。

检察机关去行政化，就是要内外兼修。对内，要去除检察官的行政职务，让检察官以检察官身份存在而不是以行政化职务而存在。同时，最重要的就是必须让检察官独立地承办案件，而不再是科层式地审批案件。对外，就是要弱化检察机关与地方行政机关的关系,让地方的党政机关不再干预检察官的任命,不再能干预检察官的独立办案①。

检察官实行员额制管理是司法体制改革的核心内容之一。员额制的管理方式有利于实现去行政化。《检察官法》第二十六条规定:"检察官实行员额制管理。"人民检察院在实行司法人员分类管理改革后,相关工作人员按照检察官、检察辅助人员、司法行政人员三类管理。对检察官实行员额制管理,包括确定员额数、进行遴选、实施单独职务序列管理、适用晋升办法、采取培训计划、给予福利待遇、涉及考核奖励惩戒制度以及明确员额退出机制等,对检察官与检察辅助人员、司法行政人员分开进行管理。

对检察官等级制度和晋升的原则具体表现在《检察官法》第二十九条。此条规定了检察官实行单独职务序列管理和"四等十二级"的检察官等级设置。检察官等级制度是原《检察官法》就规定的制度,修订后的《检察官法》对检察官等级"四等十二级"的具体设置也与原《检察官法》相同。但在近年来全面深化司法体制改革、实行司法人员分类管理、检察官单独职务序列和检察官员额制的情况下,检察官等级有了新的更重要的意义。本轮司法体制改革以前,法官、检察官和其他公务员一样具有行政级别,检察官等级是和行政级别并行的一种检察官衔级,类似于军人军衔、人民警察警衔、海关关衔,更多体现的是检察官的资历、荣誉。检察官的政治待遇、生活待遇等主要还是由行政级别决定。实行检察官单独职务序列以后,法官、检察官的职务序列与行政职级脱钩,"四等十二级"的检察官等级成为检察官具有的唯一衔级,也是新形势下确定检察官待遇的重要依据。检察官等级的确定和晋升对于激励检察官依法履行检察职责,努力提高政治业务水平,完善职业伦理建设,推进高素质检察官队伍建设,具有重要意义。

五、检察官职业伦理建设仍然存在困境

检察机关作为我国的专门法律监督机关,担负着确保法律正确实施、维护公平正义的职责。相比其他职业道德,检察官职业道德具有更强的示范作用。检察官职业既执行法律,又监督法律实施。当执行法律时,检察机关

---

① 杨涛:《检察官去行政化绝不只是抹去行政职务》,《中国青年报》2015 年 4 月 28 日。

与其他司法机关相同,必须按照法定程序和步骤进行。但监督法律实施时,则处于一种"超然"的位置,同时也是公众聚焦点。检察官职业伦理的优劣,不仅关系到司法工作是否廉洁高效地运行,更关系到公共利益、国家利益的保护,甚至关系到国家的长治久安。检察官的职业道德应当较一般职业道德有更特殊的示范性,应该更严格,内容更科学、合理,以成为整个司法队伍的"范本"[1]。检察官职业的特殊性,要求检察官具备更加完善的职业伦理,更加专业的法律专业素养。在当今社会的法治背景下,检察官职业伦理仍然存在以下几个困境。

(一)检察官员额数量与案件数量还不尽配套

我国处于社会转型时期,各种社会矛盾纠纷多发,案多人少的矛盾非常突出,检察官工作压力和负担很重。随着法治化进程的推进,各级人民检察院办理案件数量均逐年增多,各个检察院员额检察官数量要适应案件数量的需求。检察官办案小组理论上应由至少一个检察官、一个助理以及一个文员组成,但实践中人员安排很难真正落实,案多人少的现象必然会带来案件质量的下降。

实践中各地检察院因经济发展等各方面因素影响,办理案件数量存在差异,比如东部经济发达地区数量大,西部欠发达地区则少得多,有的检察院"案多人少"更为突出,检察官一年办理几百件案件的不在少数。在实践中,有些地区地广人稀,案件量少,按照案件数量、人口数量等因素分配检察官员额,可能检察官员额很少,影响检察院正常开展工作,也不便于当地的人民群众及时有效地通过人民检察院维护自身合法权益。

检察官员额数量与案件数量不配套,"案多人少"的矛盾突出,会直接影响到检察官的办案程度与案件质量。在这种情况下,很难要求检察官对每一个案子都细致入微地分析所有争议焦点,贯彻检察官应遵守的职业伦理要求。

(二)检察官工资制度有待完善

《检察官法》第五十九条规定:"检察官实行与其职责相适应的工资制

---

[1] 朱丽敏:《检察官职业伦理浅谈》,《法制博览》2018年第24期。

度,按照检察官等级享有国家规定的工资待遇,并建立与公务员工资同步调整机制。检察官的工资制度,根据检察工作特点,由国家另行规定。"

原则上规定了与公务员工资同步调整机制,也就是说,实行职级并行的工资薪酬制度。这里的工资制度包括工资组成结构,工资标准,分配原则,工资档次晋升条件,特殊性质工资,与其他分类管理的司法人员工资制度的关系,工资来源,地方的实施方式,实施时间等一系列内容。作为保障司法工作人员依法履职的重要制度,检察官工资制度需要结合检察工作的特点,制定具体的内容规范。检察系统应通过相应机制科学考核工作绩效,确定工资薪酬。目前司法体制改革还在不断深入推进,在检察官工资制度这方面仍存在问题。法条规定得相对比较模糊,且在实践中地区化差异很大。检察官与行政人员合理的比例大致为85%与15%。检察官作为检察系统的核心骨干,其得到的工资应该不少于行政人员,但现在制度改革的趋势却是,行政人员的基本工资往往高于同级别检察官。公务员工资由基本工资、津贴、补贴和奖金四部分构成。检察官的收入与其拥有的津贴奖金等与绩效相挂钩。检察官本质上还是公务员,他们往往通过国家公务员考试和司法统考之后进入检察官队伍,所享受的工资待遇不能从公务员序列中剥离出来。应该加强顶层设计,着眼于推进检察官职业伦理建设,调动检察人员的工作积极性,稳定专业队伍力量,考虑将来可能出现的养老金并轨等因素,制定公平合理的工资制度,才能使检察官实现更高层面的道德追求,落实职业伦理建设。

(三) 检察官自由裁量空间有时过大

司法改革后,检察官拥有更大的自由裁量权。在认罪认罚从宽制度中,显得尤为明显。检察官拥有较大的自由裁量权,这对其职业伦理提出了更高的要求和挑战。认罪认罚从宽制度是指对犯罪嫌疑人、被告人自愿如实供述自己的罪行,对指控的犯罪事实没有异议,同意量刑建议并签署具结书的,依法从宽处理。截至2018年11月底,18个试点地区共确定试点法院、检察院各281个,适用认罪认罚从宽制度审结刑事案件91 121件103 496人,占试点法院同期审结刑事案件的45%。其中检察机关建议适用的占98.4%,对于认罪认罚案件,检察机关审查起诉平均用时26天,人民法院15日内审结的占83.5%,当庭宣判率为79.8%,速裁案件当庭宣判率达

93.8%,刑事诉讼效率明显提升。

但是认罪认罚从宽制度试点工作还存在一些问题和困难。如有的试点地区将"认罚"与赔偿被害人经济损失简单等同起来,或将"从宽"绝对化、简单化,对案件具体情节区分不够;试点工作整体推进不够平衡,有的地区试点案件数量偏少、比例偏低;办案规程、工作机制尚需进一步完善。在下一步工作中,需要加强对认罪认罚从宽制度试点中法官、检察官自由裁量权的依法监督,坚决防止发生徇私枉法、滥用职权等违法情形,确保公正廉洁司法。此外,还将进一步完善制度机制,探索完善认罪认罚案件的量刑标准,为检察机关更准确提出量刑建议、法院更准确裁量刑罚创造条件;正确处理赔偿和解与从宽处罚的关系,坚持具体问题具体分析,避免将赔偿与从宽完全等同起来。

检察官拥有更大的自由裁量权,如何既维护司法权威又体现司法高效性,这不仅对检察官的业务能力提出要求,更是对职业伦理的建设发出挑战。

六、检察官职业伦理建设完善的途径

(一)实行科学的员额制管理

检察官实行员额制管理是司法体制改革的核心内容之一。党的十八届三中全会通过的《中共中央关于全面深化改革若干重大问题的决定》提出,确保依法独立公正行使审判权检察权,完善司法人员分类管理制度。党的十八届四中全会通过的《中共中央关于全面推进依法治国若干重大问题的决定》提出,要推进法治专门队伍正规化、专业化、职业化,提高职业素养和专业水平。根据司法体制改革要求,需要对检察官实行有别于普通公务员的管理制度,建立检察官员额制,对检察官在编制限额内实行员额管理。

科学合理的员额制管理主要体现在以下几方面:

一是多种因素共同确定检察官员额数。这些因素主要是案件数量、经济社会发展情况、人口数量和人民检察院层级等。这些因素是确定检察官员额数的基础性因素。第一,检察官员额数量与案件数量需要科学配备。随着法治化进程的推进,各级人民检察院办理案件数量均逐年增多,各个检察院员额检察官数量要适应案件数量的需求。在配备检察官员额数量时要充分考量案件数量的因素。第二,检察院员额数量与经济社会发展情况需要科学匹配。不同经济社会发展状态的地区,案件数量、类型、难度存在差异。相对来说,经济社会发达的地区,生产活动、经济贸易活动等更为频繁,领域更为广泛,会产生大量案件,案件类型更为多样化,办理难度也更大,平均每案的办案时间也可能更长,需要的检察官员额与经济发展状况薄弱的地区存在差异。比如,一些人民检察院的所在地具有特殊的经济和社会环境,可能会产生大量新类型、高难度、高关注度的案件,也就需要较多经验丰富、能力水平高的检察官办理案件。人民检察院在确定员额数时,应对地区的经济社会发展特点和水平有所考虑。第三,检察官员额数量与人口数量上升,将影响案件数量上升。人民检察院在确定员额数时,有必要根据人口数量及时调整。第四,检察官员额数量与人民检察院层级需要科学配备。考虑到层级的因素,基层人民检察院一般大量承担了各类案件,市、省级人民检察院以及一些专门人民检察院,常办理较为重大复杂的案件,在配备员额检察官数量时也应考虑案件难度反映出的工作量,准确衡量工作量的大小。

二是检察官员额在省、自治区、直辖市内实行总量控制、动态管理。这一规定有以下三层意思:第一,根据司法体制改革实践经验的做法,在法律中确定由省、自治区、直辖市级的人民检察院统一调配其统管范围内人民检察院的检察官员额。第二,检察官员额施行总量控制。总量控制是省、自治区、直辖市根据中央司法体制改革的整体部署,根据本区域人民检察院的中央政法编制数核定统管范围内的检察官员额数,并以本区域的实际情况和需要出发,确定允许检察官入额的数量。第三,员额实行动态管理。所谓动态管理,是在省级统管、总量控制的基础上,检察官员额的数量既要有一定的稳定性,也要能体现适应实践情况的灵活性;要做到在总体数量上的有增有减,即当增即增,当减即减;还要做到在空间、时间配置上的有进有出,即有需则进,无需则出。至于总量的测算确定、数量增减进出,则要按照本款规定,根据全省、自治区、直辖市范围内各级各类检察院负担、员额配置的实际情况进行及时调整。

三是检察官员额优先考虑基层人民检察院和案件数量多的人民检察院办案需要,在严格管理、总量控制的前提下,检察官实行员额制要综合考虑不同审级、不同地区检察院案件的类型和数量、人员配置以及辖区内经济社会发展状况、人口数量、辖区面积等因素,检察官员额经省、自治区、直辖市内统一调配、动态调整,确保员额配置向基层、向一线、向案多人少矛盾突出的地区、单位倾斜。

实践中应注意的是,按照中央关于推进检察官员额制改革的要求,检察官员额所占中央政法机构专项编制的比例要求是针对各省、自治区、直辖市检察院的中央政法专项编制而言,应在不同审级、地域进行适当调剂。不同地方经济社会发展水平差异大,在确定员额比例和基数时不宜"一刀切"。按照中央要求,应当在省一级统筹调控各地区、各层级检察院员额数量,以人案匹配度和各级人民检察院职能定位为依据,坚持员额比例向基层倾斜,向人案矛盾突出的地区、单位倾斜。

实行科学合理的检察官员额管理,缓解甚至解决"案多人少"的问题,使检察官能静下心来研究复杂案情,为检察官职业伦理的建设和完善提供制度基础,最大限度让每个公民在每一个司法案件中感受到公平正义。

(二) 增强检察官的职业保障性

此处的职业保障性体现在多个方面,比如合理的工资制度、退休的保障制度、奖惩制度以及人身安全问题等。只有全方位多角度地实现职业保障,才能更好地要求检察官落实职业伦理建设与完善。

在工资制度上,应根据员额制改革的精神,建立全国统一的检察官工资制度,并合理体现地区工资差异与职业特点,建立与检察官职业性质、等级、考核相适应的工资制度。应体现激励和约束,建立与工作职责、实绩和贡献紧密联系的工资分配制度,在提高检察官积极性的同时,健全完善约束机制。要注重向一线倾斜,加大对一线办案人员的工资政策倾斜力度,形成合理的政策导向。为保障司法工作人员依法履职的重要制度,检察官工资制度需要结合检察工作的特点,制定具体的内容规范。检察系统应通过相应机制科学考核工作绩效,确定工资薪酬。

因此,改革后检察官的工资制度应充分考虑检察工作的特点,主要从检察官的履职情况、办案数量、办案质效、办案难度和年限情况,考虑司法能力、职业操守等因素综合评价,通过科学制定分配、考核办法确定薪酬。同时,在工资计算方面增大一线办案的考察权重,从制度上保证向一线办案人员倾斜。有关方面在落实《检察官法》规定,制定具体办法时,应按照《检察官法》确定的基本框架和原则,本着充分发挥检察官单独序列管理的正向激励作用,详细制定出适合我国检察系统工作特点的、科学合理的、充满激励机制的工资制度和工资标准。

在退休或者转任后的职务职级和相关待遇上,还需要根据改革精神进一步建立完善。检察官工资福利制度是检察官单独职务序列改革的配套改革。但检察官仍然属于国家公务员的范畴,是精英化的群体,建立与其职责相适应的工资制度的同时,还应建立与公务员工资同步调整机制。没有执法资格的行政人员,在快速改革过程中,应积极建立检察官"与其职责相适应的工资制度"——根据检察官作为单独职务序列管理的公务员的性质,由国家规定同等的工资制度。现在比同级行政人员低一等的检察官的基本工资设置,没有充分的法律依据。

在奖惩制度上,是否需要将检察官的奖惩与职业伦理相挂钩。加强考评、监督和奖惩,把履行职业道德的情况列入检察官个人档案,作为评先评优、晋级晋职的重要依据,以此督促检察官贯彻落实职业道德规范。检察官的保障、晋升、惩罚应该进行顶层设计,使检察官的奖惩制度更加科学合理,调动检察官工作的积极性。上海检察机关在检察官办案责任制改革过程中,规定检察官自然的晋升空间,并成立了法官、检察官遴选(惩戒)委员会,制定了检察官个案评鉴、社会评议、年度考核、司法档案管理等制度,对违反职业道德、违反法律枉法裁判、徇私枉法的检察官由检察官遴选(惩戒)委员会进行惩戒,对严重违反程序和违背职业操守、引起社会不良反响等情形,组成检察长、检察业务专家以及人大代表、政协委员和专家学者参加的评鉴委员会进行评鉴,确认检察官是否应承担责任,作为检察官业绩评价和惩戒依据,既避免司法从属于政治或者行政,也避免司法垄断、自身监控的弊端,有利于实现检察权独立行使与有效监督、制约之间的平衡,值得借鉴。然而,检察官的晋升不应该封顶,应该借鉴教师、医生等定级制度,鼓励职业化的保障措施落地,引导检察官走职业化道路。

(三) 加强对检察官的监督

2019年修改《检察官法》时在加强对检察官管理的基础上,增加了加强对检察官监督的内容。司法责任制、员额制等是本轮司法体制改革的重要内容。这些改革要求构建公正高效的检察权运行机制,突出员额检察官办案主体地位和加强监督制约相结合,赋予独任检察官、检察官办案组等更大的权力,做到"谁办案谁负责,谁决定谁负责"。但从实践看,个别地方也出现了新问题,主要是对检察官充分授权后,独任检察官对案件经过审理后可以决定是否提起公诉、犯罪数额多少,不再需要层层审批,人情案、关系案、金钱案的风险增加,影响司法公信力和司法权威,因此加强对检察官的监督很有必要。

加强对检察官的监督还体现在给予检察官处分的适用情形上。修订后的《检察官法》对应当给予检察官的处分的情形作了调整,体现了司法体制改革的重要内容。一是中共中央办公厅印发的《关于加强法官检察官正规化专业化职业化建设全面落实司法责任制的意见》第四条规定,惩戒委员会认定构成故意或者因过失导致案件错误并造成严重后果的,法院、检察院依照有关规定予以惩戒。二是中共中央办公厅、国务院办公厅印发的《保护司法人员依法履行法定职责规定》第十一条规定,法官、检察官非因故意违反法律、法规或者有重大国税导致错案并造成严重后果的,不承担错案责任。

本条规定注意了与《公务员法》的衔接。检察官属于公务员的一种,根据《检察官法》第六十九条的规定,有关检察官的权利、义务和管理制度,本法已有规定的,适用本法的规定;本法未作规定的,适用公务员管理的相关法律法规。因此,检察官也应当遵守《公务员法》的规定。

但法条中"适用公务员管理的相关法律法规"的表述过于笼统和宽泛,不能很好地发挥法指引作用。首先,由于检察队伍职业的特殊性和职责的重要性,检察官应当承担高于普通公务员的处分标准,对此是否有必要做进一步的明晰与细化。其次,当检察官出现上述应受处分情形时,哪些行为归属行政部门处理,哪些行为归属司法的检察官惩戒委员会处理,都需要进一步说明。

(四)完善法律职业道德教育体系

检察官是法律工作者的一部分,检察官职业道德建设受社会法律职业道德教育制约。发达国家普遍重视法律职业道德教育,形成了比较完善的法律职业道德教育体系,包括在法学院开设法律职业道德、司法伦理等课程,以及开展律师职业道德考试等。近年来,我国律师职业道德教育逐渐开展起来,一些高校为法学专业学生开设了"法律职业行为规则""法律伦理"等课程,但整体上来看仍处于起步阶段。因此,有必要推动法律职业道德教育进大学课堂,使广大法律工作者在从事职业之前就受到必要的职业道德教育。

各级检察机关要把职业道德作为思想政治建设的永恒主题和党的建设的重要内容,作为检察官教育培训的必修课,推动《准则》进课堂、进教材、进头脑,真正让职业道德流淌在每个检察官的血液里。要把职业道德贯穿司法办案的每个环节。要把职业道德建设纳入党建工作和意识形态工作责任制,建立健全检察官职业道德监督、考核、奖惩机制,以实际行动让人民群众感受到检察官职业道德的强大力量,向党和人民交上一份检察机关全面从严治党的时代答卷。现在,中国检察官教育培训适应形势要求,集中普及是好事,但是过度的任务和要求反而是拔苗助长,实效不大。

中国司法改革的根本目标是保障人民法院、人民检察院依法独立公正地行使审判权和检察权,建设公正、高效、权威的社会主义司法制度,为人民群众合法的权益、社会的公平正义、国家的长治久安提供坚强可靠的司法保障。司法改革必须走上专业化、职业化道路,力求司法独立、司法公开、司法公正。依照宪法等法律规定,检察院是法律监督机关。法律监督贯穿于整个刑事诉讼过程中,对维护公平正义,保障人权至关重要,人民群众对检察官给予更高的要求和期待。检察官素质的培养,不仅需要专业知识的强化,还需要拥有完善的职业伦理。建立健全检察官职业道德建设是一项长期任务,不是一朝一夕就能完成的,必须有相应的机制和制度来保障。应建立健全检察官职业道德教育培训制度,广泛开展岗前职业道德培训和在岗职业道德继续培训,并将职业道德的内容贯穿于各项业务培训中;把检察官职业道德要求融入检察官岗位职责和执法办案过程,融入执法标准、执法程序、执法监督中;把检察官职业道德建设与检察文化建设结合起来,寓教于乐、以文化人,不断提高检察人员的科学文化素养;等等。要内外兼修,树立检察官的威信和公民对法律的信仰。

参考文献:

1. 龙宗智:《检察官客观义务与司法伦理建设》,《国家检察官学院学报》2015年第3期。
2. 王玄玮:《检察办案组织体系的完善》,《国家检察官学院学报》2018年第3期。
3. 金永华、尹舒逸:《新时代检察官素能标准探析》,《法制与社会》2018年11月下。
4. 朱丽敏:《检察官职业伦理浅谈》,《法制博览》2018年第24期。

5. 刘林呐:《宣誓与激励:法国检察官职业道德基石》,《检察日报》2017年11月7日。
6. 吕泽华:《英国检察官培养制度及其启示》,《国家检察官学院学报》2017年第5期。
7. 杨乐:《法律信仰的内涵与培养》,《人民检察》2017年第19期。
8. 梁阳:《浅析基层检察官职业荣誉教育问题》,《法治博览》2017年第11期。
9. 陈帮峰:《浅谈检察官职业伦理》,《党史纵览》2016年第12期。
10. 王爱云主编:《中华人民共和国检察官法释义》,法律出版社2019年版。

当前律师行业的发展对律师职业伦理带来的影响

杨 光*

摘要：律师职业伦理得到行业的内心认同与践行，不是一件容易的事情，而是与本土法治资源、人文传承、历史习惯、行业自律组织的规范、监管理念等因素紧密相关。当前，影响中国律师职业伦理实践的因素，正在发生一些新的变化。本文主要从律所运营机制的变化以及律师自律机构职能定位的角度，观察对律师职业伦理带来的潜移默化的影响。

关键词：律师行业；律师职业伦理；影响

律师职业伦理，是律师在其执业活动中所应当具备或遵循的符合律师职业要求的心理意识、行为准则与规范的总和（尤其是客观的行为准则与规范的总和）。在维持律师职业之专业性的同时，也抑制技术理性中的非道德成分，并维系律师职业的公共性，同时也平衡专业性、公共性与律师自我谋生性之间的关系。

对律师职业心理伦理化的影响、对律师职业行为伦理化的规范，是一件特别复杂的事情。准则规范本身总是容易提炼与归纳的，但是，得到行业的内心认同与践行，就不是一件容易的事情，而是与本土法治资源、人文传承、历史习惯、行业自律组织的规范、监管理念等因素紧密相关。

各个国家或地区对律师职业伦理的内容规定主要集中于两点：一是律师对于委托自己的当事人应当恪守忠实义务和诚信义务，保守当事人的隐私，并使其获得最公正的审理；二是律师需尊重证据和客观事实，不

---

* 杨光，法学博士，北京市兰台律师事务所创始合伙人。

得发表有损司法公正的言论。律师职务为公共职务,必然涉及公共利益。这是一个很大的话题,如何平衡公共利益和当事人利益,在当前中国律师行业发展的新态势下,有很多因素使两种利益的平衡点在或左或右地摆动。

当前,对中国律师职业伦理实践的影响因素,正在发生一些新的变化。本文主要从律所运营机制以及律师自律机构的角度,谈谈相关影响。

一、律师事务所运营机制的变化对于律师的执业心态尤其是律师事务所开办者的执业心态产生深远影响

从律师薪酬成本的承担方式以及合伙人收益分配方式的角度,当前中国的律师事务所主要有三种运营机制:绩点机制、作业资源一体化配置机制、合伙人联合体机制。实行绩点机制并成功的律师事务所寥寥无几,虽然绩点制是域外市场经济国家律师事务所成熟的运营机制。实行作业资源一体化配置机制的律师事务所,目前根据我的了解,可能是兰台律师事务所的独创。当前,绝大部分律师事务所实行的是合伙人联合体机制。所谓合伙人联合体机制,其基本特征,就是各个合伙人按照一定的方式承担成本、合伙人自己聘用并承担作业律师的薪资。之所以合伙人联合体成为一种当下流行的运营模式,是因为这种机制特别契合当前的客户文化。律师执业虽然具有公共性,但是律师的收入不具有公共性,在中国具有律师鲜明的个体特征,其收入来源于客户,客户如何聘用律师,决定了律师的市场思维以及律师事务所的运营机制。合伙人联合体机制反映了谁开发客户、谁服务客户、谁承担成本、谁享受收益的当前律师市场的根本特征,虽然这不是一种以未来为导向的运营机制,但是以客户为中心,契合了客户当前的需求以及贴合了从乡土中国到商事中国的转型文化——虽然这种转型何时是尽头,还没有尽期。

但是,现在的合伙人联合体机制,较七年前的合伙人联合体机制,发生了较大的根本性的变化。

在所有的智力服务行业中,律师本来是最具有合伙本质的,是最人合的,无论是资本还是技术,都是事务所发展的一种手段,而不是收益分配的基础。但是,现在,一些合伙人联合体正在发生演化,资本已经成为一些事

务所发展、扩张的基础,并为此获取红利。我将这种现象,概括为"合伙人资本化"。合伙人资本化,在其他国家并没有特别明显的趋势,能够资本化的律师事务所,也是能够传承或继承的律师事务所,基本上是家族事务所或从事一些民事事务,比如交通肇事之类的律师事务所。当前中国,资本化的律师事务所是一些大的律师事务所,而且已经成为一种现象。资本化的律师事务所从外在表象上,具有办公场所规模大、宣传力度强、每个律师成本核算清晰、事务所需要留存创收一定比例作为资本利得的特点。

作为人合的律师事务所,是不能继承的;但作为资合的律师事务所,是可以继承的。这种资本化,从某种意义上而言,弱化了律师职业的公共性,强化了律师职业的私人性;弱化了机构的公共性,强化了机构的营利性。这种强化,使事务所对于内化于心的律师职业的忠诚义务以及诚信义务的倡导与规制,具有深刻的影响,影响的程度,目前还不能很好地进行评估。但是,有几种现象值得关注:

(1) 合伙人资本化的律师事务所规模扩张得非常快,为行业带来很强的示范效应,导致一些非律师的投资人以各种各样的形式进入律师行业,并实质运营律师事务所;

(2) 以律师创收为本位;

(3) 律师素质参差不齐;

(4) 投诉增加;

(5) 律师行业外的人士包括客户,经常以规模来判断一个事务所的发展水平,筛选标准更加单一。

这些因素,都深刻影响着各个律师事务所对于律师行业发展因素的判断,也深刻影响着律师的生存状态,进而影响律师的执业行为。

当前,律师市场发展不均衡、中小律所发展艰难、中国律师习惯于核算清晰的习惯,使合伙人资本化满足了当前许多律师抱团取暖、规模化发展的需求,因此,合伙人资本化具有适应律师市场、适应律师心理、茁壮发展的一面。

合伙人资本化对律师职业伦理价值产生的影响,见仁见智,或许,当前情境下,律师事务所运营机制的衍生与变化,因为资本本身的特性,也许能够中立化律师职业伦理规范本身的价值。

二、律协培训体系的重构对律师职业伦理的影响

作为律师行业的自律机构,对律师职业伦理的影响,一般情况下,不是通过培训,而是通过惩戒完成的。多数律师协会,注重的是执业技能的培训,少有职业伦理的课程设置。当前,即便是法科教育中法律职业伦理课程的设置,也存在着师资、内容、教学方法模式上的不足。

但是,法律职业伦理的技术化走向,使律师职业伦理的可表达性、可视化的程度越来越强,也使得律师职业伦理能够便于认知与教授。从美国的经验来看,法律职业伦理经过美国律师协会若干次的修订,并不断得到法学院校的认证,纯粹涉及诉讼公共性的价值话语,已经越来越少,逐步为律师行业的执业惩戒规范所取代,职业伦理也日益为职业规范、行业规范等术语所取代。这就直接说明,法律职业伦理除了在演进历史内容上具有可教性外,在具体的实行领域,除去宏大叙事的价值诉求,技术性的知识日益占据大部分内容,这也决定了法律职业伦理更具有可教性。

朝阳律师协会惩戒委员会,经过两届的努力,汇编了两本书:《500 个不满意》《向不满意说不》。通过惩戒案例,传递律师执业禁忌以及规范执业、诚信执业、勤勉尽责执业的生动表达,这有助于律师职业伦理知识体系的形成,使受表彰的律师执业行为清晰可见。同时,朝阳律师协会也将会出版《榜样的力量》《朝阳律师故事》等书籍,从正向的角度,传播律师职业伦理的理念。

中国的律师协会,在律师行业发展 40 年以后,其职能设计,正在越来越贴合律师行业的普世价值,惩戒体系的完善、通识教育、素质教育体系的再反思,都对律师的伦理教育逐渐形成共同的认知,并必将成为律师行业最主要的职能。

三、律师职业伦理的弱化与律师权益尤其是执业权利的保护水平息息相关

西方律师伦理的形成过程中,律师权益保障的例子比较少,律师惩戒的例子比较多。在中国当前法治的现实情境下,律师职业伦理的弱化与律师

权益尤其是执业权利的保护水平息息相关。

从心理意识的角度而言,律师职业伦理是鲜活的、生动的、变化的,体现了律师的精神追求和价值取向。有的律师选择坚守,有的律师选择沟通,有的律师选择避让,有的律师选择抗争,这些选择,都不是律师的一时冲动,而是融入律师血液与骨骼中的道德规则、人文意识、执业信念让他们做出了选择。这些选择,有的符合律师职业伦理,有的远离律师职业伦理,有的甚至穿透了法律的底线。底线与伦理隔得很远,有的时候又离得很近。

一个讲求职业伦理的行业,其前提之一是这个行业、这个职业本身是受人尊重或者有法律保障的。如果律师职业不能被尊重、律师执业权利经常性受到损害,那么律师的职业伦理就会受到挑战。律师首先要学会自救,能够感受到安全、幸福和尊严,律师职业伦理的涵养才会有一个好的环境。

但现实是,律师权益保障是一个永恒的话题,律师权益保障的现状总是差强人意。

如果为当事人合法权益以及社会公平正义提供救济服务的律师,自身权益也无法得到保障,损害的不单是一个律师群体的利益,更是公众、公共的利益,同时也损害律师对职业的尊重以及对法律的信仰。

律师权益保障不但影响律师的心理意识,还影响律师的行为规范,既是一个大概念,涉及全面依法治国,也是一个小概念,涉及律师执业的每一个细节;既是一个宏观概念,涉及理念、信念,也是一个微观概念,涉及具体的举措的力度、深度以及广度;既是一个老概念,因为总在谈,从中国律师产生的那一天就在谈,也是一个新概念,因为常谈常新,常会出现新问题,老问题也经常换个面孔重新出现;既是一个普世性的概念,因为全世界的律协都以保障律师权益为自己的首要职能,也是一个中国特色的概念,因为中国的律协面对的是具有中国特色的律师权益保障理念、方式以及特点,职能尤为重要,任务尤为艰巨。

律师权益保障的水平是有层级的或递进的。安全、尊严与幸福,体现律师权益保障层级递进的水平或状态,这些水平与状态,与律师职业伦理的发展水平相互影响。

安全,是律师权益保障的底线,也是律师职业伦理的必然条件。律师执业,首先要身披法律保护的盔甲,免于因为执业而受到不法追诉,否则,就无从谈起律师执业价值的实现。从理念而言,律师执业安全应该是一种自然的状态,谁破坏它,就犹如环境污染般触目惊心;从心理而言,律师执业安全应该是一种感受,一种坦然、稳定、独立的感受;从外观而言,律师执业安全,应该是一种从程序到实体的法定保护,不受干预、干扰、威胁,没有后顾之忧。

尊严,是在安全基础上,享受有尊严的执业权利,也是律师职业伦理的内在约束力。律师执业,其商业属性,仅是其附着的属性,其根本属性是维护社会公平正义以及法律的正确实施。每个人都应该认识到这一点。为此,社会应该为律师执业提供有尊严的执业条件以及执业环境,这是一个国家文明进步的标志。烈日炎炎下、寒风刺骨中,律师的排队会见,甚至为了排队前后顺序而大打出手,何谈尊严?

幸福,是基于执业的安全、尊严,对于律师执业发自内心的热爱,也是律师职业伦理的回馈与愿力。幸福是源于公众的认同,是法律保障下的感受,是在安全与尊严下衍生出来的一种愉悦、一种自豪、一种自信、一种自尊。

这种执业幸福,因为安全,而没有疑虑、顾虑;因为安全,而心底坦然,并具备确定性;因为安全,而成为公众可以信任并依靠的力量。

这种执业幸福,因为尊严,而能够激发人的内在潜能;因为尊严,而能够创造性地在法治的框架内实践法律,让法律更具有生命力;因为尊严,而能够有充分的话语权,更具有独立的专业价值。

律师权益保障,其水平、力度总是具有三种性状:一是具有反复性,随着形势的变化发生弹性的波动,需要我们时时警醒。二是具有任意性,因为律师权益保障政策或规则的倡导性功能多,惩戒性功能少,在一些权力面前,变得不严肃,变得随意。三是具有伸缩性,对于保证律师权益的措施,落地的时候,或宽或严,或紧或松,权益保障犹如玻璃门,触不可及;犹如旋转门,擦身而过;犹如弹簧门,猝不及防。

比如,在所有的案件中,有争议的、引起广泛关注的案件其实并不多,响应律师的意见,或者对律师的意见予以反馈以及评价,是不是应该成为一种裁判要求?这应该是法律职业共同体共同的伦理要求,这不但可以促使律师持续加强专业性,而且能使裁判在本质上真正公开。裁判只有响应律师的意见,才能成为律师表达自己意见的一种必要途径。否则,不可避免地就有律师的"死磕"。"死磕"律师的"死磕"行为,是违反律师职业伦理的行为吗?我们需要理性、全面、多维地分析律师"死磕"和"死磕"律师。如果能够安全而有尊严地表达自己的观点,所表达的观点能够被起码地尊重并予以切实、专业的回应,"死磕"的律师还有多少?从某种意义上而言,"死磕"也许是良心律师对律师职业伦理的一种响应。

律师权益保障,本质上是对滥权的制约,是对正当程序的响应,是对实质正义的呼唤。律师权益保障,是一种基础性的权益保障,是法治社会的根基,是有生命力的法律实践的基础。没有律师权益保障,法律实施就必然是一种混沌的状态,丛林法则就会甚嚣尘上。

律师权益保障,直接关系到律师职业伦理的内在认同,犹如仓廪实而知礼节,只有感受到安全、幸福和尊严,律师职业伦理才能在这一群体中落地、生根、开花、结果。

当前,对律师职业伦理的涵养以及影响,是多方面的。律师职业伦理是一个形成、教育与培训的问题,更是一个内心深度认同的问题。对律师职业的定位、职业属性等,都深刻影响着这一认同。

从律师起源的角度而言,律师职业应该不是由政府权力构造的,应该是一种更加民间化的产物。

律师职业伦理,尤其是中国的律师职业伦理,从成文法的角度而言,是刚性的、硬性的,规矩就在那里,无以撼动。但是从心理、从文化、从法治环境的角度而言,是弹性的、软性的,是一种自觉,是一种修养,是一种情操。规矩,尤其是有道德要求的规矩,转化为自觉,不是一个职业、一个行业之力,而需要源自其本土资源。

现实环境下,中国律师不乏教化与规诫,他们基本上是一个谨言慎行的群体,基本都能自觉地遵守道德原则,实行自我管理和监督。我们可能需要做的是,减少外部对律师职业伦理的不良影响,尤其是影响内心确信的不良影响,保持独立性,拒绝欺诈。

未来到2022年,中国律师将从42万人发展到60万人。相信中国律师会做得越来越好!"好律师是一个好人吗?好人是一个好律师吗?"这样的似是而非的伦理问题,对中国律师而言,不再是一个问题。就像法学家庞德所言:法律执业者所从事的是一种有学问和修养的艺术,虽然附带地以它谋生,但仍不失其替公众服务的宗旨。

戴着枷锁跳舞的法律服务工作者
——浅谈律师职业伦理的现实构建

陈思亨　阮传梅　陈梦婕*

摘要：律师职业队伍随着国家改革开放和法治进步逐渐发展壮大。作为国家法治建设的重要角色之一，律师在执业过程中会遇到职业性质及执业环境造成的信仰和立场冲突，律师职业伦理在实践中面临一定的现实困境。本文通过分析我国律师当前遇到的职业伦理价值冲突，为我国律师职业伦理现实构建的完善途径提出建议。

关键词：律师职业伦理；法律信仰；法治；现实构建

一、引　言

在美国，《法庭之王》《哈佛雄辩》等书籍通过高度宣扬雄辩律师的职业风采，让律师以"社会精英"的形象出现在世人眼中；而在国内，律师却是一种备受争议的职业，不同身份地位的人对其褒贬不一。律师职业化之后，巧言善辩、方寸齐整、高收入等成了律师的标签。站在委托人的立场，律师是能以专业的雄辩之才为其解决纠纷的群体；在民众看来，律师应该是正义的捍卫者；对国家而言，律师也更是法治建设的推动者。这也反映了中美两国律师职业伦理的差异。职业伦理便是律师从业者的"枷锁"。"枷锁"即镣铐，是执业的束缚，亦是在面临艰难抉择时的指南针。

1973年，在纽约快乐湖的一起谋杀案中，美国律师法兰西斯·贝尔格

---

* 陈思亨，北京观韬中茂（福州）律师事务所律师、高级合伙人、党支部书记，福州仲裁委员会仲裁员。阮传梅，北京观韬中茂（福州）律师事务所律师助理。陈梦婕，福建水口发电集团有限公司法务。

与富兰克·阿玛尼为杀人嫌疑犯罗伯特·格鲁谋杀一案作担任辩护人。罗伯特告诉两位律师,他还杀了另外两人,并告知了尸体掩埋地点。律师们前往埋尸地点,察看了尸体并拍了照。但在罗伯特供述罪行之前,律师们一直未向当局告知关于另外两起命案之事①。这一案件引发了国内律界的激烈讨论。对于该案的被告人来说,这两位律师无疑是可信可靠的辩护人,良好地履行了作为辩护律师的忠实保密义务,律师界甚至会对他们大加赞赏。但在美国大众舆论批判的压力下,阿玛尼律师最终不堪重压而选择退出律师行业。在民众朴素的道德观念中,律师不能为杀人犯隐瞒罪行,为虎作伥,不能与作恶滔天的杀人犯同为一丘之貉;他们应该秉持正义之光,为弱者而战,为正义服务。在公众心目中,律师首先应服务于司法正义,而非对委托人的忠实义务。但民意毕竟不能代替法律裁判。舆论的力量固然强大,但是律师也有自己信仰坚守的职业伦理,而绝非跟着舆论随波逐流。

而在电影《伸张正义》中,律师亚瑟在担任法官弗莱明涉嫌强奸一案的辩护人时,选择揭露委托人的罪行。亚瑟律师被公众视为救被害人于水火中的圣者,是惩恶扬善的化身;但对于律师职业而言,却造成律师与委托人之间的信任缺口,甚至于一个不可跨越的鸿沟。或许亚瑟律师所在的律所此后也将不再门庭若市,转而落入潦倒新停浊酒杯的境地。强奸犯弗莱明固然将受到法律的制裁,但亚瑟律师亦可能遭受职业生涯的教训。对于这个案件律界普遍认为,真相的披露不应是在未经委托人的允许下,从辩护律师的口中径直说出。

从以上两个不同的案件中我们可以看到,律师是一个职业矛盾体,在特定情形下的不同选择,会受到不同角度和层面的非议或是褒奖。王利明教授认为:一个缺乏良好职业操守的法律人,就很难忠实于法律并服务于社会②。受职业性质矛盾的影响,律师职业伦理成了律师"跳舞"的"枷锁"。

二、律师职业伦理建构的重要性

(一)律师职业伦理的概念及其特征

伦理即人伦道德之理。自亚里士多德创立伦理学后,伦理逐渐演变为

---

① 选自[美]门罗·弗里德曼:《对抗制下的律师伦理》,吴洪淇译,中国人民公安大学出版社2007年版。
② 王利明:《卓越法律人才培养的思考》,《中国高等教育》2013年第12期。

一门分支学科。随着社会分工的出现,为了社会更好地运转,职业伦理应运而生。律师职业伦理,指的是从事律师职业的人所应当信奉遵循的规范操守,是外在强制性规范和内在理想信念的双重反映,包括但不限于忠实义务、精湛业务、职业责任感、法律信仰等。我国律师制度恢复重建于改革开放之初,1980年颁布的《律师暂行条例》,将律师定义为"国家的法律工作者"。1996年《中华人民共和国律师法》通过,将律师明确界定为"社会法律服务工作者",标志着律师正式由国家体制的公务员身份,转变为体制外的自由职业者,成为在市场中提供法律服务并自负盈亏的商业主体。2007年修订的《律师法》将"维护当事人合法权益,维护法律正确实施,维护社会公平正义"作为律师职业规范的内容[①]。据此,律师同法官、检察官等法律公职人员一道,在履行职责的同时肩负起了彰显正义的责任。

律师职业伦理具有较强的规范性。律师职业伦理是规范从事律师职业的人应当信奉的职业操守。许身健教授认为,法学对于伦理学的借鉴使得法律能够正确反映社会发展的规律,更好地发挥其效果。《朱子语类》有云,"正家之道在于正伦理,笃恩义",中国自古以来就是一个讲三纲五常的国度。以《律师法》的规定为基础,在改革开放的大背景下,在国家政策、区域经济、社会文化等诸多因素影响下,律师职业伦理逐渐形成了相对稳定的规范性内涵。在与当事人、司法公职人员等打交道时,充分遵循法律的正当性原则,是律师博得信任、赢得口碑并获得职业生涯进步的基本要求。

律师职业伦理具有一定的行业自律性。律师作为法律职业体系的组成部分,具有较强的行业自治性。若个别律师为一己私欲为不法之事、为有违法律职业精神之事,个人的信誉口碑就会受到影响,甚至可能受到律协处分乃至法律的制裁;而公众也可能因此而对律师群体降低信任感和敬畏心。律师职业伦理对个体的覆盖程度构成了律师群体的执业涵养状态,从而给律师执业赋予了外在强制。

律师职业伦理具有明显的社会公共性。安索尼·克罗曼在《迷失的律师——法律职业理想的衰落》一书中强调"律师政治家理想",认为律师固然要立足于委托人的合法利益,但同时也是服务于国家和社会法治的。律师是社会经济活动的参与者,同时也是社会公平正义的维护者。律师队伍中

---

① 参见周晓霞:《我国律师职业伦理制度变迁与现实构建分析》,《法治研究》2012年第12期。

不乏一批怀有法治建设梦想的人,在千头万绪中抽丝剥茧洗刷冤屈、威武不屈地挑战权威、分文不收为弱势群体伸张正义等,都是律师职业伦理社会公共性的现实反映。律师职业伦理不只服务于律师行业,还涵盖了法律界的共同准则,更应站在社会公共利益和法治的维度。

(二)律师职业伦理现实构建的重要性

律师职业伦理是律师职业行业规范的风向标。法国著名伦理学家爱弥儿·涂尔干认为:职业伦理越发达,它们的作用越先进,职业群体自身的组织就越稳定、越合理。律师在执业过程中,会遇到诸多名贸实易的案件,也免不了遇到不如实相告的当事人,还有可能身陷真真假假的纠纷旋涡中,难免会有困于迷茫、纠结、无奈情绪的状况。律师职业伦理的现实存在,便是律师们在执业过程中面对困境困惑的风向标。律师执业,应始终遵照法律法规和公序良俗、职业道德行事。民商事关系主体的身份,赋予了律师职业自由,也绝不允许他们僭越法律底线;社会法律服务工作者的身份,则以诚信正义等职业伦理对律师执业进行约束,能使律师群体正其身、规其行。

律师执业伦理也是法治建设的重要载体。良法善治,善治需人善,"法律的生命在于执行"。在法律职业共同体中,法律职业虽各有差异,但均被社会期许有排难解纷、防微杜渐、维护秩序、彰显正义、引导世风的职责[①]。律师的职业性质决定了社会公众对法律执行、法治进展的直观感受,首先来自律师群体。作为法律职业中与民众打交道最密切的主体,如果律师不是带着真诚的法律信仰和法治理念去执行法律法规,那么条文就变成了高高在上的"空文";不仅当事人无法感受到公平正义,法律的生命力也被削弱。律师职业伦理在每一位律师心中根深蒂固,法治建设才能更加顺利地推进,正如《圣经》中说:"我们知道法律体现着正义,但这也要人能正确地运用它。"

三、律师职业伦理现实构建存在的冲突

由于职业性质的特殊性,律师群体在执业过程中难免陷于多重冲突,更不免遭受非议质疑,如在当事人利益与社会公共利益、律师忠实保密义务与

---

① 台湾东吴大学法学院主编:《法律伦理学》,台湾新学林出版股份有限公司2009年版。

民众朴素道德观产生冲突等情形下,这就体现了律师职业伦理现实构建中存在的多重冲突。

(一)律师职业自身性质带来的冲突

律师职业包含了经济性,这种刻板印象在某些情形下让人产生先入为主的评价:律师会为了利益不择手段,颠倒是非。加剧偏见的冲突,则来自律师职业的自治性和社会性。律师作为自负盈亏的商业主体,在行业自治下发展,国家指导却并不领导他们;但同时律师也承担着弘扬公平正义法治精神的社会责任。由于不在体制监管内,律师不像公职系统中的警察、法官、检察官等,自上而下地受到监督和管理,因此社会公众不会像信任公职人员一样信任律师,并会在特定情形下对律师产生怀疑。委托人偏向于律师职业的经济属性,"拿人钱财替人消灾";大众,则偏向律师的社会属性,期待他能捍卫司法的公平正义。这两者之间便产生了冲突。

(二)律师职业伦理与民众朴素道德观的冲突

伦理的"枷锁",古今中外并不少见。孟子这样的圣人被问及贵为天子的舜,如果"其父瞽瞍杀人,则如之何"时,他的回答是"舜视弃天下犹弃敝蹝也",即舜应舍弃天下维护其父与子之间的伦常。我们的国人受到家庭伦理的影响较为深刻,根深蒂固的正义观很难得到根本转变。作为律师,若弃受害人痛苦的哀号而不顾,若用自身的技艺为罪犯开脱罪名,若为追求程序正义而站在公众眼中"恶势力"的一方,他往往是得不到朴素大众的原谅的。在多数情形下,作为委托代理关系的受托人,律师首先是负有对委托人的忠实履行义务。尤其在刑事辩护中,辩护人与被告人之间的相互信任是最基本的伦理要求,此时就不能苛求律师在委托合同义务外承担超越自身职责的社会责任。在律师职业伦理与民众朴素道德观不能两全之时,在不违法违规的前提下,用合法的手段和正当的程序、不分良莠地维护委托人的合法权益,是符合律师职业道德的行为。律师,要先立信于委托人,才能说是立足本职,才能再谈立足法律界。

(三)律师职业伦理下律师职业角色与义务的多重冲突

律师承担着《合同法》上的受托人义务,也承担着职业共同体的责任,更被赋予了国家层面的法律义务,有着非市场机制可以调节的社会责任。有的律师带着入行时的法律信仰和职业抱负,在多重职业角色和义务的冲突下,游离于理想和现实的边界。如诉讼律师的忠诚有一部分要献给法庭,不能毫无保留地全数留给当事人。律师保守地遵循法庭规则,就能充分发挥其熟悉庭审流程的优势,使得庭审流畅进行,流程井然有序,从而达到节约司法资源的效果。若律师走歪门邪道,教唆当事人做伪证,或将当事人所犯的数罪分阶段坦白,将会降低司法效率、浪费司法资源。这也印证了著名学者孙笑侠的那句话,"人世上可能再没有什么职业比律师更充满矛盾的了"。

国内曾有过两起著名的案例。一起是重庆律师李庄伪证门一案,其为重庆涉黑团伙成员龚某担任辩护律师时,涉嫌教唆当事人编造其被公安机关刑讯逼供的情节,被诉伪造证据罪、妨害作证罪。另一起是青海 80 后女律师林小青涉罗乐"套路贷"一案,林小青被诉敲诈勒索罪、诈骗罪,最后以检察院撤诉宣告结束。对比这两起案件,笔者认为:若李庄律师真的教唆龚某作假证据,单就主观上,李庄律师已经是僭越了律师职业伦理的底线,破坏了司法正义;而李青律师的行为尽管不被外界理解,但其更多的是就当事人的意愿而做出中性业务行为,是在履行律师作为受托人的义务。我国台湾地区著名律师陈长文说:"律师对当事人的忠实义务并不是让律师颠倒黑白,让当事人有罪变无罪,而是要以当事人的利益为中心,在不违反诚实义务的情况下,为当事人争取最佳的法律待遇。"

(四) 律师执业中存在的现实困境

在对律师执业现状的调查中,我们还看到律师自身道德沦陷的情形:为了案源向当事人作出虚假承诺;为高额的律师费虚造诉讼标的额;为胜诉率贿赂法官检察官;等等。与此同时,还有的对当事人敷衍了事,走形式过场,更有甚者直接忘记开庭时间。仅就福建省律师协会 2019 年下半年会员违规惩戒处罚情况的通报中,被通报的律师就有 13 人。我们发现,有一种律师群体数量呈现增长趋势,他们就像美剧里由落魄获得转机的无良律师索尔,游走在法律边缘为恶势力提供法律服务;而另一种群体却越来越难得可贵,他们就好比美剧中布兰代斯为俄勒冈州女工合法权益而战的民主斗士。这样的现实困境,是律师职业中的本质冲突与社会发展现状中的存在冲突共同作用的结果。

四、完善律师职业伦理现实构建的思考

(一) 树立对法律的真诚信仰

伍正华在《信仰的味道》里说,信仰会使墨汁沾染着红糖的味道[①]。尤其对于法律职业来说,信仰能指明方向、指引道路。作为律师,一定要树立正确的法律信仰,这个信仰是正确的职业伦理观和是非观,是对民主与法治无上的追求观,它在家庭教育与法学教育中潜移默化、润物细无声。有了对法律的真诚信仰,才不至于在两难之时无所适从,乃至在物质权贵的诱惑之下遗忘本真与初心。学法律的人若是没有人格和道德,那么他的法学愈精,愈会玩弄法律,作奸犯科[②]。律师绝不应该从一个精通法律的人变成一个玩弄法律的人,应该坚守对法律的真诚信仰。

(二) 增强律师职业伦理感

个体在某些情形下,往往无法独立克服人性中的弱点,此时就是外在的"枷锁"发挥作用之时了。众所周知,想要成为一名律师,必须通过国家法律职业资格考试(过去称国家司法考试、律师资格考试),为此我们可以采取对准律师加强律师职业伦理教育的手段,如在大学课堂中增设律师职业伦理的课程教育,在法律职业资格考试中提高律师职业伦理相关内容的分数占比等。此外,律师的执业行为还受到律协的行业监督,对律师职业伦理的发展建设具有积极的监督和促进作用。对此笔者建议:一是进一步完善律师信用公示制度。每个律协或律师事务所的官方网站都可以查询到律师违法失职的情况,让当事人的知情权得到保障。二是增强律师违法失职的责任制度化,即完善律师奖惩体系。就这一点来说,目前我们已经可以看到比较积极的做法。如在中华全国律师协会的官方网站中发布了《律师协会会员违规行为处分规则(试行)》,各省自治区直辖市都相应地制定了律师会员违规行为实施细则等。同时为了相关管理规定能更好地发挥作用、体现价值,也需要加强个案落实、予以警戒。三是建立社会监督体制。不仅当事人有

---

① 参见伍正华:《信仰的味道》,《人民日报》2012年11月27日。
② 杨兆龙:《中国法律教育之弱点及其补救之方略》,《苏州大学学报(法学版)》2015年第3期。

权投诉律师,社会成员也可以对律师违法失职的行为予以检举。

(三)坚持正义辐射机制

律师应信仰和尊崇怎样的职业伦理,笔者认为:一名优秀的律师应以正义为圆心、精湛的专业知识为半径,为构建和谐稳定的社会孜孜不倦地追求画圆;同样重要的还有忠实义务、契约精神等,法律职业共同体中所应具备的品质都可以囊括进来日臻完善;笔者且称它为正义辐射机制。也许在某些特定情形下,公平正义会与律师在行业大框架下形成的职业要求有所出入,但是在履行对当事人的合同义务时万不可失去法治下应有的正义观。如《律师法》第三十八条①中规定律师对于涉及当事人秘密以及不予公开的隐私等不得予以公开,但如果当事人的隐私涉及公共利益,则是不同的情形。又如明知当事人涉嫌犯罪,若律师利用自身知识和资源帮助他逃避法律的制裁,这也不会是秉持正当价值的律师愿意看到的。正义不能只是存在于我们内心的一种期待与向往,更应该在律师的执业过程中变成实实在在的案例,让公众在一个个真实案件中得到真切的感受。无论是在电影《伸张正义》中正直勇敢的亚瑟律师还是快乐湖尸案的阿玛尼律师,皆不是沉溺于个案结果的输赢;事实上,他们都遵从了自己所信仰的正当法律秩序。

五、结语

律师职业伦理的现实构建尽管面临一些困境和挑战,但总体上为律师执业提供了较好的信仰环境,其内涵也随着法治实践不断发展完善。亚里士多德提出良法善治,揭示了法治的本质是自上而下、自内而外的定分止争的机制,它赋予宪法法律至上的法律尊严,蕴含着民主、理性、和平的协商,凝练着沉默与喧嚣、不满与尊崇。"善治"的践行者不仅包括司法监察等公职人员,也包括律师这个专业群体,中国的法治进步同样离不开律师群体的努力。律师职业伦理素养对国家的法治建设起到重要作用,律师群体应肩

---

① 《律师法》第三十八条:"律师应当保守在执业活动中知悉的国家秘密、商业秘密,不得泄露当事人的隐私。律师对在执业活动中知悉的委托人和其他人不愿泄露的有关情况和信息,应当予以保密。但是,委托人或者其他人准备或者正在实施危害国家安全、公共安全以及严重危害他人人身安全的犯罪事实和信息除外。"

负起服务法治事业的责任,为国家的司法公信力提供积极作用。笔者相信,律师职业伦理这个"枷锁",并不只是律师的执业"束缚",更能成为律师执业道路上以推动法治前行为信仰的指明灯。法治路漫漫,带着司马迁"高山仰止,景行行止;虽不能全,然心向往之"的法治信仰,具备良好职业伦理的律师们终能在法治舞台上鸾凤翔鸾,我国的法治之舟将更能"乘风破浪"。

参考文献:

1. [美]门罗·弗里德曼:《对抗制下的法律职业伦理》,吴洪淇译,中国人民公安大学出版社 2017 年版。
2. 刘星:《西窗法语》,法律出版社 2016 年版。
3. 杨兆龙:《中国法律教育之弱点及其补救之方略》,《苏州大学学报(法学版)》2015 年第 3 期。
4. 王利明:《卓越法律人才培养的思考》,《中国高等教育》2013 年第 12 期。
5. 周晓霞:《我国律师职业伦理制度变迁与现实构建分析》,《法治研究》2012 年第 12 期。
6. 台湾东吴大学法学院主编:《法律伦理学》,台湾新学林出版股份有限公司 2009 年版。
7. [英]哈特:《法律、自由与道德》,支振锋译,法律出版社 2006 年版。
8. 江平:《为权利而斗争的中国律师———漫谈律师形象与使命》,《中国律师》1998 年第 9 期。
9. 伍正华:《信仰的味道》,《人民日报》2012 年 11 月 27 日。
10. 李学尧:《法律职业主义》,《法学研究》2005 年第 6 期。

律师替"坏人"辩护体现的职业伦理

黄正桥[*]

摘要：本文从中外案例中担任辩护人的律师受到的道德负面评价出发，探讨了律师在为"坏人"辩护后所面临的道德困境。作者批驳了为"坏人"辩护的律师也是"坏人"的论点，从律师的职业道德出发，厘清了人们对律师职业的模糊认识，阐释了律师在维护刑事被告合法权益中的作用。

关键词：律师；"坏人"辩护；职业伦理

一、引言

当代法治社会大背景下，新闻媒体中难免会频繁出现一些热点案件，引起人们持续关注。有些律师在选择代理这些热点案件后往往会导致社会公众对其争议巨大，将其推至舆论的风口浪尖之上，这些律师中有的甚至会因此而失去工作或因遭受人身攻击而无法正常生活，此种情况屡见不鲜。人们一面心怀期待，希望律师以正义使者之形象出现维护法律的公平公正，但另一面又不得不接受"残酷"的现实：许多律师"心甘情愿"地扮演着"魔鬼代言人"的角色为恶人开罪脱责。理想与现实的极度不平衡大大打击了人们对律师的信心，律师所受非议颇多直接导致律师职业在中国的现状十分尴尬。由此衍生出一个关乎道德和良知的经典问题：律师为什么会给罪大恶极的恶人辩护？

二、律师职业伦理的现实困境

1973年，美国纽约发生了"快乐湖谋杀案"。一名年轻女孩苏珊失踪后

---

[*] 黄正桥，北京盈科（上海）律师事务所高级合伙人。

不久,一个名叫罗伯特的男孩被捕,他被指与一桩谋杀案件有关,且对苏珊的失踪也极具嫌疑。法院指定的辩护律师在与罗伯特秘密交谈时,罗伯特向他们坦白:"他杀害了苏珊并把尸体丢进了一个废弃的矿坑口里。"律师通过其提供的线索找到了弃尸地点并拍下尸体的照片。但当苏珊的父亲找到律师询问女儿下落时,律师对此只字不提。最终罗伯特在法庭上承认自己实施了谋杀的事实。此后,人们纷纷谴责律师先前选择缄默的行为,要求取消其从业资格,一位律师甚至被提起诉讼。国内类似的因律师代理的案件不符合某些公众眼中的正义观甚至是道德观从而招致广泛的道德谴责,最终事件发酵演变为公共事件的情况也是不绝如缕。如我国著名的刑事辩护律师田文昌,曾担任"天津大邱庄被害人控告禹作敏"一案的代理人,这一案件使得他名声大噪,在社会中树立了正义的化身和平民律师的可敬形象;但当他为"刘涌案"中黑社会组织头目——刘涌辩护之后,往日的崇敬不复存在,公众转而对其深恶痛绝。

诚如上述几个案例所指涉,当某一方当事人失去了世俗伦理道德观的支撑,公众心中的正义天平因此失衡,自然地倾向于另一方当事人,其代理律师往往不可避免地会受到世俗之责难,陷入"辩与不辩"的两难境地。原本辩护律师运用辩护技巧为被告人开脱罪责,仅仅是律师完全行使其辩护权以维护并保障当事人的合法权益,贯彻"法院专属定罪权",即未经法院作出有罪判决,每一个嫌疑人都应是无罪的,常规的庭上辩论在戴着"有色眼镜"的社会公众眼中展现出来的又是另一番场景,他们只能看到辩护律师在尽其所能为罪犯开脱,一切的辩护技巧终归化为诡辩与狡诈。在审判中,他们也许大获全胜,也许为被告人争取到了罪轻甚至是无罪的理想结果,但是迎来他们的是凯旋的号角吗?非也。撇开能否获得普罗大众的崇敬不谈,大多律师反而招致骂名。我国的辩护律师被冠以"戴着荆棘的王冠"也属实是不足为奇了。

三、律师的角色

英国律师亚历克斯·麦克布赖德写过一本书——《律师为什么替"坏人"辩护?》,该书被翻译成中文出版。在这本书的序言里,他讲述了一件其亲身经历过的事:若干年前,他和他的老师正准备为一起凶案中的犯罪嫌疑人辩护,在当地这起案件的社会影响非常之大。一天,他被一个女孩拦住问道:你为什么要替"坏人"辩护?难道你的良心不会受到遣责吗?在当时,麦克布赖德回答:"在被判定有罪之前,人人都是无罪的。"同时,本书的译者何远律师在导言中说:"律师的辩护职责与职业伦理,对应的是他的体制角色,他不是单纯地在为某个好人或者坏人辩护,而是通过自身的工作,经由每个个案,为完善司法程序、避免错误裁判而努力。"因此"反对者"才是律师应当扮演的最基本的角色。律师作为专业的"反对者"就是以其专业的挑剔来帮助法院排除一切合理怀疑,也就是我们所说的防止"司法错误"的出现。当专业的"反对者"都无法提交足够强有力的反驳意见时,这类案件的结果才是最可能令人信服的,判决结果才有可能最大限度地接近正义。律师制度背后蕴藏的大智慧也体现于此。

在中国,如果把刑事诉讼比作一场足球比赛,那么被告方和公诉方各属一个代表队,法院则充当裁判员的角色,如果被告所属代表队在这场"比赛"中失利,那么被告方轻则失去金钱,重则失去自由乃至生命。一场好比赛理应是双方遵循规则,在裁判员公正公平的吹罚下,依据证据,在情与法上得到对双方都合理的比赛结果。公诉方代表队自然强,因其背后是强大的国家公权力,经费自不用说,职业人员均是专业院校毕业并专门从事起诉的检察官,还有公安相助负责侦查搜集证据。被告方代表队则是单打独斗,棋差一招便是万丈深渊。此种处境下,被告方能够获得的唯一帮助仅来自律师。但律师并非运动员,不能代替被告上场比赛,也没有"翻云覆雨""颠倒黑白"的能力。律师只能基于证据,凭借自己的专业知识,寻找逻辑漏洞,寻找公诉方论证逻辑中是否有某一环节不符合"排除合理怀疑"这一证明标准,寻找公权力越界人权的那一步,上述一切的最终目的还是尽力为被告人寻到一线生机。在裁判吹响终场哨音前,没有什么罪大恶极的人,只有犯罪嫌疑人和被告人。罪与非罪都存在可能,即便其代理一方获胜机会渺茫,律师也不能放弃,更不能背叛当事人。一旦背叛,比赛就不复公平,不仅被告可能蒙冤,法律的尊严也有被践踏的可能。假如都如此这般,足球场上只有裁判和强大的对手,难道这场足球赛仅仅只是流于形式?

很多人会产生困惑,"刑事辩护律师为什么明知其所代理之人为恶还要继续为其辩护?"在回答这个问题前,我们首先需要明白:这份权利的源头是什么？在法律还未出现前人与人之间产生的矛盾纠纷是如何解决的？国家机关对犯罪个体处以刑罚甚至是极刑的权力源于何处？"以牙还牙，以眼还眼"这一同态复仇理念主导的权衡机制是从何时为我们舍弃的？

国家权力的源头在一本书中得到了很好的论证——卢梭的《社会契约论》，卢梭在该书中表达了他的观点：一个理想的社会是建立于人与人之间而非人与政府之间的契约关系。政府的权力源于被统治者的认可。政治权威并不存在于自然状态之中，因此我们需要社会契约以达规范之效。在社会契约中，每个人都放弃天然自由，从而获取契约自由；在参与政治的过程中，只有每个人同等地放弃全部享有的天然自由，将权利让渡给整个集体，人类才能得到平等的契约自由。所以政府的权力来源于受政府规制的每一名公民将自身的权利让渡予国家，完美的"社会"是由公民的"公共意志"所控制。当公民享有更多的权利，那么政府才能更有"效率"，更能"定分止争"。我们不难想象，如果像原始社会一般"以牙还牙，以眼还眼"，那么社会的戾气会是如此之重，难道要天天上演"王子复仇记"的戏码吗？为了获得更宽泛的自由，我们不得不舍弃部分个体自由，正所谓"人是生而自由的，但却无往不在枷锁之中"。

公民将天然的自由让渡给国家，这便很好地杜绝了"私刑"的存在。在公诉机关对犯罪嫌疑人提起公诉之前，我们只能将其称为嫌疑人，在法院对其作出终审判决以前他顶多只能是涉嫌犯罪，而不能被称为罪犯。这又是为何呢？"偷盗者"固然可恨，但是我们不能因为其盗窃行为就对他实施暴行，因为缺少"以暴制暴"的权利根基，如果把他打伤（轻伤以上），那么就有涉嫌故意伤害罪的风险。加之权利有不同的位阶，不同权利的效力优先顺序不同，不能单单因为财产权遭受侵犯，就要求对方以命偿还。尽管不存在绝对优先的权利，但是我们一般认为生命权是人最宝贵的权利，是优先于一切权利的权利。所以，一个人在侵害了国家权力、公众权利或是个体享有的权利后，是否要对其判处刑罚以及判处何种刑罚，是一门严谨的科学。

"律师是坏人的发言人，因此律师也是坏人"的观点，实际上是将律师职业道德与一般社会道德混为一谈。其结果无异是将普罗大众奉行的社会道德强加于律师，并意欲迫使律师追求社会道德摒弃职业道德。重要的是，在社会道德与职业道德之间，律师需要尽力甚至优先维护和遵守的应当是职业道德,而不是社会道德。一如美国著名的刑事辩护律师德肖微茨曾强调的那样:"即使我了解到有一天我为之辩护的委托人可能会再次出去杀人,我也不打算对帮助这些谋杀犯开脱罪责表示歉意,或感到内疚。……我知道我会为受害者感到难过,但我不希望我会为自己的所作所为后悔,就像一个医生治好一个病人,这个人后来杀了一个无辜的人是一样的道理。"

四、律师的道德

法院若要判决一个人有罪,必须将所有的疑点逐一清除,而辩护律师,往往是疑点的提出者。律师的职业道德只是在法定范围内最大限度地实现委托人的诉求、维护委托人的合法权益。律师遵行的职业道德,可能和社会道德存有冲突,但律师仍然需要坚守职业道德。任何人在未经法院作出有罪判决之前都应是无罪的,即便所指控的犯罪事实已有确凿证据得以证实,犯罪细节之争也与后续具体量刑息息相关。落实疑罪从无、实现程序正义与社会公平正义,完美还原真相,都有赖于律师群体的努力。

当年轰动全美的辛普森案在这方面可谓是典型。尽管最大嫌疑人锁定为辛普森,而且全社会达成共识认为,辛普森是其前妻及餐馆侍应生的杀人真凶,但其律师团提出质疑称警方取证过程存有诸多瑕疵,程序瑕疵最终使其无罪获释。辛普森的辩护团队由许多知名的律师、刑侦专家,甚至是科学家组建而成。这些人之所以选择为辛普森辩护,是因为美国的司法理念十分注重程序公正,对程序公正的重视远胜于对真相的执着以及将罪犯绳之以法的目标。放纵辛普森案的取证瑕疵,等同于在挑战整个司法制度。尽管当时此案争议巨大,但随着时间的流逝,该案成为可写进美国法治史的标杆案例。

刑罚的重要原则之一是罪责刑相一致原则(犯多严重的罪就要承担多重的刑罚)。在离校后的一段时间,笔者把该原则"无情"地运用于生活中,并且长期秉持着这样的刑罚理念,认为一个人犯了错误理应受到苛责,不论是对自己、对亲人或是对朋友。平心而论,在生活中即便有人犯了无法容忍的错误,也无须你指责,毕竟指责不是一种惩罚,而你,也不是审判者。

同样地，一个人在触犯刑法后，必然会得到法律的制裁，但在此之前，没有人有权利去对其行为品头论足。当笔者处理了许多案件、接触了很多当事人后，越来越发觉，有些当事人虽然做了错事锒铛入狱，但他们并非如人们所想那般丧尽天良，更谈不上主观上的恶。犯罪构成要件除了客观事实行为对法律所保护的法益产生侵害，还需要主观上属明知或过失。许多案件虽然主观上是明知是故意，但主观上不见得就是恶的。

譬如说很多法定犯的主观上是不具有恶意的。意大利犯罪学家加罗法洛把犯罪划分为自然犯罪和法定犯罪。参照加罗法洛的解释，自然犯罪是指任何违反人类怜悯情操和正直情操的犯罪行为，例如杀人、故意伤害、抢劫、盗窃、强奸、放火等。无论根据何种社会制度，身处何种法律背景和文化背景之下，本质上这些行为都属于恶行。法定犯罪是指只有法律明文规定为犯罪的才属犯罪，否则就不应认定为犯罪行为，例如走私、偷税漏税、非法吸收公众存款等。这些行为本质上不存在恶性，也不容易被行为人视为犯罪行为，具有一定的隐蔽性。违反伦理道德，即使没有法律规定也属犯罪的行为是自然犯，没有违反伦理道德，只是由于法律规定才归为犯罪的行为是法定犯罪。

根据前述概念可得而知，并不一定违背人类的道德良心就是法定犯罪，关键在于违背了法律法规。随着社会的变迁，犯罪结构产生巨变。在传统农业社会，犯罪现象以传统暴力犯罪和财产犯罪为主要形态；在工业化和城市化社会，犯罪现象的主要形态转而变为各种各样的法定犯罪，并且法定犯罪在犯罪现象总量中占据了大多数。

笔者的一名当事人，是大学刚毕业的学生，毕业后为了尽快减轻父母的负担，于是便就职于一家投资公司担任财务一职，公司和她签订劳动合同的同时还给她购买了社会保险。在兢兢业业地工作了半年后公司破产，而她和她的同事因非法吸收公众存款罪而被公安抓获，究其原因在于他们公司的主要业务是融资，也就是与社会不特定人员签订借款合同从而获得"借款"。公司正常注册营运，营业执照、税务登记证齐全，公司借款后也会按时归还，为什么会涉嫌犯罪？症结在于该公司不具有融资牌照，有违国家金融管理法。我国《刑法》第一百七十六条规定非法吸收公众存款罪是指违反国家金融管理法规非法吸收公众存款或变相吸收公众存款，扰乱金融秩序的行为。上述案件行为人的主观恶意很难评判，尤其是作为公司基层的一名普通员工，他们仅仅是因为缺少法律常识才会深陷囹圄。这样的案例数不胜数，大部分人是因为不懂法而犯法，知法犯法尚占少数。

五、总结

当代社会的基本共识之一无疑是"法治"。随着法和法律日益重要，法律职业也逐渐趋于专业化。律师要为整个社会乃至整个国家的法治事业服务，为法律的道德吸引力负责。

当一个人因触犯刑法而涉嫌犯罪时，他"对抗"的并非是被害人，而是国家公权力，这时他只是一个需要"保护"的弱者。他虽然涉嫌犯罪，但是他也享有人权需要我们维护。他最需要的就是一名律师挺身为他发言。

我国当前的司法实践，也正在朝着这一方向努力发展。尤其在历经佘祥林、赵作海等诸多冤案之后，程序正义业已成为社会公众一致的呼声。此前，最高人民法院常务副院长沈德咏也表示，"宁可错放，也不可错判"。此处种种无一不是在捍卫司法公正，捍卫每个公民在面对强大的司法机器时的权利。必须再次强调，如果没有辩护律师对证据链"地毯式"的检验，真相永远都是奢侈的，或者说，真相永远只是停留在我们预设的层面；而当程序正义为实体正义让步，我们即便成功惩罚了一个事实上作恶的人，冤假错案的种子也早已埋下。

这绝不是偏袒作恶者进而成为他们的"保护伞"，而是法律面前，事实和真相永远是最高准则；要坚持捍卫程序正义，法治公正，那么我们就得接受那些为"魔鬼代言人"之存在。我们不能一边呼吁"程序公正""疑罪从无"，一边又对严守之人指责唾骂。

法律上并没有绝对的好人抑或是恶人，只存在违法之人和守法之人。所谓的违法之人并非是丧尽天良或者说要被彻底否定之人。换言之，触犯刑法的犯罪嫌疑人，他仅仅是违反刑法的某一条款或者说是某些强制性法律规定，在这个范畴内其应当接受惩处，但这并不意味着可以剥夺犯罪嫌疑人享有的其他权利，如辩护权。

公平的法律必须赋予公民为自己辩护的权利，只有控辩双方处于平等地位，法律的公平与正义才能得以实现。刑辩律师并不是普通民众眼中的

"恶人代言人",而只是凭借法律赋予犯罪嫌疑人的辩护权而代为发声罢了。同样,他们也是国家司法制度和实现司法公正的重要监督者。法律公平正义的实现是要在维护程序正义的前提下实现实体正义。犯罪嫌疑人可能确实实施了违反刑法的犯罪行为,但如果公诉机关证据不足,那么仍不能认定其犯罪,长远来看,这才是真正能够受到推崇的公平。美国联邦最高法院前大法官乔治·萨瑟兰曾感慨道:"没有律师代理,被告人就算完全无辜,也有定罪之险,因为他不了解证据规则,无法判断指控成立与否,也不懂得如何作无罪辩护。"在这里,笔者为大家分享这个法条:

  第十二条 未经人民法院依法判决,对任何人都不得确定有罪。(《中华人民共和国刑事诉讼法》)

律师数目增加对日本律师惩戒制度的影响：恶化抑或改进？

[日] 石田京子　著　文学国　译*

摘要：作者根据统计数字分析了日本律师数量变化与惩戒律师制度之间的关系。作者认为，20世纪90年代之前，日本关注律师惩戒的人很少，之后律师受惩戒的案件增多，律师受到纪律处分的风险增加。这与律师数目增加有一定的关系，但并非受惩戒的都是年轻律师，具有30年以上工作经验的律师反而具有更高的风险。

关键词：律师数目；日本律师；惩戒制度

首先，感谢上海大学法学院盛邀我参加首届东亚比较法律职业道德研讨会。在此特别感谢金成华教授让我有机会参加此次活动。

我的发言旨在探讨日本律师数量的增加对日本律师惩戒制度的影响。20世纪90年代之前，律师队伍相对寡薄，包括公民和律师自身在内，关注律师行为失当的人更是寥寥。而如今，这种趋势悄然改变。我曾撰写论文细致分析1988—2017年向社会公开的律师惩戒案件，以期探究此现象。我很高兴能借由这次会议与大家分享，首先我将辅以统计数据向大家介绍日本律师惩戒制度的概况。其次我将探讨致使律师惩戒案件与日俱增的缘由，并分析这于公众而言究竟是福音抑或不幸。

---

*　石田京子，日本早稻田大学法学院副教授。文学国，上海大学法学院教授。此演讲稿基于作者已发表文章——《律师数目增加对日本律师惩戒制度的影响：恶化抑或改进？》（《法律职业国际期刊》2017年第4期），并在原作上加以更新完善。未经作者许可，请勿引用。本文由JSPS KAKENHI授权号17K03516支持。原稿为英文。

一、律师惩戒制度的概况

(一) 现行律师制度的历史沿革

日本采用律师强制入会制度[①]，即所有日本律师都必须在地方律师协会和日本律师联合会(简称"日律联")进行注册[②]。日本律师联合会和地方律师协会采用高度自治体系对律师进行监督。"律师自律"作为一个相当重要的概念，在日本现行宪法通过之前早已有之。在旧体制下，律师由法官、检察官或司法部监管。监管当局有权惩罚为持不同政见者的犯罪嫌疑人辩护的律师。第二次世界大战后，当1949年《律师法》确立之际，律师们声称，为公民基本人权得到充分保护，律师会必须摆脱司法大臣监督，脱离政府权威。自此，自治成为日本律师身份的组成部分。

根据日本《律师法》第56条第1款规定，当律师违反《律师法案》、日本律师联合会规则或其所属的地方律师协会的规则，损害所属律师协会的秩序或信用以及其他在职务上有丧失品格的非法行为时，应当受到惩戒。惩戒委员会审查后作出决议，地方律师协会根据上述决议对律师行使惩戒处分权。除此以外，日本律师联合会在必要时有权直接采取惩戒措施。

(二) 首次赋予道德规范法律约束力

2004年，日本律师联合会通过了其第一部具有约束力的道德准则，即《律师执业基本规则》(以下简称《基本规则》)。在《基本规则》出台之前，日本律师就已经遵循了一套道德准则。然而，该守则作为任意性规范，违反守则也不会招致惩戒的后果。在2001年起草司法系统改革时，报告建议日本律师联合会建立一个具有约束力的道德准则，以保持公众对律师的信任[③]。基于此，尽管多数学者强烈反对，日本律师联合会仍出台并施行了这一规则。《基本规则》由82条规定组成，既包含强制性规定，也包含任意性规定。

[①] 有关日本律师制度的详细历史，请参见石田京子《日本律师的道德标准：六类法律服务提供者之道德规范翻译》第123—131页。
[②] 监管体系是由1949年立法《律师行为条例》(Bengoshihō)确立。
[③] 有关司法体制改革的背景，详见米亚泽瓦《日本司法政治改革：最终的法治》。司法制度改革委员会建议全文的英文译本载于 http：//japan.kantei.go.jp/judiciary/2001/0612report.html，2019年10月1日通过。

遵守该道德准则已然构成日本律师联合会明确规定的义务,违反此强制性规定即可作为惩戒的依据。

(三) 惩戒机制

律师被投诉后,首先由律师所属的地方律师协会的纲纪委员会组织调查。惩戒程序分为两个步骤:由纲纪委员会初步审核投诉;确有惩戒需要的投诉由惩戒委员会进一步审查并作出决议①。任何人都可以向律师协会请求给予某一律师惩戒处分,但需附上其所要求惩戒的解释性声明。纲纪委员会审查无关紧要及毫无根据的投诉,以避免因简单的投诉而损害律师的声誉。此外,若地方律师协会认为有理由对其律师成员进行纪律处分时,可动议启动惩戒处分程序。

地方律师协会在收到纪律处分要求或根据本身的动议决定提起诉讼后,将按照规定转介纲纪委员会调查有关案件②。纲纪委员会如果认为违规事实存在、作出处分是妥当的话,应作出决定将案件提交给惩戒委员会进一步审查。当惩戒委员会得出结论认为有足够的依据对被告律师进行处罚时,律师协会需要将案件提交给惩戒委员会进行最终裁决。

惩戒委员会决定是否对被指控的律师施加惩戒,如果确定需要,则应明确施加何种类型的处分。被指控的律师有权向惩戒委员会申请出庭陈述③。惩戒委员会有权邀请相关人士或公共机构发表解释声明或提交案件材料。当惩戒委员会的纪律处分被裁定适当时,律师协会应当执行。

受到当地律师协会处罚的律师有权要求日本律师联合会根据《行政复审法》对案件进行复审。如果日本律师联合会拒绝复审申请,律师有权入禀东京高等法院对日本律师联合会提起诉讼,并要求依据《行政诉讼法》撤销该决定。

若地方律师协会决定对被告律师不施以惩戒或制裁过于宽松,或当地律师协会未在规定的合理期限内作出裁定,惩戒申请人者有权向日本律师

---

① 石田京子《日本律师的惩戒制度的比较研究和华盛顿州》讨论了纪律程序的详细描述以及与2005年美国华盛顿州的统计比较。
② 根据每个律师协会的规则,纲纪委员会由四名以上成员组成,并须包括一名律师、一名法官、一名检察官和一名由地方律师协会主席委任的学术专家。
③ 地方律师协会亦由四名以上成员组成,包括一名律师、一名法官、一名检控官及一名由地方律师协会主席按其规则委任的学术专家。

联合会提起申诉。此外,当地方律师协会决定对被告律师不施加处分并且日本律师联合会驳回申请人申诉请求时,申请人有权向日本律师联合会下设的惩戒复审委员会提出复审案件的申请。惩戒复审委员会成立于2004年,旨在增强公众对律师自律的信任。委员会由11名非律师成员组成。申请人在收到不处罚被告律师的书面通知之日起60天内,有权向惩戒复审委员会提出动议。

在特殊情况下,日本律师联合会有权提起动议以同种方式启动惩戒程序。日本律师联合会的审查范围一般限于地方律师协会所作出的惩戒决定。

(四)制裁类型

纪律处分分为四种:① 警告;② 暂停执业;③ 责令退会;④ 除名。警告作为一种申诫罚,以期被告律师深刻反思认识到自身行为失检所应承担的责任,并告诫律师切勿重蹈。即使律师受到训斥,其仍可继续从事法律工作,但在三年内被剥夺担任日本律师联合会主席的资格。停职令禁止被惩戒律师从事律师业务,撤销令勒使被惩戒律师离开律师协会。当律师受到此类制裁时,除非获得法院作出停止致辞的命令外,该律师将自动丧失其所属律师协会的会员资格及律师执照。撤销令即责令被惩戒律师自动从已登记的当地律师协会中注销会籍。取消会籍单方面剥夺了律师的律师身份。一旦此项制裁被作出,除获得法院暂停处分的命令外,律师将停牌三年。本文将"撤销令"与"取消会籍"合称为"撤令",究因于两者均属最为严厉的惩戒方式,所以司法实务采用较为慎重。

尽管惩戒程序并不向社会公开,但最终的处分决定会在政府的官方公报及分派给所有注册律师的日本律师联合会月刊——《自由和公正》上予以公示。此外,自2009年起,日本律师联合会采取了一项政策,即应投诉方的要求,披露针对特定律师的任何纪律处分记录。

二、当前趋势

(一)统计数据

图1和表1显示了自1988—2017年律师人数和纪律处分的变化。自

2001年以来,律师的人数急剧增加。直到1990年,成功通过全国律师资格考试(法官、检察官和律师的必备考试)的每年仅为500人。2001年司法体制改革极大地增加了律师的数量,并提出到2010年,每年成功通过律师考试的人数应增加到3 000人。到2030年,律师的总数应达50 000人[①]。尤其自2006年新设研究生院开始培养毕业生以来,律师的数量急剧增加。今天,2019年的律师人数超过40 000人,与1993年的律师人数14 596人形成强烈对比。

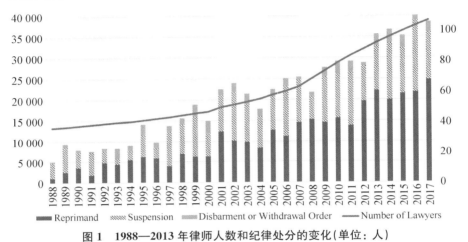

图1 1988—2013年律师人数和纪律处分的变化(单位:人)

表1 1988—2013年律师数目、纪律处分及纪律投诉的变化(单位:人)

Year	1988	1993	1998	2003	2008	2013	2017
Number of Lawyers	13 288	14 596	16 305	19 508	25 041	33 624	38 980
Reprimand	3	12	19	27	42	61	68
Suspension	10	4	20	25	15	29	31
Disbarment or Withdrawal Order	1	7	4	7	3	8	7
Total Disciplinary Cases	14	23	43	59	60	98	99
Requests to Discipline	235	439	715	1 127	1 596	3 347	2 864

注:数据来源于《2017年律师白皮书》(日本律师协会联合会,2018年)

---

① 2002年3月19日的内阁会议正式将每年成功通过全国律师资格考试的考生人数增加到3 000人。但由于法律市场竞争日趋白热化,2013年7月16日日本政府正式撤销了这一内阁决定。

以往的律师惩戒个案相对稀少。1988年仅有14例。直到1998年,律师受纪律处分总数首次超过40起。2014年,违纪案件突破100起,且全年违纪案件总数达100起。

有学者指出,年轻律师数量骤增致使律师素质不断下滑。若按此理,能够预期律师受惩率(律师处分案件的数目/律师的数目)将会增加①。然而,如图2所示,这个比率并不必然提升。值得注意的是,暂停执业及除名的比例仍然很低,不到0.02%。另一方面,警告的比例在2001年之后似乎有所增加。

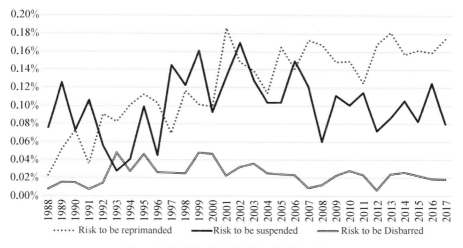

图2　纪律处分比率(处分人数/律师人数)

表2比较了1988—2003年和2004—2017年这两个不同时期律师遭受纪律处分的风险。2004年是日本律师惩戒制度的转折点——日本律师联合会通过了一项有约束力的道德准则,即《基本规则》,日本律师联合会新设由非律师组成的惩戒复审委员会,主要负责审查被当地律师协会的纲纪委员会和日本律师联合会的纲纪委员会驳回的案件②。

---

① 此推断需基于一个特定条件,即律师的受惩戒标准每年保持不变,出现行为不当应及时向相关惩戒部门报告。正如前文所述,律师接受纪律处分的标准愈发清晰,公众更熟悉申请惩戒律师的流程将成为主流趋势。尽管如此,若剔除施加警告,律师受惩比例增幅不明显。

② 此外,为了加强法律专业的培训过程,2004年还设立了一所研究生水平的法学院。从这个意义上说,2004年是日本法律界的转折点。

表 2　不同时期遭受惩戒的风险对比

	Average 1988—2003	Average 2004—2017
Reprimands**	0.10%	0.16%
Suspensions	0.10%	0.10%
Disbarment or Withdrawal Order	0.03%	0.02%
(**: $p<.01$)		

注：数据来源于《2012 年律师白皮书》(日本律师协会联合会，2013 年)及《2017 年律师白皮书》(日本律师协会联合会，2018 年)

统计数据显示，虽然被施以暂停执业、责令退会或除名惩戒的风险没有变化，但在 2004 年之后，被警告的风险显著增加，原因可能在于律师协会采用了具有约束力的道德规范。2004 年以后的许多案例均引用了《基本规则》的相关规定。例如，未能为客户制定书面合同，首次成为基于基本规则的惩罚理由。此外，为当事人解释、报告案件情况及咨询客户处理法律事务也成为律师的强制性义务。《基本规则》中规定的更具体、更广泛的惩戒事由也成为律师受谴责惩戒案件增加的诱因。

除采用有约束力的道德准则外，公民对律师惩戒制度的了解程度也影响律师受纪律处分的风险大小。图 3 展示了律师惩戒执法部门收到投诉的案件数量。显然，投诉数量逐年递增。然而，需要引起注意的是，在 2007 年，惩戒部门收到了多达 8 095 宗针对知名刑事案件的辩护律师的投诉。此前，更有媒体指出，公众有权提出惩戒申诉，并且行为不端的律师应当受到纪律处分。在整理收到投诉的数据时，我对 2007 年的数字进行了调整，从总数中剔除了部分无关紧要的投诉。

图 3　1988—2014 年投诉数目及律师人数的变化(单位：人)

图4显示了收到申请惩戒律师投诉风险的变化。这个比率的计算方法是将每年收到的投诉量除以每年的律师人数。如前所述,2007年的数字进行了调整。数据显示,2004年以后,风险波动上升。表3比较了1988—2003年和2004—2017年收到惩戒投诉的平均风险,这两个时期的风险在统计学上差异显著。律师收到惩戒投诉的风险在1988—2007年期间为3.53%,而在2004—2017年期间为7.25%。

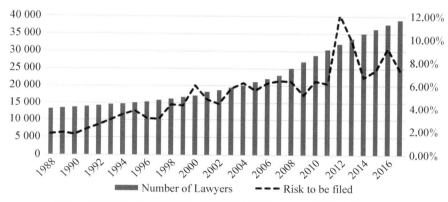

图4 收到纪律处分投诉的风险变化(数据2007年调整)(单位:人)

表3 收到纪律投诉的风险比较(数据2007年调整)(单位:人)

	Average 1988—2003	Average 2004—2017
Risks to be filed a complaint	3.53%	7.25%
(**:p＜.01)		

注:数据来源于《2007年律师白皮书》《2010年律师白皮书》《2018年律师白皮书》

很明显,与过去相比,如今律师收到纪律处分的风险更高。一旦律师收到纪律处分投诉,即使投诉是无关紧要的,本人也必须作出回应。这种风险的增加和《基本规则》所确立的更加透明的纪律标准应该对律师行为产生影响,促使律师意识到渎职风险的增加,从而在处理法律事务时更为谨慎。

(二)探究"年轻律师"对惩戒处分增加的影响

在此,我要说明的是,司法制度改革后年轻律师的增加导致了法律服务质量的下降,这一论点主要为批驳增加每年通过国家律师考试人数的内阁决议。我分析了2014—2015年《律师月刊》上发表的题为《自由与正义》一文中披露的 210 起律师惩戒案件。该类案件详细披露了律师的姓名及注册号码。根据这些信息,我分析了被处罚律师在被处罚时的执业年限[①]。

表 4 说明了根据执业年限而受到处罚的风险。研究表明,拥有 30—40 年工作经验的律师面临的纪律处分风险最高。另一方面,经验不足 5 年的律师风险最低。值得注意的是,就警告之一惩戒而言,工作经验不足 5 年的律师比例为 0.035%,而有 30—40 年工作经验的律师比例则高达 1.074%。足见,从这个角度来说,无法断定年轻律师有更强的渎职倾向,也不能说其服务质量低于有经验的律师。相反,经验丰富的律师面临更高的纪律处分风险。

表 4 Risk of Being Disciplined by Length of Professional Experience in 2013 and 2014

		Under 10 Years	11 - 20 Years	21 - 30 Years	31 - 40 Years	Over 41 Years
2013	Number of Lawyers	15 814	5 794	3 542	3 562	4 912
	Reprimands	18	10	10	18	13
	Suspensions	6	7	8	6	4
	Orders to Withdraw/Disbarments	1	1	1	4	2
	Total Number of Disciplinary Cases	25	18	19	28	19
	Risk of Being Reprimanded	0.114%	0.173%	0.282%	0.505%	0.265%
	Risk of Being Suspended	0.038%	0.121%	0.226%	0.168%	0.081%
	Risk of Being Ordered to Withdraw or Disbarred	0.006%	0.017%	0.028%	0.112%	0.041%
	Risk of Being Disciplined	0.158%	0.311%	0.536%	0.786%	0.387%
2014	Number of Lawyers	16 711	6 170	3 611	3 520	5 033
	Reprimands	9	9	11	17	9
	Suspensions	6	5	9	7	10
	Orders to Withdraw/Disbarments	2	1	3	2	1

---

① 所有的日本执业律师均有一个注册号。较低的数字表明律师更有经验。注册号可以显示实习期的年份,我希望律师在学徒期届满后直接开始执业,所以我计算了学徒期的长度。当然,也有例外,例如律师生病了,在一段时间内取消了登记,后来又重新登记。在这种情况下,经验期间与新登记的数字不符。然而,从注册号上的一个假设是唯一的假设专业经验长度的方法,以有效地把握整体趋势。

续表

		Under 10 Years	11-20 Years	21-30 Years	31-40 Years	Over 41 Years
2014	Total Number of Disciplinary Cases	17	15	23	26	20
	Risk of Being Reprimanded	0.054%	0.146%	0.305%	0.483%	0.179%
	Risk of Being Suspended	0.036%	0.081%	0.249%	0.199%	0.199%
	Risk of Being Ordered to Withdraw or Disbarred	0.012%	0.016%	0.083%	0.057%	0.020%
	Risk of Being Disciplined	0.102%	0.243%	0.637%	0.739%	0.397%

Note: The data comes from Jiyū to seigi Vol.64.1 - Vol. 67.1

并且,上述针对律师经受纪律处分风险的分析,有访谈辅证。几位被采访者也并不认为年轻律师是惩戒程序的"主要当事人"。相反,那些有着数年办案经验却无法与法律实践同步的老律师则面临着更大的困难。实务中更多发老律师面临金融危机侵占当事人钱财的案件。此外,他们因循守旧,多因违反《基本规则》的强制性规定而受到惩戒(与公众 B 面谈)[1]。

一名受访者指出,在日本律师联合会期刊上发表律师纪律处分案例具有威慑作用:《日本律师联合会》杂志上关于惩戒决定的公告对律师产生了巨大的影响。该期刊每月会分发到日本所有注册律师,在公布的惩戒决定上出现自己名字是一种耻辱。注册律师也可透过此公告(与 C 律师的面谈)了解哪些特定的行为会遭受纪律处分[2]。

这种威慑作用辐射范围可能更广,尤其是对于经验浅薄、循规蹈矩的年轻律师而言,这也恰好与其受到纪律处分风险相对较低相呼应。最后,公布惩戒决定让所有律师明晰个别案件所采用的惩戒标准,从而起到防止舞弊的作用。

另一名嘉宾指出,《基本规则》有助于惩戒制度成为制止律师行为不端的有力工具:特别是在 2004 年通过了《基本规则》之后,律师惩戒制度有效地提高了律师的执业水平和服务质量。在此之前,惩戒事由局限于是否被视为"损害律师尊严的行为"。

---

[1] 详见于 2015 年 6 月 20 日日本东京的采访。
[2] 详见于 2015 年 6 月 20 日日本东京的采访。

今天,惩戒委员会以《基本规则》相关规定扩大了案件适用范围,从而为所有律师制定了更为统一的行为标准(与 A 律师面谈)①。随着纪律处分投诉的增加及惩戒决定的威慑作用,《基本规则》在提出具体的纪律标准方面发挥了重要作用。

那么,谁负有义务主动提高律师的行为标准呢?虽然司法体制改革对律师自治提出了质疑,并引入了惩戒复审委员会,但必须明确的是,积极提高行为标准的是律师本身,而非非律师成员。

往往是律师们试图对被起诉的律师采取严厉的态度。委员会以外的成员态度则较为温和。我们不想被公众认为是在宠坏我们的成员(采访 B 律师)②。

一名外部成员还说:"我们无法判断某个特定的行为是否损害了律师的尊严。在利益冲突或案件管理时间框架内考虑'律师标准'尤其困难。这些技术含量要求高的决定留给律师成员可能更为妥当。"③(与外部委员会成员 A 面谈)

事实上,外部委员会成员的权限在于参加一般大会,反而是律师成员在起草提交给大会的惩戒决定方面发挥着主要作用。尽管从理论上来说外部委员会成员在确保惩戒制度的透明度及观察律师成员如何处理纪律处分案件方面的作用非常重要,但归根到底,律师惩戒主要依靠律师自律管理。

三、恶化抑或改进?

以上分析针对的是目前日本律师行业的发展趋势。自《基本规则》实施以来,律师惩戒制度在规范律师行为、防止执业不端方面发挥了关键作用。自 2004 年以来,律师受到纪律处分的风险增加,尤其在受警告风险方面。从另一角度看,此现象也有助于个别律师在处理案件时更加细致谨慎。前述所列统计数据也有力地驳斥了甚嚣尘上的悖论,即司法制度改革后年轻律师的增加导致了法律服务质量的下降。相反,经验丰富的律师面临更高的纪律处分风险。从这个意义上说,我们可以看到,律师人数的增加并没有

---

① 详见于 2015 年 6 月 20 日日本东京的采访。
② 详见于 2015 年 6 月 20 日日本东京的采访。
③ 详见于 2015 年 7 月 10 日日本东京的采访。

恶化法律服务的质量，反而改进了法律专业标准。目前，无法跟随当前执业趋势或不符合更成熟行为标准的资深律师受警告的风险提升。若非律师人数膨胀而加剧了竞争，这些资深律师就不会受到处罚。谁当为此买单？是法律市场，是客户。今天，我们有更多的律师，律师必须竞争才能赢得客户。激烈竞争提高了执业质量，客户拥有更强的主动权去选择自己的代理律师。

在制止律师不当行为及保护当事人权益方面，惩戒制度也存在明显缺陷。日本律界面临的最严重的问题之一即"律师老龄化"。没有任何制度可以剥夺一个老律师的律师执照，即使该律师因年龄而难以称职。但近来司法实务中，老律师犯贪污罪行的规模愈发庞大。实务中多发的情形是，资深律师面临经济困难，代理案件时，其不清楚按照现行法律标准去处理客户的资金，结果导致侵占客户金钱事件的发生。为保护公众合法权益，律师协会有义务妥善解决。可能的解决办法有，根据《律师法》第13条，行使律师协会的权力，严格评估审查注册成员的身体及精神能力，以利其从事法律工作。

另一亟待解决的问题是，该律师事务所未设合理补偿机制来弥补此类挪用公款行为的受害者损失。在律师盗用了一大笔钱之后，仅有数额巨大、社会危害性大的案件才会见之于世。通常情况下，涉案律师没有足够的钱赔偿客户，此类案件更不在保险赔偿的范围之内。受害者往往求助于拥有监管律师独家权力的律师协会。2006年，日本西部地区的地方律师协会——奈良律师协会被侵吞律师资金的受害者起诉。原告认为，律师协会应该对受害者所遭受的损害负责，因为其未对旗下律师尽到合理的监管义务，最终遭到了奈良地方法院及大阪高等法院的驳回，但这一事件引发了关于律师自律合法性的热切讨论。

在此情况下，2017年10月日本律师联合会采用新规则提供"同情款"以弥补求法无门的受害者损失。这个新兴的操作规则旨在恢复公众对律师的信任与支持。

最后，现行的律师惩戒制度过于僵化，难以有效杜绝当前律师执业的不正之风。立法仅规定四种惩戒措施并不能有效地杜绝和制止律师的可持续的行径。在一些持续性的严重贪污案件中，给予涉案律师停牌处理有助于减轻因此造成的损害。此外，为纠正某些类型的律师不当行为。采取诸如缓刑、限制执业范围和强制性办公室管理培训等转移措施也不失为灵活之举。

四、结论

本文考察了律师数量的增加对律师惩戒制度的影响。统计数据显示，近来收到纪律处分投诉的风险正在上升，尤其是经受警告的风险。然而，并非日益壮大的年轻律师致使惩戒案件的飙升，具有 30 年以上工作经验的律师反而具有更高的风险。这一统计结果也得到了访谈的支持。尽管年轻律师的增加会降低法律服务的质量的悖论甚嚣尘上，但我的研究恰好印证了其荒谬性。相反，法律市场竞争的加剧大大改善了律师的行为标准及服务质量。只有那些无法顺应执业趋势的律师面临更严重的被处罚风险，而这一群体中年轻律师尚在少数。

我的研究局限于近期的 303 起案例。为获得更强有力的印证，回顾搜集更多的过去和现在的案例十分必要。律师惩戒制度直到近些年才在律界之外引发广泛讨论，《基本规则》下的行为准则仍在不断完善。为促进其成为保护公众不受律师不当行为侵害的高效机制，有必要给予更多的关注和进一步的讨论。

参考文献：

1. 石田京子：《日本律师的道德标准：六类法律服务提供者之道德规范翻译》，《环太平洋法律与政策》2005 年第 14 卷。
2. 石田京子：《日本法律服务提供者的道德规范》，德国 VDM 出版社 2011 年版。
3. 石田京子：《日本律师的惩戒制度的比较研究和华盛顿州》，《自由与正义》2006 年第 96 卷。
4. 日本律师协会联合会：《2002 年律师白皮书》。
5. 日本律师协会联合会研究室：《律师行为的评论》，2007 年第四版。
6. 日本律师协会联合会：《2014 年律师白皮书》。
7. 日本律师协会联合会：2013—2016 年《律师白皮书》。
8. 《2001 年日本司法制度改革委员会建议》，http：//www.kantei.go.jp/foreign/policy/sihou/enkaku_e.html，2016 年 2 月 1 日通过。
9. 米亚泽瓦：《日本司法政治改革：最终的法治》，《亚太法律与政策》2011 年第 2 卷。

论日本法律职业家的职业伦理

[日]计良由贵彦　重富孝士[*]

摘要：本文对日本法律职业家的职业伦理作了简要的介绍，包括法官的职业伦理、检察官的职业伦理、律师的职业伦理等。

关键词：日本；法律职业家；职业伦理

不仅是法律职业家，无论何人，即使是一般普通人在日常生活中，为了生存都会意识到社会性伦理。

伦理具有广义和狭义的区别。广义上的伦理是指人类群体中产生的礼节惯例及所有社会规则。由于法律本身也是人类社会的一种规则，因此法律被包含在广义的伦理观念之中。另一方面，狭义上的伦理是指在人类群体中产生的惯例及规则中，那些不具有法律强制力的规则。换言之，这是一种社会存在中人们有意识遵从的普遍习惯或礼节。狭义上的伦理相对于法律是有明显区别的，因此有必要确定使用的"伦理"一词属于广义还是狭义的范畴。伦理与法律之间的差异也基于广义还是狭义的理解，两者的存在意义以及作用范围并不相同。

如上所述，广义上的伦理是人类群体中以任何形式形成的所有规则和惯例的统一体，其中包括法律。在此就狭义上的伦理与法律之间的差异做些考察。人类活动中首先产生的是一种默契形式的习惯，它可能在语言和国家产生之前就已经存在。在当今社会中，依然存在着一些难用言语明确表达的隐性规则。人们将那些虽然可能未在家庭、学校或社区中示教过但属于整体社会共享的规则，用语言表达为伦理。

---

[*] 计良由贵彦，日本前东京地方检察厅检察官，日本大学法学部非常勤讲师。重富孝士，日本一般社团法人日中发展协会法务部参与。

使用语言的人类社会首先产生以语言（口语）确定的口头约定规则，然后将其明文化（文字）并编纂记录下来。随着生活在各个地域的人类群体的进步发展，伦理作为一种生活潮流而逐渐形成。如果是少数人群体，那么即使没有语言确认，也可能建立起规则。但是，如果形成了某种程度的大群体，则需要用语言进行明确确认。而更大的群体，则难以全体相互讨论并确认，因此有必要将其用文字形式予以保留。

礼节、习惯和某个群体中的规则（例如校规和道德规范），都可能会根据需要以某种形式予以表现。如果将这些称为伦理（狭义上），那么下一个问题就是它们与法律有何不同。法律至少需要编纂成文字，但是否意味所有文字编纂的都是法律——这显然不符合现实。比如校规是用文字规定的，但并不是法律。区分法律和伦理（狭义上）最重要的在于是否具备强制力。换言之，如果有人不遵守规则，则该人可能会受到处罚。为了能够惩罚违反者，就产生了规定与此相应之力（权力）的必要性。没有警察或监狱之类的组织，就绝对不可能抓捕违规者并使其服役。伦理（狭义上）和法律最大的区别点就在于是否具备这种强制力。当然，即使不是法律，也存在一些可以依据一定程度的强制力进行处罚的伦理。比如，学校规则和工作规则在内部具有某种强制性，违反该规则可能会受到内部惩罚。因此有必要弄清法律法规和道德规范之间的区别，例如与学校规则和工作规则的区别。

这与以上所述的群体规模有关。法律是由国家，这个最大集团进行规制的。国家内部有许多大大小小的群体，但在国家域内活动的所有人都有义务遵守该国制定的法律。以上所述的强制力则由国家完全占有。法律是以国家及其强制力为后盾的，这就是法律与其他伦理之间的区别所在。

下面对法律职业家的职业伦理提些个人见解。

所谓职业伦理是指专业人员被期望的关于行为的伦理规则。在被称为"专业人士"的专业领域工作的，比如神学家、医学家和法学家等代表性的人群。在这些关键职位上的人具有专门的知识和技能。应该如何使用这些专门知识，将其定位于伦理道德的问题而形成了所谓的职业伦理。这种职业伦理，使专业人士可以做出其他地方无法完成的职业判断，充分利用专门技能，并基于全面的信息和知识做出决定。

特别是与法律相关的专业人士（法官、律师、检察官），他们被强烈要求应该具有以下伦理：① 正直；② 诚实守恒；③ 透明性，不隐藏；④ 证明义务及与其相关的责任;⑤ 守密义务的彻底性;⑥ 客观性,无偏见;⑦ 对对方的尊重之心;⑧ 遵守法律;⑨ 对国家的忠诚之心;等等。

守密义务性是指根据法律的规定从事某种职业或工作的人对于与其相关的约定方,因法律规定被特别赋予的,"保守基于职务可能知晓结果的秘密",以及不得于示个人信息等法律上的义务。以国家公务员(法官和检察官)等为代表的职业人员,因其职务的特性,属于具有保守秘密和个人信息义务的职业,为此法律规定了守密义务。这些受法律规定制约的职业人员,除了具有正当理由(如根据法官令进行强制搜查等)之外,如果擅自将职务上得知的秘密予以泄露(故意或过失或窃取),其结果会依据各法令成为处罚的对象。

另一面,关于被允许的开示职务知晓秘密的"正当的理由"的范围和对象,这在法律解释上是非常困难的。例如,当属于组织内部的人员偶然得知该组织存在不当行为时,该不当行为内包含有属于守密义务对象的信息,那么该人员是应该通过内部告发而确保公共利益,还是应该遵守自己被要求的守密义务。

关于此类问题日本用法律予以规定,守密义务适用《刑法》第134条(秘密漏示罪)。公务员、医生、律师、警官、法官、检察官、公证人或处于这些职业范围的人员,如果在无正当理由的情况下,泄露其业务处理事务时知晓的他人的秘密,将被"处以六个月以下徒刑或十万日元以下罚金"。日本的法律职业家以及处于这种地位的人员,必须时刻将法律置于脑内,用良心维持伦理观念。

以下分别简述处于司法立场的法官、检察官和律师的职业伦理。

一、关于法官的职业伦理

法官是具有行使司法权力进行审判的人。作为法院主持审判的人员,法官的立场根据国家的诉讼制度而定。在采用陪审制度的国家,法官不负责事实认定,因此将法官定位于主宰法庭审理更为合理。

每个国家中都存在着各种犯罪和诉讼。社会发展至一定程度之后,解决纠纷的制度就成为十分必要。就某个案件,依据自己的良心(伦理观)进行公正判断,或者作为检察官进行追究,其立场和作用被明确区别开来。

日本通过引入三权分立的概念，法官的立场定位被作为司法范畴而与立法和行政分离。在刑事审判中，同样处于国家公务员的立场，但裁判所法官和检察厅检察官的作用被分离开来，法官的作用集中于"判断"。法官始终站在中立的立场进行公正审判，遵从良心、伦理独立行使职权，仅受日本宪法和其他法律的约束（日本国宪法第76条：所有法官依良心独立行使职权，只受本宪法及法律的拘束）。这意味着法官行使职权的独立。

二、关于检察官的职业伦理

检察官是处于履行检察使命，发挥检察作用官职的人，致力于保护刑事案件中嫌疑人和被告人的权利以及阐明案件的真实性，从而防止冤案，实现对真罪犯的适当惩罚。

作为公共利益的代表，检察官不以获得有罪判决为目的，必须努力实现公正的审判。每位检察官都应坚决将职责作为自己的伦理铭刻在胸，即使在搜查阶段，作为决定起诉或不起诉，进行审判活动的公诉人，始终都不应徇私情，必须以客观公正履行职责为目的。为此，检察官必须充分发挥冷静判断证据以及检讨法律问题的作用。

日本于1999年8月颁布了《国家公务员伦理法》。鉴于国家公务员是全体国民的服务者，其职责是由国民委托的国家公务，因此该法律旨在维护与国家公务员职务相关的伦理，其目的是防止在公务员职务执行时出现招致国民对其公正性产生不信的可疑行为，确保国民对国家公务的信赖。

在日本所有担任公务员的人都必须遵守《国家公务员伦理法》，尤其是检察官必须对自己职责的重大性有更强烈的认识。

三、关于律师的职业伦理

律师应该具有基本活动的共通理念，这就是"尊重基本人权和实现社会正义"。

律师与法官及检察官不同，不是国家公务员。因此，律师不受《国家公务员伦理法》的约束，但其职务在社会中承担着重要作用。特别是在刑事辩护中，不是辩护士（译注：律师在日本被称为辩护士），而是被统称为辩护人。

在刑事案件中,之前普通生活的人会被束缚并受到审判。因此,辩护活动的内容是非常重要的。以下四点可以作为辩护活动的主要内容:

(1)解除身体的拘束。案件嫌疑人被捕或拘留时,除了本人之外,也会给其家人带来沉重的负担。因此,律师应该为了被辩护人尽早得到释放而努力活动。

(2)与受害人的交涉。为了实现被辩护人得到释放,减轻刑罚,其最重要的事情之一,就是真诚地向犯罪受害者道歉。律师帮助受害人介入与加害人之间的交涉。

(3)安抚嫌疑人。嫌疑人身体被拘束时,处于与外部被遮断的状态,会陷入孤独感和不安感之中。为此,律师基于辩护受托人的立场,要查清是否真有犯罪,是否存在非自愿的"自白",所以应充分反复地安抚身体被拘束的嫌疑人。

(4)与嫌疑人及家人充分商议。辩护活动是由辩护委托人和律师共同进行的,总是被期望获得足够的效果,所以用充分的时间进行商量是必不可缺的。

以上论述只是一般性刑事辩护活动的理想内容,律师被要求必须诚实面对辩护委托人。这种态度本身就可以认为是律师的职业伦理。

本文将日本法官、检察官和律师的作用和姿态作为职业伦理进行了简单的论述。法律职业家的职责并不相同,但是面对对方,无私地诚实地履行职务,这正是真正法律职业家的理想存在。

韩国律师考试和法学专门
大学院的法曹伦理教育

[韩] 金星均*

摘要： 2009年开始，韩国律师考试和法曹伦理考试发生了巨大的变化，法曹伦理被定为律师考试之前必须通过的考试科目。本文对这一变化进行了阐释。本文还研究了韩国法律职业伦理规范的演变，对韩国法曹伦理教育的内容进行了详细的介绍。

关键词： 韩国律师考试；法学专门大学院；法曹伦理教育

一、韩国律师考试和法曹伦理考试

从2009年开始运行的韩国法学专门大学院制度给韩国法律和法曹伦理教育带来了巨大变化。之前在法科大学从未涉及的"法曹伦理"和"实务修习"等科目被定为必修科目。尤其是"法曹伦理"，被定为参加律师考试之前必须通过的科目。然而，在当时的情况下，很难说已经对法曹伦理科目进行了充分的研究，而且能够担当其授课的人也几乎寥寥无几。10年后的今天，法学专门大学院的法曹伦理教育依靠具有研究经验和专业知识的教员来进行。就是在这种情况下，法学专门大学院的学生接受了法曹伦理教育，并且在2010年开展了第一届法曹伦理考试，继而在2011年开展了第二届考试。

法曹伦理考试综合了知识测定型和事例判断型的形式，让学生在四个选项中选择正确答案，并且在70分钟之内完成40道问题。采用100分制，达到70分为及格。第一届考试中每个问题的分值是一样的，因此答错12

---

* 金星均，韩国庆北大学教授。

道题也能及格。

在 2012 年实行律师考试之前,韩国将从前通过司法考试和司法研修院培养法官、检察官和律师等法律人的制度改革为仅有律师考试的法律人培养制度,并且局限于从法学专门大学院(三年硕士课程)毕业的人予以律师考试资格。在司法考试制度体制下并没有对预备法律人的职业伦理教育予以太大的重视①。但是为了参加律师考试就必须通过此前的法曹伦理考试,对此相关法律已有所规定。而且相关法律还把法曹伦理规定为法学专门大学院的必修科目②。

在 2009 年 3 月共开创了 25 个法学专门大学院(入学定员 2 000 名),并将法曹伦理科目定为必修科目,而在 2012 年 1 月开展第一届律师考试之前,2011 年 10 月就已经成功举办了第一届法曹伦理考试。到 2019 年 8 月的第十届为止,韩国每年举办一次法曹伦理考试。

韩国授予律师考试合格者律师资格,律师考试分为选择型和论述型的笔试和法曹伦理考试(《律师考试法》第 8 条第 1 款)。要想参加律师考试,就必须取得法学专门大学院(三年硕士课程)的硕士学位,而法曹伦理考试在取得专门大学院的硕士学位之前也可以参加(第 5 条)。考试的合格者只从和笔试考试期间同时或者之前进行的法曹伦理考试合格者中选定(《律师法施行令》第 8 条)。法曹伦理考试只决定合格与否,其成绩不计入律师考试的总得分(第 10 条第 3 款)。律师考试从取得硕士学位预定 3 个月前开始可参加考试,包括该考试在内,取得硕士学位后 5 年内只能参加 5 次考试,法曹伦理只要通过 1 次即可(第 5 条、第 12 条)。为了成为律师,就必须通过法曹伦理考试,因此,韩国所有法学专门大学院都要开设法曹伦理教育课程,学生们也都要接受法曹伦理教育。2019 年 5 月 1 日,法务部公布了律师考试合格率,在全国 25 所法学专门大学院中,首尔大学的合格率最高,为 80.9%。其后依次是高丽大学(76.4%)、延世大学(69%)。成均馆大学

---

① 司法研修院是因律师考试而废除的法律家教育机关,司法研修院从 1981 年开始在课程编制上把法曹伦理列为教养科目之一。从 1995 年起,该院编成独立的课程进行教学。根据 2014 年度司法研修院课程表,"法曹伦理"科目在研修期间的两年四学期课程中,分两个学期以法曹伦理Ⅰ和法曹伦理Ⅱ两个科目名进行了共 2 学分的授课。최단비(ChoiDanBi):《法学专门大学院法曹伦理教育的现状和改善方向——参考日本的运营状况》,《园光法学》第 30 集第 2 号,第 62 页。
② 关于法学专门大学院设置、运营的法律施行令第 13 条第 1 款规定,法学专门大学院必须设置的科目之一是法律伦理。

(68.8%)、西江大学(65.6%)、庆熙大学(63.8%)、梨花女子大学(62.5%)、岭南大学(61.2%)的合格率也超过了60%。超过全国平均合格率(50.8%)的大学共有12所。部分大学的合格率仅为20%—30%[①]。法曹伦理考试的合格率为：2010年,99.4%;2011年,73.9%;2012年,97.6%;2013年,76.4%;2014年,86.7%;2015年,96.1%;2016年,98.2%;2017年,59.4%;2018年,95.1%。合格率的低潮和偏差,让学生们更加注重对法曹伦理的学习。

考试的题目和范围是以律师伦理为中心,且包括律师在实务中可能会面临的问题和与惩戒等相关的事项。法务部通过专家们的会议讨论,决定将考试中的多数规定及法令最少化从而减轻考生的负担。对于法曹伦理考试的范围,内容和评价对象的法规,由主管律师考试的法务部在事前予以公布。

主管律师考试的法务部公告中有关法曹伦理考试的篇章区分和内容如下[②]：

第一篇,律师伦理通论;第二篇,律师和委托人之间的关系、保密义务、回避利益冲突的义务;第三篇,案件受理和广告、报酬及利益分配;第四篇,诉讼业务与律师伦理(包括在法庭上的律师伦理)、非诉讼业务活动中的职业伦理(包括公职律师及公职律师退休后的律师伦理)、公司内部律师的职业伦理(与类似领域及其他领域之间的关系,包括对事务职员进行监督的责任);第五篇,律师责任和惩戒(包括法务法人等的构成形态与责任)、检察官及法官的职务伦理、外国法律顾问的职业伦理。

法务部发表的法曹伦理考试相关的法规如下：《律师法》《律师法施行令》《外国法律顾问法》《外国法律顾问施行令》《法官伦理纲领》《检察官伦理纲领》《大韩律师协会会则》《律师伦理章典》《律师惩戒规则》《律师业务广告规定》《利用互联网等对律师业务做广告的基准》《有关律师专业领域登记的规定》《律师研修规则》《有关公益活动的规定》。

[①] http://news.khan.co.kr/kh_news/khan_art_view.html? artid=201905011553001&code=940301.

[②] 金宰源:《法曹伦理的教育和考试——韩国和美国的比较法考察》,《成均馆法学》,成均馆大学法学研究所,2010年,第1141页。

二、韩国法律人职业规范的沿革

韩国法律家职业规范的代表有《律师法》和《律师伦理章典》。《律师法》是国家的立法,《律师伦理章典》是律师协会的自治规章,但根据法律的授权,律师协会对律师具有惩戒权,因此也具有强制性规范的性质。此外,《法官伦理纲领》和《检察官伦理纲领》是适用于法官和检察官的法规。

《律师法》从1949年11月制定时起,为加强律师协会的自治权,发挥律师在维护公民人权和实现正义方面的作用和职能,已进行了多次修改。特别是在1996年6月通过的修订法案,扩大了律师团体的自治权,设立了"律师登记审查委员会"。但是,由于对法律界腐败事件的处罚太轻招致了舆论谴责,2000年7月强化了关于拒绝律师登记的审查条件,以公务员在职期间的刑事起诉或惩戒处分(不包括罢免和解聘)等作为辞职理由的人,被认定为明显不适合执行律师职务者(《律师法》第8条)。在2007年7月,随着前官礼遇问题的出现,产生了"有钱无罪,无钱有罪"等新词语,接连爆出了公职退任律师包揽事件,收受巨额案件受理费和介绍费等事件,新设了关注于对整个法曹伦理的日常监督和分析,以及制定对策的"法曹伦理协议会"。同时规定,法官、检察官等从公职中退职的公职卸任律师从退职之日起2年内向法律界伦理协会提交受理资料及处理结果,设立了受理一定数量案件的律师即"特定律师"的制度,并且要义务性地提交受理材料和处理结果。法曹伦理协会在得到该资料后进行调查,发现惩戒事由或违法嫌疑时,可以向大韩律师协会申请对该律师进行惩戒或委托检察机关进行调查。2011年5月制定了对辞退公职律师1年的案件受理限制,非律师的部分退休公务员在法务法人就职时,法务法人等应立即向地方律师会提交名单,到每年1月末为止,通过地方律师会向伦理协会提交包含业务活动在内的上一年度业务明细。2017年3月通过修改法律,为逃避税收或受权限制等相关法令的限制,对律师选任界的未提辩论行为,即"电话辩护,暗中辩护"行为制定了刑事处罚规定。预计会对案件受理及律师活动透明性的提高做出贡献。现行《律师法》的组成:第一章,律师的使命和职务;第二章,律师的资格;第三章,律师的注册和开业;第四章,律师的权利和义务;第五章,法务法人;第五章之二,法务法人(有限);第五章之三,法务组合;第六章(被删除);

第七章,地方律师会。

韩国首次制定《律师伦理章典》是在 1962 年,由前文、五项伦理纲领和本文的伦理规定共 6 个篇章、52 个条款构成。最初的伦理章典由大韩律师协会在 1959 年将首尔地方律师协会确定的草案原案予以宣布。1973—1974 年开展的改正工作不仅参考了先前工作所参考的日本《伦理规定》,还参考了美国和英国的相关规定。之后经过 2000 年和 2014 年的全面修订,又通过两次部分修定造就了现在的版本。相当于本文的伦理规约由第一章一般伦理,第二章职务伦理,第三章关于委托人的伦理,第四章对法院、侦察机关、政府机关等第三方的伦理,第五章业务形态,这五个部分组成。

2000 年开展的全面修订面临着国内外的压力。伴随着引起市民公愤的"法曹伦理"事件的余波,要求划期对律师职业伦理采取强化方案的呼声越来越高,这也必然使法律服务市场的对外开放迎来不可逆转的现实。虽然维持了伦理纲领中的大部分内容,但是对部分伦理规定进行了相当规模的改正。因法曹不正之风事件中将所谓的"中间人"问题夸大,于是又新设了有关"事务职员"的规定。而对于律师的广告问题,摒弃了过去全面禁止的立场,转变为根据一定标准予以许可的立场。为了应对有关律师高额报酬的不正舆论,新设了伦理规则之"与报酬有关的伦理"。

三、法律人的职业伦理和"法曹伦理"

(一) 法律人的职业伦理

1. 法律人的职业伦理

在韩国,早已用"法曹伦理"这一名词开始了教育和律师考试,然而也有许多人对"法曹伦理"这一名称提出了疑问。这是对法曹和伦理这两个词语是否与以"法律人职业规则"为对象的法曹伦理之实质内容相符合的争论。

韩国对法律人职业伦理做出的规范当中,首次予以公示的文件是 1959 年由首尔地方律师会讨论制定的《律师伦理章典》。然而在《律师伦理章典》中并没有出现法曹伦理这样的用语,"法曹伦理"的首次表达出现于 1981 年司法研修院新开设的教科目名称中。

司法研修院在《法曹伦理论》当中指出,法曹伦理是指法官、检察官、律师等各个职业者集团共有的伦理和共通于上述三者的关于实务法曹的一般伦理。法律伦理意味着"法律界人士的职业道德"。然而,在韩国也将律师称为"在野法曹人",将法官和检察官称为"在曹法曹人",是因为他们是现职法专门公务员,这也意味着律师是前职公务员。但是,曹指的是官吏,法官和检察官作为公务员虽然也称得上是"法曹人",但将该词用于律师明显有些牵强。但"法律人"才是包含所有对从事法律行业的专家最恰当的统称。法官、检察官、律师之所以比起"法律人"更喜欢"法曹人"这样的称呼,是因为对于有关"司法考试"的自负心理和特权意识。从事法律工作的人很多,但将仅限于极少数"通过司法考试的人"称之为"法曹人"已成为惯例。这种现象已超越了单纯的自负心理,变质为了特权意识,并产生了许多问题。这使本该为了国民的权利而充分履行职务活动的人产生了成为君临于国民之上的"官吏"的错觉,造就了通过司法考试这一形式成为法律人的选拔方式。这种弊端也是将法曹伦理导入法学专门大学院的主要理由。

法学专门大学院培养的律师是为了公益或委托人的权益而提供法律服务的人群。对承担此种职责的人使用"法曹人"之名称实属不妥。虽然"法曹人"和"法曹伦理"之名称也毫不限制地出现在了法律上,因法曹人现象与法律人的存在理由及职业伦理之本质直接挂钩,因此其不单单是名称选择上的问题。对于法曹人,可以用已普遍使用的"法律人"来代替,而法曹伦理则可以用"法律人职业伦理"或者"法律人伦理"代替便可。此外,在法律人职业伦理当中,涉及法官、检察官、律师等个别领域的细部职业伦理,可以用"法官伦理""检察官伦理""律师伦理"指称。

2. 伦理和法律规范

法律人职业伦理当中包括有道德的"善良法律人"(good lawyer)应当履行的指针。但是韩国法律伦理教育和考试的范围中"职业内规"(vocational discipline)和"法规范"不属于一般"伦理"的部分占了相当大的比例。

法律人职业伦理当中不仅包括自律的伦理规范,还包括许多依法必须强制执行的内容,这种他律的内容逐渐增多的趋势正越来越强烈。因此,是否要继续使用"伦理"这个名称也有必要进行讨论。如果说法律人职业伦理的核心是对提供法律服务者的法律规制,那么使用"伦理"这一名称就不符合其实体,更有可能会误导其本质。

在现实当中,韩国尚没有充分完成"法律化",因此使用"伦理"之名称也无伤大雅。但是这里所说的伦理会使人认为是"职业"伦理的简称,因此有必要强调其与通常我们所理解的一般伦理之间的差异。此外,在寻找"法律人规律法"等适当名称上有必要与社会各界达成一致。

(二) 韩国的法曹伦理教育

1. 教育目标

虽然科目的名称为"法曹伦理",但其主要内容是"律师职业伦理"。法学专门大学院的教育焦点在于培养具有透彻的职业伦理意识和专业性的律师,因此法律人职业伦理中的律师职业伦理必然地成了教育的核心。这与现今正在进行且日后会加速化的法律人职业一元化是一致的。

为了实现律师职业伦理教育的目的,首先要树立拥有最佳职业伦理的律师形象。换句话说,需要提出律师职业伦理教育的目标是要求"成为某种律师"。若不能提供模范且被人认可的律师形象,律师职业伦理教育就无法顺利开展。当然,需要应对现如今复杂多样的社会要求的律师不能是同一种的理想型。但至少要提供大部分人能够同意的理想型,职业伦理教育的目标才能够被确立。

将律师视为可以为了钱做任何事情的人,或者只要能赚钱就可以抛弃伦理和颜面并接受任何案件的人,这一否定视角不仅仅是美国等西方国家的事情,在韩国也有许多对律师的反面评价。更糟糕的是,律师本身就已经失去了对职业的自矜心或是为了实现"正义"而对自身职能采取冷笑的态度。鉴于此,应当将职业伦理教育的目标定在能够使学生认识到律师形象这一点上。

无论在什么样的状况下发生了什么样的角色冲突,律师的职能是服务于"正义和人权"等公益活动的,是承担着特别责任的专门职业。如果不能让预备法律人认识到这一事实,那么律师伦理教育就无法实现既定的成果。

2. 教育内容

律师职业伦理科目中需要涉及的内容有很多种,必须能够学到《宪法》《律师法》等法律中有关职业伦理的规定和《律师伦理章典》的内容,以及相关判例等知识。观察法学专门大学院使用的教材和其言及的法曹伦理考试的出题范围,我们便可了解到对于法曹伦理教育内容的协商已经达成了一定的共识。

即使对教育内容达成了统一,但实际上要想教好是一件难事。而使律师职业伦理变得困难的理由如下:第一,有与一般伦理或常识相违背的情形;第二,在出现自身角色冲突时,若为与自己有特定利害关系的委托人维护权益,就有可能会疏忽社会正义的实现和真实的辨明;第三,规范的不明确性,规定本身数量少且包含着许多抽象性的规定;第四,在拜金主义消费社会里教导预备法律人节制是一件很困难的事情。

作为各法学专门大学院常用的教学材料,出版书的内容大体相同。这估计是受到了律师考试出题范围的影响。有代表性的两种出版物的目录如下:第一种,第一章法曹伦理的意义,第二章律师的地位和义务,第三章律师与委托人的关系,第四章律师的开业和基本义务,第五章法务法人、法务法人(有限)、法务组合的责任,第六章律师的品位维护义务,第七章律师的真实义务,第八章律师的保密义务,第九章律师对利益冲突的回避义务,第十章律师的报酬,第十一章公司内部律师,第十二章外国法律顾问制度,第十三章律师的惩戒制度,第十四章法官的职业伦理,第十五章检察官的职业伦理[1]。第二种的目录也相似,第一篇法曹伦理一般论、第二篇律师伦理章典、第三篇律师法、第四篇律师法施行令、第五篇律师业务广告规定、第六篇律师惩戒规则、第七篇律师研修规则、第八篇大韩律师协会会规、第九篇公益活动等相关规定、第十篇外国法咨询法、第十一篇外国法咨询法施行令、第十二篇广告规定和检察官伦理纲领、第十三篇法官伦理纲领[2]。

3. 教育方法

只有通过法曹伦理考试才能成为律师的制度一直维持下去,准备考试就是能够赢得学生关注的重要因素。但像现在这样仅仅为了在选择正确答案的考试中通过而进行律师伦理教育是不对的。为了诱发学生的关心和兴趣,使他们能够更积极地参与律师伦理课程,应当向他们解释需要学习这门课程的原因。因此在开课时,要指明学习这门课程不仅对他们以后通过律师考试有用处,而且对于他们日后成为更成功的律师也有着实质性的帮助,

---

[1] 郑亨根:《法曹伦理讲义》,博英社2018年版。
[2] 김남훈(NamHun):《Pass法曹伦理》,윌비스,2018年2月。

并以此来开展授课。

与律师伦理有关的知识首先应当有益于职业的安定,能够避免违反伦理规定造成名誉上的损坏,或遭受法律事故诉讼,或受到惩戒等会对履行律师职务造成重大打击的事件的发生是学习律师伦理的好处。不仅如此,还要让学生明白保护好委托人的权益从而提高业务成果也需要用到有关律师伦理的知识。因为在对方律师实行违背职业伦理的行为时,对其予以恰当的指责和阻止能够更好地保护委托人的权益。

授课应当尽可能采用能够使学生积极参与的方式。在教育内容中尚未确定重要部分的律师伦理科目尤其如此。将单方面的授课最小化并让学生必须进行预习,再用苏格拉底式的问答方法确认学生是否掌握了最基本的内容,并引导他们更深入地分析和思考其含义。

与此同时需要采取的另一种方法是所谓"以问题为中心"的学习方法。以 4—6 名学生构成一个小组,再向每个小组分配律师实务中可能会接触到的伦理性矛盾状况,并引导他们共同研究和讨论在此种情形下律师的最佳处境。

律师伦理教育方法中最为有效的是通过法律诊所让学生处理实际案件,并在此过程当中体验职业伦理问题。因为法律诊所主要处理公益事件,可以让学生感受社会弱者的困难。对于人的痛苦和期望毫不关心的人是无法成为一个优秀的法律人的,因此活用这种机会对律师伦理教育有着重大影响。

要使学生自觉地对下列三种问题产生疑问,并使他们养成寻找答案的习惯:① 作为律师,我所做的这些行为是否违背法律? ② 此种行为是否违反了律师职业伦理,或者虽然不违反伦理规定但是否被一般大众视为是不适当的行为? ③ 作为一个学习过专门知识的人,我的此种行为在伦理上是否恰当?

庆北大学法学专门大学院规定,在 3 年期间获得 96 个学分(每个学分相应的授课时间是一周一个小时)予以毕业,其中法曹伦理占两个学分。到 2012 年为止是在一年级的第二个学期授课,但为了给每年 10 月份没有通过法曹伦理考试的学生提供考试机会,自 2013 年开始改为在一年级第一个学期授课。

但是与结束了法律伦理学习并通过司法考试后在司法研究院接受以

实务教育为主的司法研修院生不同,在一年级第一个学期向没有完成法律教育的法学专门大学院的新生进行法曹伦理教育是不恰当的,因此在学生们对理论和实务有所掌握后的 2—3 年级进行法曹伦理授课更为妥当。

四、结语

随着法学专门大学院新制度的引入,职业伦理教育得到了强化。为了使法曹伦理教育取得成功,今后还有许多课题有待解决。例如改正《律师伦理章典》并对其进行更加详细的规定。法院也应当努力做出能够提供具体行为指针的判决。法学专门大学院和律师团体应该相互协助实现职业伦理教育的价值。此外,不能局限于"法曹不正之风"的根绝政策,要致力于养成具有明确职业伦理意识的律师。职业伦理教育的目标是使律师得到市民的信赖。这将会成为实现法治主义和民主主义的基本前提。律师履行职务的过程当中几乎没有与职业伦理无关的情况。因此,律师伦理教育不应当只限于律师伦理课程,而应当在法学专门大学院的所有理论及实务教育课程当中有机地实现。

值得深思的根本性且长期性的问题决定了法曹伦理考试的存续与否。正如我们所谈到的,韩国的法曹伦理教育与律师考试有着密切的关系。从法学专门大学院的法曹伦理教育实际情况来看,法曹伦理教育是考试合格的手段,法律伦理教育的基本意义已不在了,法学专门大学院的导入宗旨是将制度从通过一次性考试的选拔方式转变为通过教育培养的方式。因此,考试就应当最小化。此外,与律师职业伦理一样不适宜以考试的形式来检验的科目就应当废止。

依照法令,所有的法学专门大学院的学生必须研修法曹伦理,因此为了实现教育的价值而对其予以支援和加强监督是现如今的最佳举措。

关于法律界类似职务的诉讼代理权主张的批判检讨

[韩] 郑亨根*

摘要：解放后,建立了专门的资格师制度并创立了多种资格师,这使多种资格师能够履行同样的职务。公民可以根据工作性质选择必要的资格师,享受帮助的便利。资格师们由于业务重复,发生职役纠纷的可能性较大,作为新职域开拓的一部分期待承认诉讼代理权。专利代理人主张将现有的诉讼代理权权限扩大到专利侵害诉讼。税务师主张税收诉讼代理人地位,法务司主张对小额案件的诉讼代理权,公认劳务司主张对劳动案件的诉讼代理权。除专利代理人外,税务师、注册会计师、关税师、注册劳务师等业务范围限定在行政审判阶段。在行政审判中,税务师等资格师即使成为代理人,也要在行政审判委员会主导下进行审理和裁决,因此不会对当事人造成不利影响。然而民事诉讼以当事人主义为基础,采用了法律专门职律师的诉讼代理原则。《专利代理人法》第8条赋予了专利代理人法律界类似职务中唯一诉讼代理权资格。从这一点看,《专利代理人法》第8条是只给专利代理人提供特惠的施惠性法律条款,可以说是侵害税务师等的平等权的违宪条款。而且,在刑事程序中,嫌疑人或被告人得到辩护人协助的权利作为宪法的基本权利得到保障,在民事、行政诉讼等方面,为了行使国民的审判请求权,有权得到律师的协助。在这方面,可以说允许非律师的专利审结,撤销诉讼的诉讼代理人地位将侵犯公民获得律师协助的权利。因此,有必要对专利代理人法第8条的诉讼代理权条款申请宪法诉讼,以决定是否违宪。允许专利代理人、税务师等的诉讼代理权相当于赋予其律师资格。

---

* 郑亨根,韩国庆熙大学校法学专门大学院教授。

尽管这是在限定范围内赋予诉讼代理权资格,但在范围上却拥有与律师相同的权利。国民在没有诉讼代理能力的情况下被赋予了资格,结果只能是在不完全的协助下遭受损失。这样一来,不经过学历限制和花费大量时间和费用的律师考试,仅通过专利代理人、税务师、注册会计师、注册劳务师考试的合格,在自己领域履行律师职务可能更有利。总的来说,对法律条文类似职类给予诉讼代理资格,相当于损害了律师制度的基础。如果根据立法提议的内容修改专利代理人法和税务法,这明显违反了国会立法裁定的范围,属于不正当的违宪法律。

关键词:法律界类似职务;专业资格师;律师;专利代理人;税务师;公认劳务师;诉讼代理人资格;行政审判

一、总论

所有国民都有选择职业的自由(《宪法》第 15 条)。在封建社会,严格的身份制度和职业世袭制度限制了国民的职业,在受限制的时代,自由"选择"自己想要的职业是极其珍贵的,但在身份制度被打破的现在,职业的自由选择并不是问题。宪法第 15 条明文规定了职业自由是作为与公民职业生活有关的综合性和全面的基本权利,在职业选择的自由中,如专业资格师这一特定职业,为了保障该职业的正常执行,在性质上要求具有一定的专业性或技术性的情况下,有时要求职业志愿者自己满足所选择的职业要求,在这种情况下,需通过修满一定课程或通过规定的资格考试等,想要从事该职业的人必须通过自己的努力来满足学历、经历、资格等条件。例如《旧军法》和《军官任用法》规定,在自身没有归责事由和律师资格授予期限未满的情况下不能赋予其资格。随着现代社会对专业知识和技术信息的需求增加,个人和企业很难自己处理所有事务,这使得各领域分工细化和专业化。因此,职务领域在细节上实现了专业化,使每个岗位都培养出了各领域专家的专业资格师。专业资格师种类很多,如:① 法律领域有律师、专利代理人、法务师;② 会计、税务领域有注册会计师、税务师;③ 保健医疗服务领域有医生、牙科医生、韩医师、药剂师。但是,特定的资格师很难限定在具体的领域。例如,在法律领域的资格师、律师、专利代理人、法务师当然不用说。但在课税处分不服程序中,可以包括税务代理人和注册会计师。此外,报关人员、鉴定评估人员、注册中介公司、注册劳务人员、审判辩方、行政人员也可直接或间接地将法律事务列为法律领域的资格师。最近,随着对律师等专利代理人、税务人员、注册劳务人员等的排出人员增加,出现了生存竞争和职务纷争。2017年12月26日修订后的税务司法中删除了对"具有律师资格者"的税务师资格自动授予制度,这也说明了这一点。另外,专利代理人和税务师等正在提出承认诉讼代理权资格的修改法案。

二、法律界类似职务专业资格师制度的确立过程

(一) 意义

所谓"法律界类似职务",是指从事法律职业的人或从事法律事务的人。法官、检察官、律师称为法律工作者,如"驿前",是法律条文的重复表达。尽管如此,"法律工作者"一词使用广泛。其含义也与法律工作者相同。在法律界人士中,律师作为实现我国社会法治主义的一个组成部分,处于必须维护正义和人权的重要地位。德国《律师法》第1条宣布:"律师是独立的司法机构。"因此,律师在法治国家秩序的存亡及保障方面,与法院、检察院或行政机关一样,作为司法的国家机构,是不可或缺的存在。还有专利代理人、税务师、法务师、关税师、公认劳务师、行政师、注册中介师、审判辩方等专业资格师,法条称为"有事职域"或"交接专职"。这里所说的"有事职"或"交接"是以律师为基准的用语,类似的话也包含着"不是真的"的否定意思,所以是"与法律相关的职类"。总之,法律小组类似职类的主要工作是代理委托人的各种申报和合同行为,必要时代理委托人行使对行政厅重要的法律行为。一般而言,可以列举起草文件、咨询、通过各种申报、申请或请求不服、代理或代为陈述行政公务员的调查及处分。设立专业资格司,其宗旨是向公民提供服务,为行政执行的顺利做出贡献。比如,税务人员作为具有公共性的税务专家,在维护纳税人权益的同时,认真履行纳税义务的行为也产生了积极的社会作用,这也是其使命(《税务法》第1条之二)。从沿革来看,税务师制度旨在提高公众利益而不是纳税人利益,即国家税收行政的辅助职能和纳税人的道德素质。税务局不单单是代理或代理纳税人一方,还必须看到作为税收债权人的国家和作为税收债务人纳税人的利害关系,对立的双方当事人在履行作

为税务行政辅助人的公益性职责的同时要保护委托人的权益。

(二）解放后专业资格师制度的引进特点

专业资格师制度并不是解放后制定的适合新政治、社会、文化环境的制度。美军政时期，大韩帝国和日帝的殖民地时代遗产涉及面很多，就律师制度来说，通过大韩帝国和日帝强占时期朝鲜的律师考试等制度取得法官、检察官和律师的资格的人在解放以后，经过规定的资格认可，成为法院、检察厅、律师制度形成的基础。1949年《律师法》的制定比其他资格师制度的法律要快，这也说明了这一点。专业资格师制度具有创建类似职域多种资格师的特点。当时考虑到国民教育水平低的环境，为方便国民这一目而新设了多个资格师。例如，关于"制定权利、义务或事实证明文件"的工作，行政师可以编写提交行政机关的上述文件，法务司可以编制提交法院、检察院的上述文件，律师也履行这些职责。律师表示：日本帝国主义殖民统治时代也很活跃，也有设立行政师司和法务师的单独的资格司，可以说是方便了全国各地的国民行使权利。行政师在面事务所①附近找办公室办公，法务师在法院登记处附近找办公室办公，律师主要在法院、检察厅附近找办公室办公。特别是法务师还是日本和韩国独有的资格师。此外，"税务代理"业务也属于律师，同时也是税务师和注册会计师的固有职务。制度设计的内容是方便国民可以评估所委托的业务用途和重要程度及所需费用，从而寻找合适的资格师。

因为存在这么多资格师，所以从国民的立场来看资格师的选择权扩大是优点。相反，资格师之间不可避免地会发生职域之争，同样的业务，根据资格师的不同，其报酬也会有所不同。

(三）专业资格师制度的特点和立法形式权

专业资格师制度的特征是进入限制和业务限制，进入限制包括资格的取得、限制和丧失、排放人员的控制、垄断性、固有的职务保障。业务限制包括同业形式的限制、报酬和广告活动的限制等。在专业资格师中，取得资格并不容易，越是具有稀缺性的资格师，对劳务提供者的报酬越高。国家严格

---

① 韩国的行政区划中，"面"相当于中国的乡镇，"面事务所"是处理日常行政事务的单位。

控制资格司每年排放人员,并依法确定主管选拔考试的部门。国家实行专业资格师制度,给哪位资格师赋予什么职务,基本上是立法政策的问题。立法部门在某些职业领域实行资格制度,立法者在综合考虑工作内容和各项条件等因素的前提下决定对相关工作设定资格条件的具体内容。因此,对资格条件设定的判断和选择应该交给立法者,而不是由宪法裁判所来衡量。只有它超越了裁量的范围,在明显不合理的情况下才会出现违宪的问题。因此,关于资格司制度的立法权的行使限制,"显然超出了裁量的范围,属于不合理的情况"。至于哪种情况属于这种情况,其标准并不明确。通过个别法律损害资格师制度根基的立法权活动会引起立法裁量的脱离和滥用,这会引发违宪问题。例如,《法务司法实施规则》第3条第1款规定,如果法院行政处处长认为没有必要补充法务司,则可以不进行法务司考试。这是根据上位法人法务司法第4条第1项,用下位法人执行规则剥夺了所有国民获得法务师资格的机会,侵害了平等权和择业自由。该事件是宪法裁判所与法院一起拥有对命令、规则的违宪审查权的事例,也被认为是剥夺取得法务师资格的权利和滥用资格司制度的立法权的事例。而且,学历或经验等资格条件过分严格的设置使其无法取得资格师,或者允许没有专业知识的资格师担任其他专门领域的职务,这样的立法是侵害资格师制度的行为,可以说是超越立法裁量范围的违宪法律。

(四) 制定和实施关于律师、税务师和律师制度的法律

1. 律师法的制定和律师资格

法律界人士的培养制度是大韩帝国同日本帝国主义殖民统治时代的制度基础。1895年,《法庭组成法》(第1号法律)及《法官培养规定》(第49号敕令);1907—1908年,大韩帝国律师考试(1905.11.8.法律第5号);1909年,大韩帝国司法考试、日本高等考试司法专业;1922年,朝鲜律师考试。解放后,1946年,参加司法人员培训所入所考试;1947—1949年,朝鲜律师考试;1949—1963年,高等考试司法科;从1963年开始通过司法考试,到2012年通过律师考试培养律师。从发展沿革看,律师制度从大韩帝国时期开始实行,在这期间培养了大量的律师,其制度已经相当稳固,因此在专业资格师中,律师法的制定速度最快。1949年11月7日制定和实施的律师法广泛规定了律师的执业资格。但是,从日本帝国主义强占时期开始,法官、

检察官也可以被赋予律师资格,解放以后也一直沿袭这种制度。其结果,法官、检察官在任职期间,审判或调查案件没有受到太多限制,甚至可以审判或调查法官、检察官本人将来退休后就业的律师事务所代理的案件。这种现状造成了审判和调查的(潜在的)利益冲突,而且形成了"前官礼遇"的腐败文化,这导致在公正的审判和调查职务上不断出现公正性争议。

律师通过军队法务官任用的相关法律也被赋予特定的资格。1952年4月24日制定和实施的《军队法事务官任用法》承认军队司法事务官的任用条件和律师资格。6月25日战争期间,军事法务官员在得知自己没有律师资格的情况下,要求制定《军事法事务官任用法》,并在1953年一年内进行了四次依据该法进行的军法事务官任用考试。在担任法务官期间,为了准备退休后的生活也利用了公职。该考试应试者和考试出题者均由军法务官组成,通过赋予军法务官资格的畸形考试从而获得了律师资格。通过这些法条的沿革,可以发现,其在公职任职时可以享有权力和名誉,退休后可以赚钱实现经济的稳定。

2. 税务司法、辩理司法的制定和税务师、辩理师的资格

1949年制定律师法以后,于1961年制定了税务法和专利法。由此可见,税务师和专利代理人的资格持有者正在大幅放宽条件。之后随着制度的完善,初创时期被认定为有资格的职业逐渐被取消。律师没有经过与考试合格相同的程序而被自动授予税务师和专利代理人的资格。目前日本《律师法》第3条第2款也规定:"律师当然可以执行专利代理人及代理律师的事务。"该制度参考了日本的立法例,被称为税务师、专利师自动资格授予制度。税务法和专利法制定的时候广泛允许赋予律师相关资格是为了激活税务师和专利师的职务,同时也考虑到政策上需要培养更多的具有该资格的人员。另外,短期内无法增加税务师和专利代理人的情形也起到了促进作用。专利代理人制度是以知识产权制度存在为前提的,但直到朝鲜时代,在发明等方面,知识产权概念实际上还不存在,因此可以说还不存在专利代理人制度。

后来到了大韩帝国时期,1894年设立了负责专利相关业务的"农商衙门奖励局",成立了负责专利业务的官制。奖励局的工作是"掌管殖产的奖励,兴业及专卖特许事务"。之后随着1908年统监部颁布《专利代理人注册规则》,日本的"专利代理、注册规则"得以沿用,首次引用专利代理人制度。

三、法曹类似职类的职务范围和对辩方的诉讼代理权

(一) 税务师等法律条文类似职务限定在行政审判阶段

专业资格师中,有的只是单纯从事文件的起草工作,有的甚至被允许担任行政审判的代理人,有的甚至被允许担任诉讼代理。因此,律师被赋予专属诉讼代理权,税务师、注册会计师、关税师、注册劳务师等只能在行政审判阶段提出审判请求。当然,还有未赋予行政审判代理人地位的资格师(法务师、行政师等)。税务师或注册劳务师等资格司在有关行政审判委员会中一直作为代理的地位行使职务。但是,在只有专利代理人超越行政审判阶段,在限定的范围内也赋予了诉讼代理权。

2014年12月2日经修订的国税基本法中,税务师或根据《税务法》第20条第2款登记的注册会计师可以成为对征税问题提出异议的申请人,审查请求人或审判请求人的代理人,还可以被选定为国选代理人,以及在一般行政审判中,注册劳务师也可以被选定为国选代理人。即如果申诉人因经济能力原因不能聘请代理人,可向委员会申请任命国选代理人(《行政审判法》第18条之二第1款)。

根据该规定,2018年10月30日修改后的《行政审判法》执行令规定,律师和注册劳务师具有国选代理人资格。(行政审判)委员会根据法律第18条之二第2款做出选定国选代理人的决定时,应在下列各号项中的任何一人中选定国选代理人(行政审判法施行令)。

(二) 将法律类似职类的职务范围限制在行政审判阶段的理由

行政审判以职权主义为原则,而民事诉讼采用的是当事人主义。因此,在行政审判阶段,即使税务师或公认劳务师成为该请求人的代理人,也不会左右审判的裁决结果。相反,民事诉讼以处分权主义和辩论主义为基础,谁做代理人、谁做主、立证等对当事人的利益保护存在问题,因此只能让法律专门职的律师代理诉讼。

《宪法》规定,行政审判的程序也应被司法程序所准用(《宪法》第107条第3款),但与正式的诉讼程序有很大区别。行政审判的职能不仅强调处分侵害权益者的权利救济职能,也确保依法行政运作的适当性,强调自律行政

控制职能。因此,行政审判制度的运行不只依靠当事人的主张和证据,还以职权心理主义为原则。(行政审判)委员会必要时还可审理当事人未主张的事实(《行政审判法》第 39 条)。行政审判委员会对受到行政审判的当事人本人或其代理人提出请求,对其不作区分,并通过职权审理来判断处分是否存在违法性和不当性。由于采用职权主义,行政审判委员会不只依靠当事人提供必要的资料,而是利用职权进行收集和调查。即使当事人或其代理人请求撤销处分,行政审判委员会也可以不受该请求的约束而履行义务进行重新裁决。因此,行政审判的申请人的代理人范围也很广(《行政审判法》第 18 条),允许税务师、注册会计师、注册劳务师、关税师、审判辩方等担任行政审判的代理人。

相反,民事诉讼中对于程序的开始、审判的对象和范围以及程序的终结采用了给予当事人主导权并交给他处理的处分权主义。民事诉讼将事实和证据的收集以及提出的责任交给当事人,当事人收集的诉讼材料在辩论中使用,这是以辩论主义为基础的审判形式所决定的。这种处分权主义和辩论主义也称为当事人主义。因此,在民事诉讼或准用其诉讼程序的行政诉讼等方面,由法律专家律师进行诉讼代理,才能切实保护当事人的利益。律师的作用不仅仅是补充当事人诉讼能力的不足,而是进一步扩展其能力。当然,被委任为诉讼代理人的律师需要具备卓越的法律知识和诉讼执行经验。在民事诉讼中,通过律师代理的原则,规定只有律师才能进行诉讼代理,其目的是允许具有高度伦理意识和专业法律知识的律师进行诉讼代理,以维护委托人的权益。法律并不是为了保障律师职业的利益而专门设立诉讼代理。正因为如此,法律界相关职域资格师受委托担任纷争解决师的情况也只允许进行行政审判,而禁止在诉讼程序中成为诉讼代理人。

(三) 法律类似职类中唯一获得诉讼代理权的专利代理人

代理人可以成为专利实用新型设计或商标事项的诉讼代理人(《专利法》第 8 条)。还有人指出,专利代理人是与律师行业发生职域纷争的代表性专业资格师。

从《专利法》第 8 条的条文来看,专利代理人似乎可以对专利、实用新型、设计或商标等所有纠纷进行诉讼代理。但是,大法院和宪法法院解释说,只有在限定范围内才有诉讼代理权,即专利代理人以专利厅或法院代理专利、实用新案、设计或商标有关事项,履行其有关事项鉴定和其他事务(《专利法》第 2 条)。这里所说的"专利、实用新型、设计或商标相关事项"是指专利、实用新型、设计或商标(以下简称"专利等")的申请注册。这意味着对专利等专利审判员的各种审判及专利审判员的撤销复审决定诉讼。现行法律规定,在以专利等侵害为诉讼请求人的禁止侵害请求或损害赔偿请求等民事案件中,不允许专利代理人的诉讼代理。宪法裁判所的立场也与大法院相同。专利代理人对专利厅的专利、实用新型、设计或商标相关事项的代理业务:① 专利厅从申请产业财产权到注册的一切程序的代理;② 专利审判院代理无效审判、确认审判和更正审判,通商实施权许诺①审判等各种审判案件,专利代理人如对法院的专利、实用新型、设计或商标相关事项的代理业务不服,则可以对专利审判员的审结进行代理撤销复审决定的诉讼。因为取消审结诉讼是以专利法、实用新型法、设计法和商标法为基础的诉讼(《专利法》第 186 条,《实用新型法》第 33 条,《设计保护法》第 75 条,《商标法》第 85 条之三),这是因为专利代理人的诉讼代理权仅限于撤销复审决定诉讼,从以上相关条款的体系或立法沿革来看,这也是合理的解释。

四、承认专利代理人的诉讼代理权的《专利代理人法》第 8 条的违宪性

(一)《专利代理人法》第 8 条的立法过程

基于上述的分析,我们有必要了解当时制定赋予专利代理人诉讼代理权的《专利代理人法》的历史情况。1961 年 5 月 16 日,军事政变后组建的军事革命委员会将其名称改为"国家重建最高会议"并组织了革命内阁。国家重建最高会议令第 42 号颁布的《国家重建紧急措施法》规定:"国家重建最高会议在成立国会和政府之前具有最高统治机关的地位,其具有指示和控制有关司法的行政权(第 2 条、第 17 条)",甚至行使了立法部门的权力。国家重建最高会议在第三共和国宪法生效的 1963 年之前,不仅行使了政府的权力,还行使了国会的权力。结果是国家权力集中于国家重建最高会议,形

---

① 通商实施权许诺(non-exclusive license,非独占专利许可)是指专利权人在特定的时间、地域范围内许可相对人实施其专利技术。

成了一种过渡时期的会议体政府面貌。国家重建最高会议财政经济委员会主席于 1961 年 12 月 7 日提议制定变理司法,同月 13 日提交国家重建最高会议第八十五届常委会审议并通过。同月 23 日由总统公布。如上文 1961 年 12 月 23 日法律第 864 号所述,制定和实施的《专利代理人法》第 8 条规定了诉讼代理权。在国家重建最高会议上制定的法律由于国会已经解散,导致没有留下合法的立法提议或讨论内容等相关资料。当然,也不存在国会议员们围绕法律条款审议的会议记录。

《专利法》第 8 条于 1961 年颁布,当时的大法院只管辖了专利厅抗诉审判所的裁决的法律审查。专利代理人仅对上述审结的上诉案件进行了诉讼代理。上诉分庭不再自行调查案件的事实关系,以原审分庭调查的事实关系为前提进行审判。当事人不得在上诉审中对事实关系提出新主张或提出新证据,以及争辩原审事实认定。因此,专利代理人的诉讼代理仅限于上诉审,与民事诉讼等诉讼代理存在很大差异。然而,1994 年 7 月 27 日《法院组织法》的修订使特许法院于 1998 年 3 月 1 日成立,这使专利代理人首次成为事实审法庭的诉讼代理人。这是在制定《专利法》第 8 条时发生的无法预见的新情况。因此,大法院和宪法裁判所把专利法院管辖案件——专利审判院的撤销复审决定诉讼的范围限定在专利法院管辖案件中。判例是在考虑法律规定的同时为了坚持律师的诉讼代理原则而考虑的因素,其限定了专利代理人的诉讼代理范围。

(二) 代理人的诉讼代理权和与有辩方资格的律师的关系

国家重建最高会议《专利代理人法》第 8 条规定诉讼代理人资格的理由如果是为了赋予专利代理人等法律界类似职务诉讼代理权,在 1961 年制定《专利代理人法》时一同制定的税务司法中,也规定了允许税务师行使诉讼代理权。但是,税务司法没有这样的规定,作为允许专利代理人进行诉讼代理的法律专门职,履行职务所需的法律科目也没有被采纳为专利代理人考试科目。特别是在 1961 年制定《专利代理人法》时,专利代理人制度尚未确立。1908 年日本统监部颁布了《专利代理人注册规则》,按照日本的《专利代理人注册规则》的内容首次引入专利代理人制度。9 月 22 日,有记录显示《专利法》颁布时有 10 名在日本专利局注册的朝鲜人专利代理人注册。通过专利代理人考试而产生的专利代理人人数来看,1947 年第一届专利代理人考试中 2 人合格,1963 年实施的第二届专利代理人考试中 8 人合格,1964 年 1 人,1965 年 1 人,1966 年 0 人,1967 年 1 人,1968 年 0 人,1969 年 2 人,1970 年可以确认 1 人合格等。从这样的统计来看,1961 年制定《专利法》的时候,只有在日本专利局登记的 10 名朝鲜人专利代理人和通过第一届专利代理人考试的 2 名专利代理人。因此,即使规定了专利代理人的诉讼代理权,实际上执行诉讼代理的专利代理人几乎没有。与此相反,从制定专利代理人法时开始自动赋予专利代理人资格的律师的情况来看,8 月 15 日解放的时候,朝鲜人律师在京城律师会有 81 名,大田律师会中有 10 人,咸兴律师会 13 人,清津律师会 5 人,平壤律师会 37 人,新义州律师会 13 人,海州律师会 9 人,大邱律师会 21 人,釜山律师会 20 人,光州律师会 26 人,全州律师会 9 人,共 244 人。7 月 1 日,美军政法令第 207 号"律师法"被制定和颁布,据此,朝鲜律师协会首尔分会在制定规章后得到认可,其于 1948 年 7 月 22 日召开首尔律师协会成立大会,成立了"首尔律师会"。此后,大韩民国政府成立,1949 年 11 月 7 日法律第 63 号颁布了《律师法》,从而使我国的律师制度得以落实。当时在大韩律师协会注册的律师情况如下:1952 年为 807 人,1953 年为 903 人,1954 年为 965 人(个体户 280 人),1955 年为 11 001 人(个体户 293 人),1960 年为 1 135 人(个体户 456 人)以及 1960 年在首尔地区开业的律师多达 300 多人。从该统计资料中可以看出,在《专利法》制定的 1961 年,律师注册者达到 1 206 人,实际开业的律师达到 491 人。

那么,可以推测,赋予专利代理人诉讼代理权的规定是考虑到具有专利代理人资格的律师实际进行诉讼代理而制定的。与 1961 年《律师法》制定和实施的时间相比,早在 10 年前《律师法》就在制定和实施中,各地律师协会也成立了并组织开展活动。因此,在国家再建最高会议上制定《专利代理人法》时,曾主导立法过程的法律界人士认为,赋予专利代理人诉讼代理权意味着具有专利代理人资格的律师将行使专利等诉讼代理权。

(三) 侵犯辩方司法第 8 条和其他专业资格人员的基本权利

1. 平等权的侵犯

专业资格师制度的整体结构是赋予律师诉讼代理权,除此之外,对于专业资格师,在行政部具有审判功能的行政审判委员会上还限制申请人的代理。但是,对于专利代理人的诉讼代理权,与只承认行政审判请求代理人地位的税务师、公认会计师、公认劳务师和关税师等资格师相比,具有较大优势。如果要赋予专利代理人诉讼代理权,在取得资格考试中,不仅要有专利代理人固有的职务相关考试科目,还要有能够验证诉讼代理知识的律师考试相关的法律科目等诉讼代理能。但在专利代理人考试科目中,除了专利代理人的职务相关科目外,"民法概论"(客观式)作为诉讼代理人拥有资格的必修法律科目,"民事诉讼法"(论述型)只是作为选择科目(《专利法施行令》第3条第1款)。专利代理人考试科目就像税务师等资格师的考试科目一样,只由其资格领域的固有职务履行所需的科目构成。现行专利代理人考试科目可以作为《专利代理人法》第8条的诉讼代理专业知识中没有的科目。尽管如此,专利代理人仅限于撤销专利诉讼,允许代理诉讼的《专利代理人法》第8条的规定相当于允许税务师等其他资格师进行诉讼代理的特惠或施惠性法律条款。如果允许税务师或公认劳务师等资格师在限定的范围内进行诉讼代理,就可以享受到因扩大职域而增加收入等职业自由。尽管如此,在获得专利代理人资格时,政府并没有要求他们具备诉讼代理的专业知识,而是允许他们拥有诉讼代理权,从而致使在没有合理理由的情况下歧视税务师等资格师。在这一点上相当于侵犯了税务师等资格师的平等权。宪法上平等的原则并不是说否定一切歧视性待遇的绝对平等,不仅在适用法律方面,在立法方面也不能进行不合理的差别对待,因此只有在没有合理根据的情况中才违反平等原则。此外,实行歧视的立法必然包括旨在实现其歧视的目的和实现其目的的歧视,而就涉及公民基本权利的歧视而言,首先,为了将其视为基于合理依据的歧视,其次,歧视的标准应与实现目的有实质关系,歧视的程度也应适当。因此,《专利代理人法》第8条规定:"不具备律师资格的专利代理人也可以进行诉讼代理。"这属于违宪解释,允许没有律师资格的专利代理人代理诉讼,可以说是侵害税务师、公认会计师、公认劳务师、关税师等的平等权的违宪法律条款。今后税务师等有必要对上述条款通过违宪法律审判请求和宪法诉愿审判请求得到违宪判决。如果立法者有违反平等原则内容的立法,受害方可以直接以法律条款为对象判断是否违反平等原则。

2. 侵犯律师助力的权利

《专利代理人法》第8条还包含侵犯公民获得律师助力的权利的问题。《宪法》第12条第4款和第5款规定,在专业资格师中,唯一承认的是在刑事程序中获得辩护人助力的权利是一种基本权利。这里所说的"辩护人"是指具有律师资格的人（《刑事诉讼法》第30条、第31条），但不一定仅限于此。最高法院以外的法院如有特殊情况，可以聘请非律师担任辩护人（《刑事诉讼法》第31条线索）。因此，嫌疑人或被告人有权得到特别辩护人的协助，而不是作为律师的律师和律师。《宪法》第12条第4款、第5款规定了律师获得助力的权利，但另一方面，这也是律师制度的宪法依据。宪法法院曾做出过一项决定，其宗旨是将获得律师帮助的权利的保护领域局限于刑事程序，家庭诉讼除外。获得辩护人协助的权利在刑事程序中被认定为嫌疑人或被告人的基本权利。与此相反，在民事、行政审判程序等方面，得到"律师的帮助"的权利是理所当然的。为了享有国民的审判请求权这一基本权利，必须要求得到律师协助的权利。宪法裁判所表示，在家庭诉讼中得到律师协助的权利不被认定为基本权利是理所当然的事情。但是，"在家事诉讼中，当事人选择律师作为代理人，在诉讼程序中接受其律师的协助，可能会在《宪法》第27条第1款规定的审判请求权的领域上出现问题，这一点另行讨论"。判决的是在审判请求权的关系上有权得到律师的助力。

但是，此时受到律师帮助的权利还存在是否符合民法上委托合同的法律上的权利，是否属于宪法上的基本权利等问题。宪法规定，基本权利将主要包含在关于公民权利和义务的第二章中，但不仅限于此。宪法中没有明文规定，但是否存在承认的基本权利，如果存在，具体如何则不明确。这个问题要靠个别的、具体的宪法解释来解决。因此，如果仅仅是法律上的权利，就不可能通过宪法诉愿进行权利救济。国民为了行使审判请求权，有权得到法律专家律师的协助，这是宪法中没有列举的基本权利。在没有采用律师强制主义的民事、行政等程序中，国民应将获得国家认可其资格的律师助力的权利视为国民的基本权利。我认为，在伸张公民基本权利方面也没有必要与在民事、行政等程序中接受律师助力的权利和在调查和刑事审判程序中接受律师助力的权利相区别。在这方面，《专利代理人法》第8条从允许专利代理人进行诉讼代理和侵犯其获得法律专家律师协助的权利的角度来看，可以说是违宪的法律条款。因此，允许专利代理人代理审结诉讼的《专利代理人法》第8条规定，当事人获得审结诉讼律师协助的权利和审判请求权也受到侵犯。

宪法法院曾判决，专利代理人在产业财产权保护方面具有专业性，因此

《专利代理人法》第 8 条符合宪法。在这个事件中,因为宪法诉愿审判请求的宗旨是,只允许专利代理人进行撤销复审决定诉讼,不允许他们在专利侵害诉讼中进行诉讼代理,这是违宪行为。这可能是因为没有考虑到与其他资格师们相比,通过允许特惠的施惠性立法侵害了平等权和职业自由。

五、审议允许专利代理人,税务师等拥有诉讼代理权的修订法律案

(一)专利等侵权诉讼代理权相关主张

律师认定的诉讼代理范围仅限于专利审判员的审结,不认可侵权诉讼的诉讼代理权。从专利侵权诉讼的具体内容来看,专利侵权应允许专利代理人代理权,包括因专利侵权而造成的损害赔偿、禁止侵权、假处分、不当获利返还、要求恢复信用等。对因专利侵权引起的损害赔偿请求诉讼,与《民法》第 750 条所规定的一般不法行为一样:① 侵犯专利权等行为;② 侵权人的故意或者过失;③ 损害的发生(消极损害,精神损害);④ 要求存在侵权与损害的因果关系。除损害赔偿请求外,专利权人还可以申请禁止或预防侵害,作为对此的保全处分,请求禁止侵害专利权的假处分申请也被利用。另外,专利权人可以申请恢复信用所需的措施,民法上的不当利益返还请求权也得到认可。

让我们看一下专利代理人应该允许专利侵害诉讼代理权的主张,对于专利代理人的诉讼代理权范围,《专利代理人法》只规定"专利等事项",并没有根据诉讼种类进行限制。它规定,"撤销复审决定诉讼"和"侵权诉讼"不分伯仲,代理人的诉讼代理权应予认定。作为技术专家的专利代理人参与包含技术事项的专利侵害诉讼有助于发现实体的真相,从专利申请阶段开始代理专利申请程序的专利代理人进行专利侵害诉讼。《专利代理人法》第 8 条规定,"辩方可以就专利、实用新案、设计或商标有关事项担任诉讼代理人",根据《民事诉讼法》第 87 条"依法作出的审判行为",这其中可以包括专利代理人。在专利战争时代,要想在国际专利纷争中保护我们的企业,有必要依靠拥有专门性技术的专利代理人的专利纷争处理能力,而且由于专利代理人考试科目已经包括民法概论、行政法和民事诉讼法,所以执行专利侵害诉讼所需的科目大部分都经过验证。在侵权诉讼中,诉讼代理人要求具

有对专利、实用新型、设计、商标等相关技术的理解和法律判断能力,这种高度的专业技术,自然科学及工程学出身的有实际工作经验的专利代理人比律师具有更卓越的能力,专利代理人在专利相关的法律判断事项上也比律师拥有的更多。

与此相反,不能承认专利侵害诉讼代理权的论据是,据了解,专利强国仅以专利代理人资格不承认诉讼代理,专利代理人不具备法律知识和诉讼执行能力,也违背了引进培养知识产权专业律师的法学院宗旨。而且专利法院对专利代理人的撤销复审结诉讼代理的认可,在专利侵害诉讼中主张诉讼代理权也是不合理的。除依照《民事诉讼法》第87条(诉讼代理人的资格)法律可以成为审判行为的代理人外,非律师不得成为诉讼代理人。这里所说的"根据法律可以成为裁判行为的代理人"是指法令特别认可诉讼代理权的代理人,如商法上的经理、船舶管理人、船长等与当事人有特殊关系的人,不是说像专利代理人那样授权个别案件处理的任意代理人。

(二)律师和辩方的共同诉讼代理主张

也有主张称,如果在专利侵害诉讼中不允许专利代理人的单独代理,原则上要与律师共同进行,在例外情况下要认可专利代理人的单独代理。例外,即允许单独代理的理由为:诉讼当事人努力聘请律师,但因经济能力不足等原因难以聘请律师的情况下,只允许专利代理人。但是,如果诉讼当事人缺乏聘请律师的经济能力,那么代理人同样难以聘请。当事人认为,代理人选任费用比律师低廉,这是前提条件。但说到底,这无异于要求代理人独立诉讼代理权。日本2002年通过修改专利代理人法承认专利代理人和律师之间对专利侵害诉讼的共同代理权后,这种主张得到了进一步加强。2002年4月17日经修订的日本《专利代理人法》第6条之二(专利代理人的工作)第1款规定:"专利代理人在第25条之二第1款下:特定侵害诉讼代理业务考试合格,以及根据第27条之三第1款的规定接受其宗旨的附记时,对于特定侵害诉讼,律师从同一委托人那里接受的案件,可以成为诉讼代理人。"在日本只要在专利代理人社会注册,就可以自动获得专利代理人资格,但在专利代理人社会注册的律师人数在全体专利代理人中只占极少数(5%),因此律师和专利代理人同时具备专业知识的律师并不多。可以说,这一点上是建立共同代理权制度的基础。在《专利代理人法》第8条违宪的宪法诉愿审判决定的补充意见中,也允许律师和辩方共同代理诉讼,以便使诉讼迅速化和专业化,并使诉讼当事人的权益得到充分保护,这极具立法意义。

(三)提议赋予专利代理人和税务师诉讼代理权的修订法律案

允许专利代理人、税务师、公认劳务师、法务师进行部分领域的诉讼代理的修订法律案被提出并废弃的事情正在反复发生。特别是随着专利代理人和税务师的准入规制政策的缓和,每年都有大量人员涌现,作为扩大职域在努力删除赋予律师资格的同时,还努力获得诉讼代理权。经过税务师协会的长期努力,于2017年在立法上取得了成功,删除了税务司法第3条第3号"具有律师资格的人"。目前,在法律界类似职域,承认与自己业务有关的诉讼代理权的修正案正试图由国会通过。

1. 专利代理人法修正案

2016年6月14日提议的专利代理人法部分修订法律方案包括允许律师和专利代理人共同代理诉讼,其提案理由是因为现实中未能有效应对专利纷争的环境变化。为有效挽救诉讼当事人的权利,提出诉讼当事人如有需要可就专利等权利的侵害诉讼由熟悉技术开发内容的专利代理人与律师共同进行专利侵害诉讼代理。2016年8月31日提议的专利权部分修订法律案文涉及专利等侵权诉讼(包括临时处分、暂扣等保全处分)有关内容为:可以与律师共同成为诉讼代理人,在法院认定的情况下,可以单独出席。这样提议的修改法律案,从与专利代理人和律师的共同诉讼阶段,扩大到了单独诉讼代理权。如果按照这种趋势发展下去,似乎还会出台允许律师地位的修改法案。

2. 税务司法修正案

2018年11月1日拟议的税务司法修正案包括:经税务诉讼代理人资格考试合格的税务师给予税务诉讼代理人资格,新设税务师的税务诉讼代理权。其提案理由为,现行有关税收的司法程序上的诉讼代理属于律师,因此,占征税纠纷大部分的小额租税纠纷,因过多的诉讼费用负担,纳税人放弃了诉讼。此外,主要发达国家允许税务师参与诉讼代理,在税务诉讼方面更有效地支持诉讼当事人的权利救济,我国目前税务人员涉税诉讼代理权尚未得到认可,法学专业研究生院的体制和律师考试制度很难培养专门从事税务的律师,而且由于专门负责税务的法律专家人数太少。因此,纳税人认为,通过赋予具有税收专业知识的税务人员有关税收的诉讼代理权,扩大法律消费者的选择权,对于诉讼前放弃的多数小额税收纠纷则提供低成本和优质专业化的法律服务。

(四) 法律中关于赋予专利代理人和税务师诉讼代理权的问题

赋予专利代理人和税务师诉讼代理权的修正案需要在国会的立法形成权的范围内进行探讨。国会作为立法部可以制定和修改特定法律案,但其立法形式权存在局限性,如果立法部门超出专业资格师的立法裁定范围,明显不合理,该法律将违宪。据说,主张赋予专利代理人和税务师诉讼代理权的核心在于,专利代理人和税务师在职务领域比律师更具专业性。国家对具备特定知识和技术的人经过严格考试后赋予其资格。《资格基本法》第2条第1号规定:"资格是指履行职务所需的知识、技术、素养等的学习程度需按照一定的标准和程序进行评价或认可。""国家资格"是指国家根据法令新设、管理、运营的资格(《资格基本法》第2条第4号)。如上所述,被国家承认的特定资格司在固有的业务领域具有专业性。

专利代理人或税务师可以主张不能赋予其他资格师诉讼代理权。按业务专业判断,为什么税务师要给予诉讼代理权,注册会计师不能说明要不要不许。不能说专利代理人的业务专业性比公认劳务公师高,所以也不能说只给专利代理人诉讼代理权。这样的话,可能会出现赋予所有专业资格师诉讼代理权的主张。

律师和税务师、注册会计师可以从事税务代理,他们都在税务代理方面具有专业性。关税师和公认劳务师等在该领域也有卓越的专业性。像这样,专业资格师在其职务领域中了解卓越的知识和技术,如果对在其职务领域发生的纠纷进行诉讼代理权立法的话,专业资格师制度的基础将被打破。被赋予诉讼代理资格的专业资格师虽然获得很大的收益,但是没有考虑到从他们那里获得不完全不充分助力的国民们的损害。实际上,法务师主张小额案件的诉讼代理权,公认劳务师主张劳动案件的诉讼代理权。如此一来,就无须另外保留以诉讼代理为主要业务的律师制度。因为,只要各职域的专业资格师对自己的业务纠纷进行诉讼代理即可。这在现实中是不可能存在的观念性论证。但国家以特定的知识、技术、素养为标准维持的国家资格师的最终目标不能说在于获得诉讼代理权。

最高法院曾裁定,注册中介公司的房地产中介行为不属于律师职务"一般法律事务"。没有注册中介公司的资格,就不能以律师的身份进行房地产中介行为。这表明,虽然不动产中介行为属于"一般法律事务",但律师若要从事此类业务,必须另外取得注册中介公司资格。大法院表示:"综合考虑律师和注册中介公司的资格制度,各资格条件,考试方法及科目,培训制度等,律师的职务和房地产中介行业将无法合二为一。"它明确表明,不同资格制度的业务领域存在局限性。因此,作为赋予专利代理人或税务师诉讼代理权的立法案规定律师只不过是法律专家,所以专利代理人是技术领域的专家,因此应该拥有专利侵害诉讼代理权,而税务师是租税法的专家,因此应该拥有租税诉讼代理权的主张是非常短浅的做法。应当铭记,审判涉及专利代理人或税务人员职务的纠纷案件的法官也并非技术专家或税务专家。而且,如果律师无法知道只有专利代理人才能说明的特定技术在审判中存在问题,那么就相当于法院需要进行鉴定事项。因此,赋予专利代理人或税务师诉讼代理权的主张最终属于扩大职务范围的无理尝试,更进一步说,这无异于主张废除专业资格师制度,如果实施具有上述内容的立法,就相当于脱离了立法刑法的范围,属于违宪法律。

(五)专利代理人、税务师的诉讼代理权主张属于迂回的律师资格要求

律师的职务可分为诉讼行为、行政审判请求的代理行为和一般法律事务,其中诉讼代理行为可称为代表职务。《民事诉讼法》也宣布了律师的诉讼代理原则。除根据法律可以从事审判行为的代理人外,非律师不得成为诉讼代理人(《民事诉讼法》第87条)。为了成为这种诉讼代理人,根据《律师法》第4条的规定:① 参加司法考试并完成司法研修院课程的人;② 具有审判员或检察官资格的人;③ 律师考试合格者。但是,如果专利代理人和税务师享有有关其职务的诉讼代理权,则可以履行《律师法》第3条所规定的律师的职务,可以提出行政审判和行政诉讼,进而作为民事诉讼当事人的诉讼代理人进行辩论,因不服审判而提出上诉。不仅是本案案件,还可以受理申请案件的暂扣和假处分案件。当然也可以提出调整申请。在诉讼代理中,如果认为行政处分所依据的法令违宪或违法,可以向裁判部提出违

宪、违法命令、规则审查的请求和违宪法律审判请求。如果驳回违宪法律审判请求，有必要向宪法裁判所提出宪法诉讼审判请求。允许在法院代理诉讼要求在宪法法院不能否认代理人的地位，如果在民事、行政诉讼中也承认与律师相同的诉讼代理权，那么在宪法审判中也只能拥有与律师相同的代理人地位。

因此，如果允许专利代理人进行专利侵害诉讼，就不仅仅是局限于委托人对专利侵害诉讼进行法庭辩论的行为。在工业产权纠纷的诉讼代理中，专利代理人的作用与授予律师资格相同。税务人员也可以进行税务诉讼代理，税务人员就相当于取得了税收方面的律师资格。像这样，专利代理人、税务师的诉讼代理权授予问题并不仅仅是单纯的与律师的直接斗争。那样的话，就没有必要非得以取得律师资格的条件，要求你从法学专业研究生院毕业，通过律师考试。比起为进修三年法学专门大学院课程而努力，突破学费和时间及低合格率取得律师资格，先取得专利代理人或税务师资格后再获得诉讼代理权更容易。如果仅以专利代理人或税务师的资格行使有关其固有职务的诉讼代理权，就没有必要非得取得律师资格。此外，公众劳务人员、法务师等也获得其固有职务领域的诉讼代理权，与取得律师资格无异。先前提出的允许本专利代理人或税务人员享有诉讼代理权的立法案内含这些严重问题。有时，只要通过专利代理人或税务师的考试，就能判断是否有法律知识可以行使诉讼代理权，但这完全脱离了问题的本质。还有人认为，专利代理人考试科目包括民法概论、行政法和民事诉讼法，因此执行专利侵害诉讼所需的科目大部分都经过验证。这种主张本身就缺乏对律师诉讼代理原则的认识。如果用这几个法律课就可以进行诉讼代理，那你得想想为什么律师考试中会设置那么多的考试科目。要想进行诉讼代理，必须通过与审判和调查法官和检察官资格同等水平的法学教育考试，并具备实务能力。不能因为是专利侵害诉讼，就用专利法、民法和民事诉讼法来解决。要想受理他人的案件，而不是自己的案件进行诉讼代理，必须从宪法开始精通各种法律。为方便专利代理人，税务人员等为自己领域的诉讼代理，应将现行《律师考试法》规定的考试科目加进原资格师考试科目。在没有对诉讼代理相关的法学知识进行考试的情况下，想要履行律师职务，最终只能说是迂回取得律师资格的违宪尝试。应当注意到，律师是为监督权力机关而建立的制度，具有其他资格公司无法比拟的实行高职务规范和惩戒制度的准司法机关性质。

六、结论

现行的专业资格师制度是将特定的职务规定为不同种类的资格师的职务事项,虽然可以扩大国民的资格师选择权,但也会成为资格师之间争夺职位的原因。两者斗争的代表性事例是,对以律师的身份自动获得税务师、专利代理人资格的制度提出批评,这导致无法取得资格或难以取得资格的立法尝试正在盛行。最近,在法律界类似领域,要求允许诉讼代理权的呼声很高。不仅是在学术层面的立法论,还提出了赋予诉讼代理权的议案和税务司法修改法律案。不仅如此,像法务士、公认劳务士等法律界类似职务,都希望获得对他们职务的诉讼代理人资格。

现行法律对法律界类似职务规定,发生与其职务有关的纠纷时,只允许其履行行政审判阶段的职务。但是只对专利代理人赋予了诉讼代理人的资格。《专利代理人法》第 8 条所规定的诉讼代理范围对大法院和宪法裁判所允许所有关于专利代理人职务的诉讼代理不解释。限定关于对专利审判员的审决不服事件进行撤销复审代理诉讼的代理,但专利代理人希望可以代理侵权诉讼,因为专利代理人是技术专家,与律师相比在专利侵害诉讼中强调发挥能力。诉讼代理是法律专门性职业的领域,在专利代理人考试中,民法是必修课,民事诉讼法是选修课,因此很难认为作为法律专门性职业的基本知识是有保证的。更何况,专业资格师在自己职务领域必须具备卓越的专业性是理所当然的,但要求专业资格师赋予其领域的诉讼代理权是无视法律体系的企图。只允许专利代理人进行诉讼代理的《专利代理人法》第 8 条是与税务师或注册会计师等其他资格公司的关系中,在没有合理理由的情况下给予特惠的施惠性法律条款,是违反平等原则的违宪条款。同时,允许律师代替律师进行诉讼代理,侵犯了国民的律师协助权,因此这也可以说是违宪条款。宪法裁判所和大法院认识到了《专利代理人法》第 8 条的上述问题,正在缩小解释范围。虽然法律条文中没有对诉讼代理权的范围的限制,但这种判例存在缩小解释的问题。因此,有必要确认该规定是具有税务师资格的人通过提出宪法诉愿等方法违反宪法条款。

国会虽然拥有专门资格师的立法权,但如果违背立法裁量,该立法将违宪。目前立法提议的"允许专利代理人和税务师的诉讼代理权"为内容的立法案很有可能毁损资格师制度的根基，被判断为超越立法刑法范围的违宪法律。允许专利代理人或税务师代理诉讼最终等于赋予其律师资格。虽限于专利代理人和税务师的职务范围，但不代表范围小。如此一来，从法学专业大学院毕业，要经过律师考试合格的艰难过程；不想当律师而成为比较容易取得资格的专利代理人或税务师或注册劳务师，获得该领域的诉讼代理权可能更容易。这样一来，设立律师制度的宗旨就会消失。因此，与其试图勉强地承认诉讼代理权，还不如享受专业资格师的职业自由。对于国民们来说，在自己的专业领域中，需要有可以奉献的姿态。

参考文献：

1. 姜贤中：《民事诉讼法》(第七版)，朴英社，2018年。
2. 金斗植：《法律家们》，创批，2018年。
3. 金洪烨：《民事诉讼法》(第八版)，朴英社，2019年。
4. 大韩专利代理人协会：《办理士会六十年史》，2007年。
5. 大韩律师协会：《韩国律师白皮书2010》，2010年。
6. 文俊英：《法院和检察机关的诞生》，历史批评史，2010年。
7. 成乐仁：《宪法学》(第十六版)，法文社，2016年。
8. 吴宗根、陶在馨：《德国律师法研究》，梨花女子大学产学合作团，2017年。
9. 李时允：《新民社诉讼法》(第十二版)，朴英社，2018年。
10. 郑钟燮：《宪法学院论》(第十版)，朴英社，2015年。
11. 郑亨根：《法律伦理讲》(第八版)，朴英社，2018年。
12. 韩秀雄：《宪法学》(第六版)，法门寺，2018年。
13. 韩仁燮、韩尚熙、金在元、李尚秀、金熙秀、金仁会、郑汉中、李传五：《法律伦理》(第四版)，朴英社，2017年。
14. 韩忠洙：《民事诉讼法》，朴英社，2016年。
15. 许英：《韩国宪法论前程》(第十四版)，朴英社，2018年。
16. 高英善、金斗尔、尹京秀、李时旭、郑完教：《专业资格师制度改善方案研究》，韩国开发研究院研究报告，2009年。
17. 金南旭、崔龙田、郑克元：《以专利代理人为中心的法律专业资格师LDP引进设计方案》，《国家法律研究》2018年10月。
18. 金斗亨：《专业资格师的责任和作用》，《法律》第575号，2004年8月。

19. 金雄熙:《专业资格师制度的宪法意义和立法界限》,《宪法学研究》第 15 卷第 1 号,2009 年 3 月。
20. 大韩律师协会:《专利代理人法修正案的反对意见》,2018 年。
21. 朴京载:《法律专业职的性质和职域统合的逻辑》,釜山大学《法学研究》第 52 卷第 4 号,2011 年 11 月。
22. 卞惠贞:《税务师责任范围的申诉》,《租税和法律》第 11 卷第 1 号,2018 年 6 月。
23. 申云焕:《在专利侵权诉讼中研究专利代理人的诉讼代理权问题——从科学技术及产业发展的角度》,《行政法研究》2005 年下半年。
24. 《宪法法院诉李胜友:宪法法院对专利代理人诉讼代理权的评析——以专利代理人诉讼代理权的范围为中心》,《宪法学研究》第 19 卷第 1 号,2013 年 3 月。
25. 郑亨根:《关于律师报酬的考察》,《法律小组》通卷 645 号,2010 年 6 月。
26. 郑亨根:《对法务法人所属律师的税务师登记拒付部分的嘱咐——大法院 2016 年 4 月 28 日宣判 2015 头 3911 判决》,《法曹》通卷 718 号,2016 年。
27. 崔钟高:《法律伦理的精神与理论》,《法律家的伦理与责任》(第二版),首尔大学法学院篇,朴英社,2007 年。
28. 日本人辩护士(律师)联合会:《条解辩护士法》,弘文堂,2010 年。

韩国律师实习制度的利与弊

[韩]郑亨根*

摘要： 对于通过律师考试的实习律师，根据韩国《律师法》"法律事务机构开设条件"和"授权限制"等有关规定，通过律师考试的律师如未能在法律事务机构进行六个月以上的法律事务实习，或没有完成韩国律师协会的实习义务和研修工作，则无法单独开设法律事务机构，也无法成为法务独立法人、法务法人合伙人（有限责任）或法务组合的成员，即所谓的"实习制度"和"研修制度"，其目的是为了完善法学专业研究生院短期内的实践教育不够充分这一核心问题，故该制度必须予以认真贯彻和实行。但从过去六年实习律师制度的实行结果来看，确实引发了诸多问题，如法律事务机构要求在职律师必须有五年以上的法律工作经验会对律师执业发展产生困扰，且提及"从事法律事务"时，并没有法律条文来规定如何处理具体法律事务，该制度最后演变成了只要在法律事务机构工作满六个月便认可完成实习。在实习律师从事法律事务期间，在法庭上的辩论（如作为诉讼全权代理人或法定辩护人）有时完全没有机会，因此该实习制度对实习律师的案处诉讼理能力也难以有过高的期待。更严重的是有许多资深律师或机构不支付实习律师工资，甚至也存在变相恶意压榨劳动力的情况，这无意中是对律师考试出身的实习律师的某种歧视，客观上变成了实习律师成为新晋执业律师的极大法律障碍。韩国律师协会目前实行以集体授课为中心的研修制度，很难把法律事务作为实际的法务工作处理，这也难以成为提高执业能力的机会。目前，韩国律师协会实施在两个月内招聘实习指导官，向每名实习律师支付30万韩元委托实习费。但实习指导官的招聘可能也会存在诸多问题，难以

---

* 郑亨根，韩国庆熙大学校法学专门大学院教授，高级律师，法学博士。

成为强化有效均衡的实际能力的机会。因此,韩国律师协会出于难以把控研修制度的质量,提出希望由司法研修院代为管理的想法,但若要由司法研修院主管实习制度,必须要具备提供法律依据的立法等各项条件。虽然有提议必须在司法研修院内对律师进行实习教育,但这相当于回归原先的司法考试体制,因此目标很难达成一致。现行的实习制度规定六个月内不得开业,因此我个人提议通过立法的方式来废除这一制度,同时灵活利用《律师法》第 85 条"律师研修"制度的方式来取而代之。

关键词:韩国律师实习制度;实习律师;研修制度

一、序言

对于通过律师考试的实习律师,《律师法》中有"法律事务机构开设条件"(请参见第 21 条之二)与"律师考试合格者的授权限制"(请参见第 31 条之二)的规定。"法律事务机构开设条件"中又载明必须在法律事务机构进行六个月以上的法律事务实习,或必须接受韩国律师协会要求的研修之规定,并且在实习期间还将受到"律师考试合格者的授权限制"。这就明确表示如在六个月内无法开设法律事务机构将会导致无法受理案件。如上所述,从事法律事务或接受研修是律师考试合格者为期六个月的"实习制度"。与此同时还使用了"研修制度"或"研修"的用语,这是在法律事务机构包括从事法律事务及韩国律师协会研修的用语,提到"研修制度"就会让人联想到由韩国律师协会组织的研修,从这一点来看将其称为"实习制度"是准确妥当的。"实习"一词是指在司法研修院的教育课程中,研修生们从第二学期的后半部分开始到第三、第四学期为止接受为期两周的专业领域实习并在法院、检察、律师职位里进行为期六个月的实习。这种实习制度也以多种形式适用于国内的各种专业资格师(注册会计师、专利代理人、税务师等),与此同时外国的律师也设立了固定的实习制度。

律师考试合格的实习律师的实习制度由 2011 年 5 月 17 日通过修订《律师法》而引入。从立法宗旨来看,法学专业研究生院毕业后顺利通过律师考试的人想要开设法律事务机构或成为法务法人等成员,需要从事六个月以上的法律事务并进行研修。国家倡导通过构建 21 世纪时代发展所需新型法律人才培训的制度,来谋求国家竞争力的提升以及国民利益的增进。

新设实习制度的目的是"依据21世纪时代趋势培养新型法律人才",这可以看作是对法律市场开放化以及培养具备应对国际司法体系世界竞争力和多样性的法律专业人才的回应,且符合"推动21世纪韩国高等教育法学专业研究生院"的培养宗旨,这是韩国建立法治国家培养适应未来发展的专业法律人才的不同表现。

为解决在上述实习制度过程中如何制定研修时间这一问题,韩国国会法律人才能力培养委员会针对律师考试合格者是否进行研修进行充分讨论后得出:由于校内实习不够充分,因此提议在法学专业研究生院进行为期一年的实习。这些提议也反映了当时韩国律师协会等机构的意见,但司法制度改革特别委员会却从法学专门研究生院制度的宗旨来看,以为期一年的研修时间过长为由,决议将其缩短为六个月,期待以这种方法引进的实习制度能够对提高法律专业律师的执业能力做出积极贡献。但是从过去六年内的执行成果来看,实习律师承担与正式雇用律师同样繁重的工作,但工资低于最低时薪甚至不支付工资的情况正愈演愈烈。除此之外,在选拔多名实习律师后,通过给写出优秀书面文案的实习律师加分的方式让其相互竞争,这实际助长了实习律师在六个月内伪造优秀文案的不良风气,甚至出现了在实习期结束后只雇用一名甚至完全不雇用的现象,使得实习制度脱离了原本的宗旨。韩国律师协会还表示:"由于律师执行机构滥用实习制度对实习律师的待遇造成了负面影响,因此建议废除或大力改善实习制度的呼声越来越高。"本文将探讨实习制度在法律上存在的问题,在探讨其运作情况的同时希望从立法的角度提出更为可行的制度改进方案,如有不当之处还请多多批评并不吝赐教。

二、引进实习制度的必要性和执业教育的主体

(一)意义

《律师法》规定"律师考试合格者"便可取得律师资格。原则上他们已经是具有律师资格的人才,其在办理资格登记且进行执业登记后,便可履行律师职务。但目前在允许律师考试合格的实习律师注册资格的同时,又要求其从事六个月以上的法律事务或接受进修。对于接受实习到何时为止并没有限制,大概是考虑到虽然在律师考试合格当年可以接受实习,但也存在由

于各种原因推迟几年接受实习的情况。

如果通过律师考试的实习律师在共计六个月以上的时间内未在法律事务机构中的任意一个机构(以下称为"法律事务机构")从事法律事务或未完成研修(仅限于第 6 条),将无法单独开设法律事务机构或成为法务法人、法务法人(有限)及法务组织的成员(请参见《律师法》21 的 2①)。这里所说的"下列各任意一个机构"指的是"法律事务机构",不单指局限在某个法律事务机构,我认为是一预见性的规定,可能是考虑今后会增设多个机构。因此《律师法》执行令第 3 条规定:"法务部长根据职权或下列人员的申请,依据法律第 21 条第 1 项第 5 号将国际组织、国际法人、国际机关及国际组织(以下简称"国际组织")未来也有可能指定为法律事务机构。"

《律师法》没有将韩国律师协会划分为法律事务机构,认为韩国律师协会虽然具有"维护律师品格,改善和发展律师事业,尝试创造其他法律文化,指导律师及监督地方律师会等相关事务"(请参见《律师法》78),确实通常意义上可以称之为法律事务机构,但对于实习制度,从《律师法》第 21 条之二规定来看其特点是将其归类为实行"研修"的专属机关。

(二)律师考试合格标准(司法研修院一年水平)

律师考试合格者进行六个月的实习制度是为律师考试出身的律师实际操作能力欠缺而设置的,并不是为了制定新型实习制度而单独设立的。法学专业研究生院在读三年级由于 2011 年 5 月 17 日《律师法》的修订而得以引入,因此有人指出通过法学专业研究生院体制选拔的律师与完成司法研修的律师相比实际操作经验不足,为解决这一实际问题,将从事法律实习和研修义务化的见解是对立法初衷的误解。从韩国国会司法制度改革特别委员会的会议记录来看,"法学院表示明年将培养出第一批结业生,律师考试又预定在明年 1 至 2 月进行,所以应该尽快制定出律师考试合格后的发展道路,但由于司法制度改革委员会一直认为为时过晚,所以该部分自公布后六个月起必须尽快确定,以保障在法学院毕业后律师考试合格者的未来是可以预期的,这便是我们设立这项制度的宗旨"。当时在韩国法学专业研究生院中,首次针对通过律师考试大量涌现的实习律师而阻止其立即执业的必要性达成了共识,为此创立了"实习制度",但如果将实习制度期限定为一年就能预想到会产生就业等一系列残酷的现实问题,这就是将实际实习和研修时间定为六个月的主要原因之一。

  法学专业研究生院毕业后参加律师考试通过后是否为合格律师,将以韩国司法研修院学习一年的水平为标准来判断。那么这里的合格指的是司法研修生一年的进修教育水平,还是研修教育后的考试成绩合格,目前还存在表述不明确的情况。一千名司法研修生们各自考试得分不同,究竟以什么作为衡量标准来评判也难以抉择,因为这两项都是难以用数字进行精准计算和衡量的。尽管如此,韩国法务部不得不提出律师考试合格者可以执业的判定标准的原因,并有必要公布新实施的律师考试合格者可以执业的标准。他们认为三年的法学院教育课程无法达到两年司法研修院结业的水平,所以模棱两可地提出了研修院一年学习的标准。如果真以研修院一年水平为标准来决定律师考试合格者可以执业标准的话,律师考试就完全变成了资格考试,但也不能因此认定目前一千五百名律师考试合格者中的最低分数线就属于这一范围。因此提出法学院成立时将要实行的律师考试合格标准中至少可以找到提出"至少要将教育发展到该水平"标准的意义所在。

  总之,考虑到法学专业研究生院的三年教育时间,认为其无法与在司法研修院接受两年实习教育后结业的律师的执业能力相提并论,因此有必要对所规定的实习教育课程予以肯定。不过也有意见指出只以司法研修院出身的律师为标准来判断律师执业能力的做法不符合新引入的法律专业人士培养制度。在法学专业研究生院还实行着司法研修院没有涉及的行政诉讼与宪法审判相关的国家行政公法型教育,还有被采纳为律师考试科目等法学专业研究生院独一无二的教育课程。因此,我认为单凭这一点很难断言律师考试合格的实习律师一定会比司法研修院出身的律师缺乏执业能力。

  从司法研修院的研修课程来看,第一学期的基础课程、第二学期的发展课程、第三学期的深化课程以及第四学期的实操课程等,目的便在于通过这四个循序渐进的课程逐步稳固地打下研修生们的法律执业能力基础并不断地追求执业水平和能力进步的过程,学分制摒弃了单一式教育模式,其意义在于可以根据个人兴趣爱好选择科目进行学习和探索。根据新课程来观察目前实行的教育具体内容,第一学期和第二学期每周五天、每天四至六个小时对包括民事、刑事、检察及律师实务在内的法律实务科目和普通法、专业与特别法及国外法等法律理论科目的培训。另外还表示:"在累计24小时的保护青少年成长的指导性社会义工服务,并在各国家机关、慈善团体、教育机构等提供累计40个小时以上的相关法律服务。"

与此相反,司法研修院校规规定法学专业研究生院的法学专业研究生院硕士学位课程的必修学分是90学分以上(请参见法学专业研究生院设立相关法律法规学习19①,实施令12①),法学专业研究生院为了培养学生作为专业法律人士应具备的基础知识、专业法律知识及专业技能等,同时开设了包括"1. 法律伦理;2. 国内外法令及案例信息等法律信息的调查;3. 判决书、诉状、辩论文等法律文书书写;4. 模拟审判;5. 实习课程"在内的一系列必修科目(请参见上述法律20,实施法令13①)。不仅如此,还有针对法官负责的"民事审判实务及刑事审判实务"及检察官负责的"检察实务Ⅰ和检察实务Ⅱ"的培训。

从这一点来看,司法研修院第一年的研修课程和法学专业研究生院的执业教育课程内容很不相同,很难进行比较,还有批评指出法学专业研究生院的必修科目学分限制在35学分以内,因此很难充分进行执业教育。但是依据案件记录编写诉状等记录式教育来看,仍存在许多亟待改善的问题,将公法审判宗卷记录、刑事审判宗卷记录、民事审判宗卷记录设置为律师考试科目,并在教育过程中得以反映。但在律师考试中各种审判宗卷记录型的出题形式都是要将50多页的内容在两个小时内编写成诉状,阅读完50多页内容后答题时间却只有两个小时完成答题,只能将其看成是和以前司法考试案例型考试相同的出题模式。律师的执业能力确实需要通过审判宗卷记录型考试来判断,从中可以看出时间安排和出题方式借用了类似于现有司法考试中的案例型教学出题方式。因此有人将审判宗卷记录型考试作为变形的案例型考试,原因便在于审判宗卷记录型考试是在大学里首次实行的前所未有的考试形态。在这一点上,与司法研修院作为培训资料使用的"案件记录"式制作教育有着明显差异。《法学专业研究生院的设置和运营相关法律》第16条第3款规定:必须确保五分之一以上的教员是拥有律师资格且具备五年以上相关工作经验的教师(实务经验教师)。但即便执业经验丰富的教师,也很难说就能在法学专业研究生院里进行像由公务员组成的司法研修院的法官、检察官等均衡优质的教育。拥有公务员身份的司法研修院教授可以根据相关授课内容和水平等进行均衡授课,但由于大学学风强调个性和自由,导致大学教员们很难达成共识,因此目前在25个法学专业研究生院中,即便是相同的实务课,其授课内容和水平也是多种多样的。

(三) 实习教育的实行主体

六个月实习制度的实行主体是法律事务机构及韩国律师协会,其特点是以民间团体为核心。在法学院就读的学生必须接受为期两到三周的冬季或夏季实习,实习机构有韩国法院检察院、韩国宪法裁判所、韩国国会、韩国司法研修院等众多国家机关和地方自治团体。在韩国法院和韩国检察机关进行的实习课程并不是单纯为提高法学专业研究生院学生执业能力的教育课程,而是将来有可能选拔为法院书记员(Law Clerk)和检察官人选的一个重要教育环节。另外大型法律事务机构为了事先选拔优秀人才,从一年级暑假开始便对学分优异的学生进行执业培训,因此在法院、检察院、大型法律事务机构等进行的教育课程也被用作补充本机构所需优秀人才的一种手段,而学分不佳无法参加这种国家机关举办课程的学生,只能在法律事务机构等处进修来充当必修课的实习。因此有人指出以在校生为对象的实务课程不该运用在特定国家机关(如法院、检察机关、法律事务机构等)的用人招聘上,而应该运用在真正的实务教育层面。

如对提供韩国法务部指定的六个月实习的法律事务机构进行研究,仅有韩国法务部和韩国国防部等部分国家机关包含在内,大部分负责实习的执行机构是由法律事务机构和法务法人等民间机构负责的,韩国法务部只指定了法律事务机关,仅停留在事后监督的范畴,因此实行实习的执行主体便是独立法律事务机构或法务法人等。韩国律师协会是从公平这一角度来进行设计和实践的,对未能在法律事务机构就业或只以实习为目的却未能得到实习机会的实习律师们提供司法研修院作为候补的研修机构。但也有专业人士借此批判,以集体授课为主、现场研修(或委托研修)为辅的韩国律师协会的研修制度,不符合为通过从事实际法律事务来培养执业能力而引进的实习制度的宗旨,也是有一定道理的。

三、实习制度的内容及程序

(一) 从事法律事务的意义

正在进行实习的实习律师在法务法人等各种法律事务机构就业或以从

事法律事务为目的的工作时间仅限六个月,无法在法律事务机构工作的人必须参加韩国律师协会主办的研修学习。律师考试合格后就职于法务法人等的实习律师,如果相关法务法人机构是指定为法律事务机构的实习机构,那么在其机构工作本身就相当于"从事法律事务",对于该法律事务机构实际涉及的法律事务的种类与内容并没有任何纪律约束。

所谓"法律事务"是指属于律师职务的一切行为,《律师法》第 3 条规定的诉讼相关行为、代理行为和一般法律事务都属此类行为,但《律师法》还规定律师的职务事项不仅仅是法律事务,还包括与法律案件相关的其他处理工作。例如,《律师法》第 28 条(账簿的制定·保管)第 2 项规定的"受理的法律案件或法律事务的内容",第 29 条(禁止辩护人宣誓等未提交法律诉讼的辩护)规定的"法律案件或法律事务",与此同时由于"与受理案件相关的损害赔偿工作"(第 58 条第 11 项),这些诸多工作有时也只使用"受理案件"一词作为描述。

根据《律师法》第 109 条之规定:法律案件指的是韩国法院、韩国调查机关、韩国行政审判委员会、韩国处分厅、韩国调查机关正在处理或处理完的特定法律纠纷,并且法律事务可以说是处理法律案件内容的具体"案件类型"。这样虽然可以将法律案件和法律事务从观念上区分开来,但由于缺乏明确标准,最终只能看作是对同一概念的不同表达。

因此正在实习中的实习律师在法律事务机构里应该处理的工作内容应该不仅限于"法律案件",有的也不能说是"法律事务"。但在实习过程中韩国宪法法院并不禁止必要的与直接法律案件受理相关的辅助业务,如资料调查、法理审核及研究、各种报告书或诉讼文件等法律文书的制定等业务,法务法人或法律事务机构可以采用上述业务工作形式作为实习内容。但这相当于法律事务机构实习律师职员要协助律师所开展的相关的业务领域,可能会导致实习律师无法集中精力来高水平处理必要的法律事务的问题,从而会成为阻碍其进入法律市场成为新执业律师健康发展的有害制度。韩国律师协会也表示从事法律事务的律师作为实习过程中的一环,并不禁止实习律师与原先由律师主导的辅助委托人进行法律咨询或辅助书面写作的相关工作,以及与负责案件的律师一起会见辩护人。尽管如此,如果在实习过程中法律案件和法律事务都可以得到妥善处理,笔者认为《律师法》规定"从事法律事务"中也包含了从事法律案件有关的其他事物这一概念,因为这对实习律师成长也是很有益处的。

(二)韩国法务部长官对法律事务机构的认定

作为实习场所,法律事务机构可以由法务部长官来指定具备规定条件的法务法人等,要想被指定为法律事务机构、法务法人、法务法人(有限)、法务组合、法律事务机构、国家机关及地方自治团体,以及法人、机关或团体需为拥有累计执业五年以上的时间记录的相关机构。根据《法院组织法》第42条第1款规定的各项职位中,限定在任职人数超过一人的机关中法务部长官可从事法律事务的地方(请参见《律师法》21的1①附加条件)。法务部长官在指定申请机关具备以下各项条件的情况下,应根据《律师法》第21条第2项第1款附加条件将相关申请机关指定为法律事务机构(《律师法》实施令2②)。法律事务机构的指定条件是根据是否有能够指导实习律师的律师及是否具备办公空间等来判断的,但并没有关于在实习期间应该从事何种工作内容的法律事务规定,因此这方面可能依然会存在诸多问题。目前由法务部指定的法律事务机构每年呈现稳步上升趋势,截至2017年12月18日统计的资料来看,全国共有2 097个获得指定的法律事务机构。

关于法律事务机构的指定程序,在《律师法》实施令第2条(指定法务法人等法律事务机构)中作了详细规定。为了获得律师研修机构的指定,法律事务机构内必须有五年以上从事法院、检察、律师工作经验的律师。由此可见要求有五年以上法律事务工作经验者这一规定与法务法人的成员律师要求条件是相同的,即法务法人的设立条件是有一名以上具备五年以上法律工作经验的律师(请参见《律师法》45①)。

因此,法务法人或法务法人(有限)虽然不存在问题,但要想在个人法律事务机构进修,其律师必须具备五年以上的法律工作经验。法律事务机关为达到第1款所述从业或研修的目的,需采取必要措施使其从业或进修的律师人数维持平衡等(请参见《律师法》21的2④)。如果打算从事法律事务的实习律师人数多于指导实习律师的人数,则难以达到实习的目的,而且以提供实习的名义招聘多名律师,会存在不支付薪酬的情况下分配工作等不利问题,可以将其看作是防止实习制度被架空的规定。

法务部长官如果根据第1项附加条款对指定的法律事务机构表示认可,便可对从事现状等进行书面调查或现场调查,调查结果如果认为从事法律事务上存在不足、有待改进的话,可责令改善或改正(请参见《律师法》21 的 2⑤),因此法务部在确认实务实习期间,应以书面形式向法律事务部门确认从事法律事务的律师的声明和人数。通过此举可以掌握从事法律事务的律师人数等,但也可能导致想要实习律师可能面临当年无法进行实习的后果。根据上述第 5 款(包括根据第 21 条之二第 6 款委托处理事务的情况)规定的改进或改正命令,如不遵从命令将处以 1 000 万韩元以下的罚款(请参见《律师法》117 的 2①)。

(三)韩国律师协会的研修

韩国律师协会亲自主持的实习律师的研修工作,或依据韩国律师协会准则委托由《律师法》第 1 款第 3 号指定的法律事务机构来代为实施。为此韩国律师协会制定并实施了"律师考试合格者研修规则",该研修规则规定,韩国律师协会实行的研修学习被称为"研修",宪法法院也称之为"研修"。韩国律师协会根据《律师法》第 85 条(律师的研修)规定,每年会对完成开业申请的律师实施相关研修学习,为此正在制定和实施《律师研修规则》。该规则第二章明确将其规定为"研修",但必须接受"研修"的对象不尽相同,两种术语同时使用不免引起混淆。但正如《律师法》第 85 条中规定的,以现有律师为对象进行的研修称之为"研修教育"才是恰当的。

研修是由实务教授团队组成,进行为期三个月的授课培训,即一个月的研讨模拟记录的小规模分班讨论,以及两个月的法律事务体验。实习律师想要参加研修却没有机会进入被指定为法律事务机构的法律事务机构就职或想计划单独开业的律师,可以通过参加韩国律师协会的研修来履行研修工作。并且对于虽在公司内担任律师职位,但公司内没有五年以上工作经验的律师的情况也同样适用。在每年一次的律师考试合格者公布后,与之配套的研修会将在规定的六个月内举行(请参见研修规则 5①)。但是,未能在法务法人等法律事务机构就业的实习律师只能参加研修工作,这也是导致研修不够完善的主要原因之一。参加研修的实习律师将遵从根据上述研修规则第 4 条参加研修工作,韩国律师协会也会根据律师考试合格者研修运营委员会制定相关研修日程、研修科目及研修方法。当前主要问题是研修工作局限于讲课和记录写作等,致使实习律师无暇处理具体的实际法律事务。

四、从事法律事务及研修的界限与问题

(一) 从事法律事务与实习的现实

笔者认为自 2012 年第一届律师考试实施至今,一直到第六届实习制度的实践未能遵循原先的立法宗旨。从法务部长官处获得法律事务机构的指定机构,往往并没有注重实习相关内容如何安排,而是只考虑到表面的物质条件(办公空间)及人际环境(律师人数)。仅仅关注需要接受实习的律师在法律事务机构就业或只以六个月内从事法律事务为目的而上班,而最重要的实习律师如何具体进行实务教育,并没有相关具体指导。因此,目前为法律事务机构编写文件等工作而提供实习律师以至于人力资源过剩的情况非常普遍。另外,难以掌握在监督法律事务机构的法务部里正在处理何种法律事务(法律事务实习的多样性与误差问题),只能掌握某人实习期间是否做到正常实习工作时间。

即使在法律事务机构从事法律事务,也并不是以就业为前提的。因此如果法律事务机构聘用了处于实习期的律师,则有义务支付薪金,但在现实中不以就业为前提而从事法律事务的情况多种多样,发放交通费金额极少或不支付报酬的情况很多,将实习制度作为压榨工资手段的现象正在蔓延。进一步来看,代写整理指导、律师专栏、论文、著作或指示代写其家人应写的报纸寄语等文章,甚至为去参加审判的律师担任专职司机,或对地方审判相关业务持续下达出差指示等不恰当的工作指示等情况屡见不鲜。除这样不能称为实习的不恰当业务外,甚至要求工作到深夜却不支付工资的风气也非常普遍,这会成为阻碍实习律师对现有法律界人士产生信任与达成和解的因素。在法律事务机构的立场上这些被理解为"教育层面的施惠",而实习律师却理解为"劳动",所以才会出现此种现象。因此韩国律师协会甚至提出了申报"不良实习法律事务机构"及"优秀实习法律事务机构"的要求,这种管制固然重要,但应该要求法律事务机构在开始实习时制定标准劳动合同,并在确定好工资等问题之后再开始实习。

(二) 法律事务机构的指定取消理由及发生时的问题

凭借提高实习制度实效性这一目的,"根据法务法人、法务法人(有限)、

法务组合、法律事务机构,根据《外国法咨询司法》第 2 条第 9 号规定的合作法务法人"及"国家机关、地方政府和其他法人、机构或团体"为了从法律事务机构获得指定,限定在共计五年以上的时间内依据《法院组织法》第 42 条第 1 款所列一名以上在职机关中,是任何职位上的法务部长官可以从事法律事务的地方(请参见《律师法》21 的 2①附加条件)。如果要指导实习律师,则要求为具备五年以上法律经验的在职律师,但这并不意味着只有拥有五年以上法律经验的律师才能指导实习律师,当然在法务法人未满五年的成员律师也可以对实习律师加以指导。

但根据指定法律事务机构及其存续条件来看,要求具备五年以上法律经验的在职律师,这可能会面临意想不到的困难。首先具备五年以上法律经验的律师可以从法律事务机构离职(请参见《律师法》21 的 2⑦(2)),那么由于不满足法律事务机构的指定条件,并在"三个月内人员未补充"的情况下,可能取消其为指定实习律师实习机构。虽然"可能取消"留有一定余地,但可以理解为是必须取消的规定(请参见《律师法》45②)。

从具备五年以上法律经验的律师离职的那一刻起,如何保障实习律师的法律地位就成了问题。为应对类似情况,"在此情况根据第 4 条第 3 款规定,如果律师继续从事法律事务直至人员补充为止,都视为在法律事务机构从事法律事务的有效时间"(见上文第 2 段附加要求),也就是说即便没有五年以上资历的律师,只要一直在该事务所里从事法律事务的话,在人员补充前为止的三个月将被认定为是有效实习期,这样可以避免给实习律师造成不利影响。指导实习需要有法律经验极为丰富的律师,但在指导律师空缺内的工作时间也认可为有效实习,这两者本身是自相矛盾的,这也是针对实习制度的时效性所提出的疑问。即使三个月过后具备五年以上法律经验的律师也有可能无法补充到位。虽然《律师法》中没有任何规定,但法务部必须取消其法律事务机构的资质。实际上法务法人在三个月内无法补充成员律师的情况不计其数,在这种情况下一直在该事务所实习的律师可能无法满足六个月的实习条件。因此正在进行实习的律师如果遇到这种情况,应该通过参加韩国律师协会的研修等方式努力满足实习条件,否则将无法完成实习任务,从而对就业造成不容小觑的阻碍。

不仅如此,法务部长官规定法律事务机构如果"以谎言或其他不正当途径获得指定"(请参见相关第 1 号之规定)的话必须取消其指定。笔者不禁会想是否有必要为获得法律事务机构指定而采取不正当方法,但考虑到最近引入的实习律师经常过度加班却无法获得薪酬,我认为很难断言不会再发生类似事件。总之如果因为这些原因而取消法律事务机构的指定,那么在该机构实习的律师其工作时间将很难被认定为是有效的从事法律事务的时间。虽然事先无法知道是否以虚假或不正当方法获得指定,但作为实习场所却连最基本的条件也无法满足,自然不能说在这种地方的实习是有效的,关于这点需要有明确的立法来规定。这种问题可能是在把实习的主体全权委托给民间团体的制度下不可避免的现象。

(三) 从事法律事务中的职务履行的界限

1. 成为诉讼代理人的问题

实习期间不得开设法律事务机构或成为法务法人、法务法人(有限)、法务组合的成员,也就不能履行律师相应的职责。尽管如此,在实习期间为了培养在法庭上的辩论能力,有必要讨论实习律师是否可以成为民事案件等的诉讼代理人。民法规定,复代理人有本人同意或不得已的理由可以进行选任(请参见民法 120),因此如果委托人同意,处于研修阶段的实习律师也可以作为复代理人在法庭上进行辩论,对此有必要进行明确立法。

除根据法律可以从事审判行为的代理人外,非律师不得成为诉讼代理人(请参见《民事诉讼法》第 87 条)。《民事诉讼法》规定,原则上诉讼代理人的资格只赋予律师,这里的"律师"是指根据《律师法》第 4 条(律师资格)和《军法官任用等相关法律》第 7 条(军法官的律师资格),来认可律师资格从而完成资格注册和开业申请的。但是对于通过律师考试的律师来说,以首尔地方律师会为首的地方律师会正在受理律师的资格登记申请,当然韩国律师协会也同样受理申请。《律师法》的精神原则上可以称为律师的"资格注册等于开业",但地方律师会的注册实务是将律师的资格登记和开业申报分开来的,这是传统惯例,过去从司法研修院毕业后被任命为法官的人也有过提前注册律师资格的情况。在这种情况下就会出现法官成为地方律师会会员,并作为会员拥有会费缴纳义务等会员的权利与义务等问题。另外也有不以开业为目的,只是在为去外国留学时出示律师资格证而进行注册的情况。允许所有这些注册申请可以看出注册与基于即将开业前提下的《律师法》规定间的区别。

总之律师考试合格者虽然不能办理开业申请,但可以提前完成登记这一开业的前提条件。因此虽然不能成为真正意义上的诉讼代理人,但有必要在破例得到本人同意后,与诉讼(本)代理人一起像诉讼代理人那样出庭进行辩论,从而培养辩论能力。虽然我们都认可律师的职责在当前讼案处理以外应该进一步得到拓展,但毕竟有从事法律事务这一要求,因此在实习阶段拥有在法庭上辩论的机会是非常必要的。有人可能指出,从事法律事务的律师(不成熟)的辩论可能会损害委托人的利益。因此如果指导法律事务的律师作为诉讼代理人出庭,那么这种忧虑可得以消除,通过指导实习律师提出有关案件所需的主张和证明,从而可以保护委托人的利益。

有人甚至主张单凭法律学院三年的教育无法真正培养出能够正确处理法律事务的律师,可以理解为是对实习律师几乎没有机会在法庭上辩论的指责。就读于法学院期间可在法院实习,举办各种法庭竞赛,但这些仅仅只是模拟演习,因此实习律师们有正当机会进出法庭进行辩论,被看作是最为重要的实务过程。但是韩国律师协会表示,虽然诉讼复代理权归代理人所有,但因为代理人不是具有指挥、监督权的代理人而是本人的代理人,复代理人所做出的法律行为效果直接归本人所有,在为期六个月的法律事务从事或研修期间内律师考试合格者,将不得允许以复代理的途径进行诉讼代理,也无法参与法庭辩论。因此目前进行实习的律师只能待在法律事务机构内,在不清楚究竟从事何种业务的状态下度过六个月。

2. 刑事案件的国选辩护人等问题

关于实习律师的法律地位,有必要与司法研修生进行比较。司法研修生作为教育的一部分可以被选定为国选辩护人,即法院可以直接将司法研修生选为辩护人的权利(《法院组织法》72④)。该规定是选定司法研修生为辩护人,履行国选辩护人职务的根据。《刑事诉讼规则》具体规定了国选辩护人的资格,即国选辩护人是指在法院管辖区域内设立事务所的律师,在其管辖区域内工作的根据公益法务官相关法律设立的公益法务官(在法务部及其所属机关及各级检察厅里工作的公益法务官除外,以下称为"公益法务官"),或在其管辖区域内进行实习的司法研修生里选定的(请参见《刑事诉讼规则》14①)。根据《法院组织法》和《刑事诉讼规则》,实习律师不同于司法研修生,无法成为国选辩护人。实习律师不能受理刑事案件,自然无法成为(私人)辩护人,并且也无法依据上述法令选定为国选辩护人。但这并不代表完全没有实习律师可以被选定为国家辩护人的方案。虽然原则上辩护人应在律师里选出,但大法院以外的法院如有特殊情况,可以允许非律师选任辩护人(《刑事诉讼法》31),法院有必要采取积极措施来选出国选辩护人。

没有律师资格的司法研修生可以成为国选辩护人,持续从事刑事裁判的律师研修。但对于具有律师资格的实习律师来说,却没有当选国选辩护人的资格,可以说是不具备合理理由的歧视。宪法裁判所就这种主张表示:"司法研修生们能够履行这些业务是以《检察厅法》第 32 条第 1 项或《刑事诉讼规则》第 16 条第 2 第 1 项为依据进行的,这是在司法研修生的培养过程中作为教育的一部分实施的,而不是为了单纯获得收入的活动,因此取得律师资格的法学专业研究生院出身人士和司法研修院学生不能就审判对象条款问题而被拿来比较,因此无法接受以此为前提的申请人的主张。"但实习律师也认为,作为教育过程的重要环节,有机会选定国选辩护人是很有必要的,而不只是为了获得收入。法院目前有国选专门辩护人,多数律师也都在参与国选辩论,因此没有必要选择研修中的律师担任国选辩护人。但是,法院有必要积极采取措施,满足时代对培养更卓越、更具竞争力的法律人才的需求,提高律师考试合格的律师的刑事案件辩论能力。

此外,司法研修生可以在检察厅以制作嫌疑人审问调查等方式进行与检察官职务相关的实习,即如果司法研修院院长提出要求,检察院院长可以命令司法研修生在一定时间内代理地方检察厅或支厅检察官的职务(《检察院法》32①)。虽然检察官职务代理问题可以与被选为国选辩护人的问题从同一角度进行讨论,但律师工作毕竟与刑事案件辩论的层次不同,因此在现实中难以得到认可。前面提及的诉讼代理人或国选辩护人是一次性、短期实习性质的职务,但检察官职务代理是需要工作几个月的长期职务,不是公务员且处于私人身份的律师代理检察官相关职务,在法律上可能存在问题,被判定为不当行为。

现行的实习制度虽然在六个月内提高了律师的实际操作能力,但实际上却阻绝了律师所需的诉讼相关辩论机会。如要从《律师法》中找出不能向实习律师提供法庭辩论机会的证据的话,律师的职务可分类为法律案件和法律事务的处理,但法律案件的处理主要通过法庭辩论进行,实习律师只能局限在《律师法》规定的"从事法律事务"框架里,因此可以看作是不能在法庭上就法律案件进行辩论的依据。即便在理论上如此接近,但为了提高法律专家能力而引入的实习制度中,没有提供学习最重要的法庭实务的机会,这一点可谓是实习制度的局限性。

(四) 韩国律师协会的研修问题

韩国律师协会的研修需要拥有同时容纳 500—600 人的大型教室,邀请讲课能力优秀的讲师以及需要巨额的预算。在传统的授课式集体教育中心里,从 2015 年开始以拥有五年以上法律经验的会员为对象来招聘律师考试合格者研修"实习指导官",在本人的办公室里对研修律师进行为期三个月的实习指导。据说实习指导官将会得到规定的指导费(实习生每人三个月约 50 万韩元),这样做的目的虽然是委托实习指导官进行研修,但实际上由于主管研修较为辛苦,所以一般委托实习指导官律师只进行两至三个月的研修。实习指导官的招聘工作并不顺利,因此有人提出有必要将从事法律经历从五年以上放宽到三年以上,并给予多种奖金制度来鼓励实习指导官的参与积极性。虽然《律师法》规定"根据第 1 项线索指定的同一项第 3 号法律事务机构应协助根据同一项第 6 号韩国律师协会进修所需的要求",但最重要的是,只有自发性的协助才能真正取得实效。

韩国律师协会如果要委托实习指导官进行研修,其实习指导官律师所属的法律事务机构必须具备被指定为法律事务机构的条件,《律师法》也规定委托研修仅限定在获得指定的法律事务机构之中(请参见第 21 条之二第 2 款)。在法律事务机构的指定条件中还有:"从事法律事务律师除外的律师人数可能超过从事法律事务律师的人数"(请参见《律师法》执行令 2②),一名实习指导官表示"可以指导三名实习律师",这与上述执行令规定存在冲突。向实习指导官支付实习生每人约 50 万韩元(2017 年 30 万韩元)的辅导费,以前在法律事务机构向实习律师支付的最低薪金也很有可能会因此化为泡影。

五、律师考试合格者的授权限制

(一) 意义

通过律师考试的律师如果没有接受为期六个月以上的实习,则无法单独开设法律事务机构或成为法务法人等的成员,这里的"成员"不是指所属律师,而是《律师法》第 45 条所规定的成员。正在进行实习的律师禁止六个月内单独或共同授权,必须全神贯注于实习之中,这种授权限制与为回避以对立当事方的存在为基本前提的利益冲突与《律师法》第 31 条（授权限制）的性质不同。所谓利益冲突是指与律师授权有关，可能引起委托人之间以及现在和过去的委托人之间，律师和委托人之间存在利益冲突的现象，此处委托人的利益指的是受法律保护的利益。律师在受理案件时应避免因利益冲突而对当事人造成损害的义务称为利益冲突回避义务，利益冲突的现象可能导致律师无法尽到忠实义务、进退两难的局面。《律师法》通过授权限制的方法解决律师利益冲突的问题。在出现利益冲突时，律师对所涉案件的授权将受到绝对限制，或经委托人同意或谅解后再重新恢复其授权。当然，《律师法》和《律师伦理章典》中的授权限制理由并非都是为了规避利益冲突，例如《律师法》第 36 条规定"禁止介绍审判、调查机关公务员案件"，第 37 条也规定"禁止介绍职务获取者等的案件"，因为如果将审判官、检察官职务获取的案件介绍给律师并收受金钱，只会对职务的公正性和对公职的信赖造成恶劣损害，所以新增设了该部分内容。《律师伦理章典》中明确禁止法官、检察官等公务员授权介绍案件，律师不是从法院、调查机关等公务员处获取相关机关的案情介绍（请参见《律师伦理章典》40）。

通过律师考试并取得律师资格者的授权限制，考虑需要充分获得律师帮助的委托人的利益这一制度，可以将其归类为律师与委托人利益冲突的其中一种类型。而且，这一授权限制考虑到法律专职律师制度的核心，是为维护其"专业性"的公益性制度。同时为确保实习律师在六个月内全心投入到法律事务或研修上，因此对案件受理等施加限制，这一点也是难以否认的。

（二）授权限制的条件

根据《律师法》第 4 条第 3 号规定，实习律师在法律事务机构从事法律事务六个月以上或未完成进修的，案件将无法进行单独或共同受理（包括根据第 50 条第 1 款、第 58 条第 16 或第 58 条第 30 款指定法务法人、法务法人（有限）或法务组合的主管律师的情况）（第 30 条的 2 第 1 款）律师考试合格者（第 4 条第 3 号）在从事法律事务六个月或完成义务进修前，不得以个人名义单独或与其他律师共同受理案件。这里的"共同"是指与不受授权限制的律师或法务法人等的共同名义授权。通过律师考试的律师违反授权限制获得的授权便不是共同授权。因为"共同授权"是以有不受授权限制的律师存在为前提的。共同授权不仅包括共同的授权约定,还包括以其他律师或法务法人的名义授权后主动参与的案件处理。在这一点可适用《律师法》第31条第4款所禁止的受理行为类型。以其他律师或法务法人的名义签订授权合同后,主导处理的案件或对外的诉讼文件中没有记载其名字,实际却参与案件受理或执行并收取授权费的情况也属于违反授权规定的行为。

(三) 禁止指定法务法人、法务法人(有限)或法务组合的负责律师

律师考试合格的律师在实习期间可以就职于法务法人、法务法人(有限)或法务组合,这种情况下通常具有非成员的所属律师地位。实习期间虽然可以从事法律事务,但不能被指定为处理该案件的负责律师。被指定为负责律师是指,法务法人、法务法人(有限)、法务组合被指定为特定案件的负责人,需要在向受理争议案件的机关提交的《负责律师指定书》中记录其姓名。所属律师履行律师规定职责时,应被指定为负责律师(请参见《律师法》50①)。

但在实习过程中,以法务法人的名义受理案件后不仅不会成为该案件负责律师,而且也不能被指定为法务法人受理的其他案件的负责律师。实习期间不能指定为负责律师的规定是与固有意义上的"限制受理案件"不同层面的问题。这可以理解成是为了强调作为法务法人所属而不能履行律师职务的意思。不过在没有将委任状与负责律师指定书一起提交的情况下,实际上担任特定案件的负责人不属于指定负责律师的范围。

(四) 实习结束后最初受理案件时的确认书提交问题

律师考试合格的实习律师从事法律事务或完成义务进修后则完全恢复律师资格,可以首次单独开设法律事务机构,也可以成为法务法人、法务法人(有限)或法务组合的成员。这时在法律事务机构从事法律事务的律师应当办理律师资格登记和开业申请。从事法律事务的律师必须通过地方律师会向韩国律师办会提交曾经从事法律事务的确认书(请参见《律师法》21的2③)。这是为了确认从事法律事务的事实是否属实而采取的正当措施。但接受研修者无须提交从事法律事务确认书(请参见《律师法》21的2③)。韩国律师协会和地方律师会之间可以共享接受研修律师的相关信息,因此没有要求提供其他证明资料。

结束实习后进行了开业申请的律师可以单独或共同受理案件。但《律师法》第 31 条之二第 2 款规定:"关于根据第 4 条第 3 号规定首次单独或共同授权的情况,准予适用第 21 条之二第 3 款。"最初受理案件时"准用第 21 条之二第 3 款"也意味着此时必须提交曾经从事过法律事务的确认书。

完成实习的律师因为在申请法律事务机构开业时提交了该确认书,所以开业申请得以受理,尽管如此,地方律师会在首次受理案件时,并没有理由收取该确认书。实际上,首尔地方律师会在受理案件后,对选聘书流转不作要求,但也不代表必须要向委托人出示确认书。该准用规定在开业后初次受理案件时也要求提交确认书,可以看作是再次确认法律事务从业义务的执行,但该规定没有实效性,因此今后有必要将其删除。

(五) 授权限制违反(行为)的效果

律师考试合格者违反授权限制相关的《律师法》第 31 条之二,可以受理案件也可以参与实际辩论。在需要接受法律事务或研修的六个月内虽然有律师资格,但不能以自己的名义对外行使律师的应尽职责。现行律师注册实务允许律师考试合格者注册,未办理律师登记便履行律师职责的律师,将会因违反《律师法》第 112 条第 4 号规定而受到刑事处罚,但是律师考试出身的律师结束注册后,在从事法律事务或研修期间内可以受理案件,这时可能会成为刑事处罚的对象,即违反《律师法》第 31 条第 1 款单独或共同受理过案件,将处一年以下有期徒刑或一千万元以下罚款(请参见《律师法》113⑤)。

《律师法》中规定,授权限制期间的授权行为可按上述规定处罚,而对于如何处理该授权案件的行为则没有明确的纪律规定。《律师法》第 109 条第 1 款规定,处罚非律师以收受金钱为目的的诉讼行为,这里所说的"非律师"是指没有律师资格的人。因此在从事法律事务或研修期间内相当于拥有律师资格,但不得视为真正法律意义上的律师资格,最终只能处罚受理行为,而受理案件的诉讼行为等是否具有效力可重新判定。

一方面,如果对受理案件进行了辩论,便相当于非律师的代理行为,在没有辩论能力的情况下,可以判断诉讼行为是无效的。另一方面,对于因惩戒处分而停职的律师所进行的代理行为,虽然法院会排斥无资格者的诉讼干预,但若对此忽视和不排斥的话,为防止委托人或对方出现损失、维护程序稳定及经济观点来看,该诉讼行为不应被视为无效。在从事法律事务或研修期间的律师不得以个人名义担任任何律师职务,因此不能把这种行为等同于因停职、惩戒而停止履行职务的律师的行为来看。

六、结论

(一) 在司法研修院提议研修教育主张的不正当性

韩国律师协会在过去六年里一直主管研修,尽管历经不懈努力,在预算和场所等问题上仍面临诸多困难。因此不断有人提出,应该将研修的运营主体变更为能够承担人力、物力负担的司法研修院,同时还有提议指出要废除在法律事务机构从事法律事务实习制度,建立统一的研修制度。但是律师考试合格者是否必须进入司法研修院接受研修这一点并不明确。

司法研修院为了进行实习教育,首先要在《律师法》或法院组织法的司法研修院职务事项上新设可以进行实习教育的法律依据。司法研修院2017年进行了最后一次司法考试,目前正在研修的研修生结业后将被废除。目前,韩国律师协会实行的研修是无条件支援无法就业于法务法人或还未找到从事法律事务机关的律师,司法研修院仅仅是代替韩国律师协会负责之前的研修,很难期待达成实效性的实习教育。另外如果在研修期间就业或寻找到从事法律事务的地方,就不会参加研修,最终在六个月的研修期间里出现研修者不断变动的情况。因此有可能会面临研修中途学员全部消失的情况,国家机关的运营不能建立在这种不稳定的实习教育结构之上。

因此有人提出,要想让司法研修院负责安排实习,必须让当年通过律师考试的律师全部义务性参与。韩国律师协会会长主张:"法学院三年内很难完全熟练掌握法学知识,因此所有通过考试的合格者必须在司法研修院接受为期六个月的实务教育。"司法研修院院长也积极表示:"如果国会做出适当的政策决定,作为法律人士培养机构,很难找到像司法研修院这样有能力的地方,因此将肩负使命感做好准备。"日本也是在法律研究生院毕业后,对通过新司法考试的律师们在司法研修所统一进行一年的实务教育。如果引入这种制度,通过律师考试的律师们不仅要承受教育费用这一新的经济负担,还会引发就业市场的混乱。每年1月初进行律师考试,4月公布合格者名单,如果新设司法研修院的研修课程,将要从5

月开始到 10 月为止度过将近一年的研修时间,这样会变相导致法学专业研究生院的教育时间延长到四年。如果将进修时间定为一年,则会引发更多问题。

如果像目前多处提出的主张一样在司法研修院进行义务性实习教育,那么现在法学专业研究生院内进行的民事、刑事审判实务、检察实务Ⅰ和Ⅱ科目也要在司法研修院进行。如果司法研修院必须成为实习教育机关,那么律师考试实际上就会变成与司法考试相同的性质,法学专业研究生院将无法发挥"通过教育培养法律人才"的宗旨,而变成与现有的法学院类似的结构。在法学专业研究生院成立十周年之际,逐步进入相对稳定期的情况下,预计法学专业研究生院制度的认同感和教育体制也将发生巨大变化。因此在现行法律下,不应该讨论让司法研修院重新发挥实务执业培训机构的作用。

(二) 废除实习制度后向"律师的研修"合并(立法论)

当初引入实习制度是因为律师考试合格者的实务能力无法达到预期,而不是引进的制度性问题。这是在为期三年的法学专业研究生院实务教育不具备法律专家专业性的前提下新设的制度。同时也包含着延迟大量涌现的律师开业的目的,因此该制度的运营日益失去实效性,逐渐形同虚设。实际上,在接受了为期六个月的实习之后,并不能认为原本不足的实际操作能力就得到了提高。因此现在可以说是到了废除研修等实习制度,考虑出台新对策的时刻了。

笔者认为,像现在这样义务性地在六个月内进行注册、禁止开业不符合《律师法》的体系,应该在申请登录的同时允许开业申请才是妥当的。法务部曾以现行实习制度存在为前提,制定了《律师法》修订案,该修正案规定只有从事法律事务或结束研修后,才能允许通过律师考试的律师注册律师资格。可以说这是为了承认允许律师注册却不允许开业申请的现行制度的逻辑性矛盾,可将其称为为了修正而修改的法案。但是这样的修改案也不能成为从根本上解决目前实务处理制度问题的方案。律师是需要高度专业知识和经验的法律专业人员,即使通过律师考试也不代表其有充足能力。但是考虑到这一点而引入的现行实习制度,在法律事务机构的六个月内只发挥了阻止实习律师进行开业申报的效果。另外也无法检验在经过韩国律师协会的研修和委托研修后实际操作能力是否有所提高。因此,应该废除现行的实习制度,允许律师考试合格的律师注册并申请开业,在个人责任下处理法律案件和事务。

由于为提高实际操作能力而建立的制度的必要性可以得到肯定,因此有必要利用《律师法》第 85 条的"律师研修"制度,比一般律师安排更多的时间来定期研究实施研修教育的方法。韩国律师协会的《律师研修规则》规定:"研修和进修时间以义务专门研修 1 年 7 小时为标准,义务伦理研修以 1 年 1 小时为标准,根据各研修周期按比例计算。但是新律师(取得律师资格后进行审判、检察官、军队法务官及公益法务官,公司内部律师,从事其他法律事务两年以上者除外)需要在获取律师资格证当年多修由协会指定的时间,具体进修科目和进修方法等,经律师研修院审议后由协会会长决定。"(第 7 条第 3 款)所有律师要在 1 年内接受 8 小时的研修,而且新律师要在最初开业的当年接受多出 2 小时的研修。考虑到这一进修规则,我想提议通过律师考试的律师,在资格登记的年度内改为"每月至少接受 1 次 8 小时的进修,为期 1 年"。这样一来,律师在注册律师资格和开业的同时,既可以处理实质性的法律案件及法律事务,又可以接受终身教育方面的进修。因此可以杜绝现行的无报酬实习制度的错误惯例,对实现新律师的薪酬落实也会产生积极影响。这样,韩国律师协会也可以摆脱每年进行研修的重大负担。

律师的实际操作能力可以通过亲自处理完备的法律案件来提升。因为这种生动的法律案件来源于法律事务机构,应该让律师考试合格的律师立即投入到实务中去,更有必要让不同领域的专业人士在成为律师后,不要受所学专业限制仅仅停留在现有的诉讼事务为中心的律师岗位,而是分散到社会各个领域乃至海外。但由于实习制度要求在取得律师资格的同时依然要在现有的法律事务机构找到工作岗位,因此工作领域受到了限制。特别是在没有具备五年以上法律经验律师的办公室里就业的人,还要参加研修。律师的基本实务能力是法学专业研究生院通过各种实务科目培养的,在验证这些能力的律师考试中,也需要让合格者重新进入教室,有机会听取实务讲座,这是需要我们重新考虑的。该教室无论是在司法研修院还是在韩国律师协会并不重要,如果引入新的法律人才培养制度,就有必要从现有制度中摆脱出来。因此,我们现在不该再继续讨论是否要重新建立司法考试的产物——司法研修院,应该为尽快落实新制度来大力开发律师研修教育项目。

参考文献：

1. 大法院司法政策研究院：《关于律师考试合格者的实务研修方案的研究》，2016年。
2. 韩国律师协会：《2012年运营白皮书》，2013年。
3. 韩国律师协会：《2015年运营白皮书》，2016年。
4. 法务部：《律师考试实施听证会资料集》，2009年。
5. 李光洙（首尔地方律师会）：《〈律师法〉概论》，朴英社，2016年。
6. 李时允：《新民社诉讼法》，朴英社，2016年。
7. 国会立法调查处（沈贞姬、白尚俊悬案报告）：《律师实习制度的争论点和立法改善方向》，2017年。
8. 郑亨根：《〈律师法〉主席》，P&C媒体，2016年。
9. 郑亨根：《法律伦理讲义》，朴英社，2016年。
10. 韩仁燮、韩尚熙、金在元、李相洙、金喜洙、金仁会、郑汉中、李全伍：《法律伦理》，朴英社，2017年。
11. 金容燮：《为加强法学院实务能力而进行的课程（教育课程）的改善课题》，梨花女子大学《法学论集》第18卷第2号，2013年12月。
12. 金仁载：《为确保专业法律课程正常教学改进律师考试制度》，仁荷大学《法学研究》第18集第2号，2015年6月。
13. 卢浩昌：《对于法学院出身律师6个月内实习制度的断想》，《劳动法学》第52号，2014年12月。
14. 韩国律师协会新闻：《聘请律师考试合格者研修实习指导官》，2015年5月26日。
15. 裴基石：《关于处理律师实务和实习制度运作方案的建议》，釜山大学《法学研究》第54卷第2号，2013年5月。
16. 孙京焕：《新律师研修制度的实效化方案》，《法律新闻》2012年3月12日。
17. 第299届国会（临时会）：《司法制度改革特别委员会会议录》第15号，2011年4月25日。
18. 郑亨根：《法学院出身律师的研修》，《法律新闻》2012年2月16日。
19. 郑亨根：《关于律师绝对授权限制事由的研究》，《人权与正义》全本第447号，2015年2月。
20. 郑亨根：《〈律师法〉条文解释；〈律师法〉第31条（授权限制）》，《法律新闻》2017年12月27日。
21. 郑亨根：《法律人才培养制度的变迁》，《法律杂志》2018年1月4日。
22. 陈弘基：《律师考试的现状与课题》，《法造》全本654号，2011年3月。

生活在法律中

[美]安索尼·T.克罗曼　著　文学国　译*

摘要：本文试图说明一个人选择执业律师生活的首要原因，即何种原因促使一个以三大的投入去选择从事律师职业。

关键词：执业律师生活；法律职业；职业选择

一、引言

法律伦理主要涉及道德许可的问题。例如，一个律师在道德上是否允许通过无情的交叉询问来破坏一个无辜证人的品格？是否可以隐瞒有关他的当事人曾参与犯罪的信息？律师有责任在法律范围内最大限度地促进委托人的利益[①]，要做到这一点，就必须经常采取一些从道德角度看来可疑甚至是站不住脚的行为。尽管实践中出现了不适当的行为，但这些行为实际上在道德上是被允许的，这通常被假定为法律职业伦理的中

---

* 安索尼·T.克罗曼，曾任美国耶鲁大学法学院院长，法学教授，主要研领域为合同、破产、法理学、法社会学、职业责任等。其他社会任职包括美国律师基金会、科学研究会、外交关系委员会、法制史协会、政治及法哲学协会会员等。他的名作《迷失的律师》已有中文译本（周战超、石新中译，法律出版社 2002 年版）。文学国，上海大学法学院教授。本文系作者于 1986 年 11 月 11 日在耶鲁大学法学院的一次演讲稿的基础上整理而成，发表于美国《芝加哥大学法学评论》1987 年第 54 卷。

　　作者认为，用男性代词"他"指代男女两性的传统用法近年来引起了争议。作者采用了不同的策略来处理他们认为这种做法所带来的问题。例如，有些人永远不会单独使用"他"，但总是用"他或她"来代替，还有一些人会随机或有规律地交替使用"他"和"她"。作者觉得第一种策略很麻烦，而第二种策略对作者（作为一个读者）来说更容易让人分心，而不是启迪人或让人耳目一新。因此，作者选择了对传统做法进行修改，大多数时候单独使用"他"，偶尔使用"他或她"。不管有什么缺点，这种方法至少有清晰和经济的优点。当作者将代词"他"及其变体用于一般意义或非个人意义时，作者的意思当然是指男人和女人。

① 参见美国律师协会《职业行为示范规则》（1983 年）附则 1.2（"示范规则"）："在法律和律师职业义务的限制范围内，委托人拥有决定法律代表所服务的目的的最终权力。"律师的职业义务相当有限，举例来说，律师不应该向法庭撒谎，也不应该为了避免法庭上的欺诈而隐瞒必要的信息。见示范规则 3.3。

心问题①。对这个问题的肯定回答,要诉诸对抗制式司法体制的优势,如果在这样的体制环境之外,要保证整个体制的优势的话,这样的行为必须受到鼓励,或者至少被允许②。这类论点反过来又引出了进一步的问题,即抗辩程序本身在道德上是否可接受,这个问题直接来自我们对律师所做的更具体的事情是否具有可容许性的怀疑。这些疑虑最终导致了对整个对抗制的道德合理性的不确定性,而对于后一个话题,英美法律伦理作家投入了最大的关注——这并不奇怪,因为他们的关注点是一般的道德许可问题。

在本文中,我提出并试图回答一个不同类型的问题。我的问题不是关于律师工作的道德正当性,而是一个人选择执业律师生活的首要原因。究竟是什么原因让一个人以巨大的投入去从事律师职业呢?换句话说,人们为什么要关心一个人要去做一名律师,选择过一种被法律所限制的职业生活呢?

这个问题的提出,从某种意义上说,存在一个附属的问题,问这个问题也没有任何意义,除非我们假设执业律师的生活确实是道德上可以接受的(反过来,这又以律师在履行其职业职责过程中必须履行的行为为前提,从道德的角度来看,这些行为本身并不是不可辩护的)。正如苏格拉底所观察到的那样,暴君的生活可能是非常吸引人的,但由于它必然涉及恶行,人们永远没有理由选择它而不选择道德正直的生活③。如果一个律师的生活就像一个暴君——如果它也不可避免地使人陷入一张不法之网——那么就很难看出代理律师该说些什么了。然而,我将假定情况并非如此。当然,律师有时行为不道德是事实,但与暴君相比,他们的工作并不经常要求他们这么做:道德恶行并不是他们追求的目标或他们所为的内在特征。换

---

① 关于主要处理道德许可问题的法律伦理著作,可以参见以下著作:L. Ray Patterson, Legal Ethics: The Law of Professional Responsibility (1982); David Luban, ed., The Good Lawyer: Lawyers' Role and Lawyers' Ethics (1983); Geoffrey C. Hazard, Ethics in the Practice of Law (1978); Monroe H. Freedman, Lawyers' Ethics in an Adversary System (1975); Gerald J. Postema, Moral Responsibility in Professional Ethics, 55 N.Y.U. L. Rev. 63 (1980); Murray L. Schwartz, The Professionalism and Accountability of Lawyers, 66 Cal. L. Rev. 669 (1978).
② 参见弗里德曼(Freedman)《对抗制的律师伦理》(Lawyers' Ethics in an Adversary System)(cited in note 2)(为各种看似不道德的行为辩护——隐瞒当事人之前的犯罪信息,提供伪证,怂恿事故受伤者起诉——理由是这些行为是为了维持宪法和人道主义规定的对抗制度所必需的)。也可参见斯蒂芬·兰兹曼(Stephan Landsman)《对抗制:描述和辩护》(The Adversary System: A Description and Defense)(1984)(主张对抗制本身是一件好事,因此律师在其中的角色应该被认为是道德上值得称赞的)。
③ 例如,参见柏拉图:《高尔吉亚篇》(Gorgias)469-472(W. C. Heimbold 译,1952)。

句话说,我将假定律师的生活是道德上允许人们选择的生活之一。然而,这样说的意思是,这种生活是人们可以选择的生活之一,人们选择它而不会感到耻辱。这篇文章并不是要为这种选择本身提供任何理由,也不是要说明为什么人们应该关心成为一名律师的问题而不是其他任何事情。后一个主题是我打算在本文中探讨的主题。在有关法律职业伦理的大量文献中,道德许可的问题使这个话题黯然失色。然而,我相信,对于那些从事这一行的人,对于那些选择以法律为生的人来说,这是一个更重要的个人问题。

为什么这个话题被那些对法律职业伦理感兴趣的人所忽视,这本身就是一个有趣的问题,但在这里我就不继续讨论了。然而,值得指出的是,对它的忽视绝不是法律职业伦理学领域所特有的,而是作为一个整体的现代道德哲学的广泛特征(除了最近几个显著的例外)。哲学家哈里·法兰克福观察到,伦理理论家一般更关心义务和许可的问题——我被要求做什么,我的道德义务允许什么选择?——而不是我有什么理由去关心这个显而易见的问题[①]。道德哲学对于我们应该关注的话题普遍保持沉默,这表明这个话题完全超出了伦理学的范畴,在很大程度上是个人喜好的问题,不容置疑,但也站不住脚。然而,假设这一点,就是把我们生活中所面临的许多最痛苦的价值问题轻描淡写,并从伦理学的角度准确地提出那些最需要我们进行反思与审视的问题。

在过去的几年里,许多道德哲学家,尤其是(也许令人惊讶的)受过分析传统训练的讲英语的哲人,对这一假设产生了明显的反应。除了法兰克福,我会提到伯纳德·威廉姆斯、阿拉斯代尔·麦金泰尔、苏珊·沃尔夫、理查德·沃尔海姆、斯图尔特·汉普郡和玛莎·努斯鲍姆[②],我把对这些反应的精神写下来,与我首先关注的律师和他们生活不冲突,我希望我说的话将有

[①] 参见哈里·法兰克福(Harry Frankfurt)《我们关心的东西的重要性》,53 Synthese 257(1982年11月)。

[②] 参见伯纳德·威廉姆斯(Bernard Williams)《道德好运》(Moral Luck)(1981);阿拉斯代尔·麦金太尔(Alasdair MacIntyre)《追求美德:道德理论研究》(After Virtue: A Study in Moral Theory)(1981);苏珊·沃尔夫(Susan Wolf)《道德圣徒》(Moral Saints),79 J. Phil. 419(1982);斯图尔特·汉普郡(Stuart Hampshire)《道德与冲突》(Morality and Conflict)(1983);理查德·沃尔海姆(Richard Wollheim)《生命之线》(The Thread of Life)(1984);玛莎·努斯鲍姆(Martha Nussbaum)《善良的脆弱》(The Fragility of Goodness)(1986)。

助于当前人们对"一个人的生活"①这样的话题兴趣的复苏,它有关怀和承诺,有性格特征和性情态度,使人的生活与众不同。

二、工具主义

1. 金钱与荣誉

那么,人们会找出什么样的理由来决定从事法律行业呢?也许,最好的答案是,许多人认为最不体面的答案,但确实是最为诚实的答案。毫无疑问,许多律师认为他们所选择的生活是理想的,因为它提供了获得财富和声望的机会,不成比例地分享社会的物质资源和较高的专业地位。律师通常因其工作而得到良好的补偿,尽管作为一个群体,他们经常成为大众诽谤的对象,但他们之中的个别人在其社区中占据着显赫的地位。人们可能会认为,这就是选择从事法律职业的足够理由,相比之下,其他解释很容易显得不必要或不真诚。当然,许多人会发现这种观点令人反感,并且会对那些坦率地承认自己的职业目标只是金钱和荣誉,而不是其他不负责任的自私行为的律师做出评判。我也认为这种对法律职业价值或价值的观念是有缺陷的,但可以将其放在不同的角度来看。

从根本上说,从事法律职业的目的仅仅是为了金钱和荣誉,把一个人的职业生涯看作一个工具,用来积累生活中其他领域所需要的东西,以便获得或完成那些看起来本质上很重要的东西——重要性在其本身,而不是实现其他目的的手段。持这种观点的律师将法律职业作为一种手段,来处理在工作日结束的时候他真正关心的事情,那些需要他关注的事情。可是,从一般的观点来看,律师与我们也没有什么不同,因为我们做某些事情不是因为我们喜欢它们或能够实现我们追求的物质利益回报,而是因为我们具有从事这些活动所需要的性格特征。律师在职业生活中是否只在乎金钱和荣誉利益,他将自己的职业视为一种没有内在价值的工具,他的生活在整体意义上令人欣赏或被认为与怜悯和蔑视,他最终会转向他所追求的目标的本质,他会利用工作的外部回报来追求人生目标,这才是问题所在。例如,一位公司律师每天工作 12 个小时,处理他认为枯燥乏味、毫无挑战性的工作,但他

---

① 我借用了沃尔海姆的"一个人的生命"一词,《生命线》第 2 部分。

的生活可能从整体上讲,不仅有意义,甚至还有吸引力,或具有某种程度的高尚。这一切都取决于他下班后发生了什么,取决于这种积累工具的方式是否比其他方式更可取,无论是从取得的收获还是付出的代价来看,这些工具都是他从事生活中重要事情所必需的。因此,一个律师不应该深深感到羞愧地说,他从事律师工作只是为了金钱和荣誉,然而,可以肯定的是,他必须先给我们一些说明做这些事情的目的是为了什么,然后我们才能决定他的生活是否是我们可以钦佩的。关于他是否有理由关心他的职业生涯的问题,在这一点上,合并成一个更大的、不那么集中的问题,即他是否有理由关心那些给他的生活带来整体意义的事情。他可能会,也可能不会;我想强调的是,即使对于那些看重职业价值而不是职业本身的律师来说,这个问题也是一个开放性的问题。

不过,正如我所说的,这种观点有一些不足之处。我认为,它的不足之处在于,它所支持的工具态度的广度。毫无疑问,我们都必须采用"工具性"的态度来面对我们做的一些事情,甚至在某些情况下,对他人也是如此(尽管我们对待他人的方式——比如在合同交换的过程中——是有效的,通常受到义务的限制,这些义务反映了对他人的非工具性概念)①。我刚才所描述的那种赤裸裸的工具性的法律职业观之所以如此缺乏吸引力,它占用了生活中太多的时间,或者更确切地说,占用了生活中太多重要的东西。首先应该从纯数量的意义上理解这一点。一个律师如果以取得巨大的财富或名声所必需的速度长时间地工作,他很可能会发现他没有多少时间或精力去追求那些他已经把他的职业生涯作为工具或工具的事业。作家福克纳用六周的时间完成了《我弥留之际》,当时他在锅炉房上夜班,他的工作任务是断断续续的、无意识的体力劳动,但无论如何,写作证明他是一个天才。无论工作多么单调,法律职业始终是一种精神的实践锻炼,需要人的情感、智力和精神资源的投入,无论你投入的是什么,它们都将在职业过程中消耗殆尽——重要的是如果工作时间越长,你需要付出的关注就越多。

在第二种非数量意义上,工具论是有缺陷的,在我看来,这一点更重要。

---

① 例如,考虑一个货物销售合同。买方,寻求以尽可能低的价格获得一件特定的物品,指望卖方完全满足他的愿望。卖方,希望最大限度的利润,只把买方视为利润的来源。双方都将对方视为手段,如果出现更好的条件,双方都准备抛弃对方。然而,他们对彼此的剥削却受到许多方面的限制,例如,受到不公平和胁迫的规定的限制。这些规定使双方负有一项义务,即在互为工具的交易中,将对方视为目的。

如果我们从一个关于人格同一性本质的基本事实开始,就能很好地揭示我的不足之处。一个人所做的各种事情中,有许多与他是谁、他的性格或个性无关;他将是同一个人,有相同的身份,不管他碰巧做或不做这件事情。我自己就有这种感觉,比如,在家洗碗和上下班。当然,我做这些事情有很好的理由,但我很有信心,如果我从来没有做过这些事情,或者将来也不会去做这些事情,我将会是同一个人,我还是我。可以肯定的是,其他人可能会从不同的角度来看待这些特定的活动,认为它们与自己独特的身份有着更直接的联系(尽管我必须承认这很难想象)。然而,在我看来无可争辩的是每个人参与的社会活动和符合他性格或个性的活动之间存在一些模糊的区别,它们之间有契合的一面,也有不契合的一面,处于他或她本真状态的那个人与他或她表现出来的那个人之间的区别①。

一个人的整个职业生涯,至少在理论上,可以放在这条线的两边。就事物的本质而言,没有任何事物绝对要求构成一个人职业存在的各种活动具有我所说的那种意义上的特征。然而,我相信,法律职业在这个方向上有很强的吸引力。良好的法律职业不仅需要正式的法律知识(法律现实主义者称之为"纸上"的规则或"书本上"的规则②),还需要一定的精神和气质。大多数律师都认识到这一点,而且也认识到,那些有问题的品质也是律师执业经验往往会鼓励和确认的品质。

关于这些品质的性质、获得这些品质的方式以及这些品质在法律职业中所起的作用,我将在文章的后面进一步说明。我的核心主张是,它们是性格的特征,是根植于感觉和欲望领域的永久的性情态度。然而,接受这一观点就等于承认,如果不经历身份的改变,一个人就不能失去或获得这些品质。这就是接受这样一种观点,即成为一名律师就是成为一种特殊类型的人,一个拥有独特性格特征和专业技能的人③。我相信,在一般情况下,类似

---

① 我遵循了迈克尔·桑德尔(Michael Sandel)关于"我"的特质、兴趣、能力和欲望与"我"的区别。参见迈克尔·桑德尔《自由主义与正义的极限》(Liberalism and the Limits of Justice)55(1982)。
② "论文规则"这个术语是由卡尔·卢埃林(Karl Llewellyn)在《现实主义法学——下一步》一文中创造的,参见《哥伦比亚法学评论》第 30 卷,1930 年。(30 Colum. L. Rev. 431, 451 n.18)(1930)。
③ 对于那些只有专业知识而没有个性的人的不讨人喜欢的描述,见麦金泰尔(MacIntyre)《美德之后》(After Virtue)。马克斯·韦伯(Max Weber)《政治作为一种职业》(Politics as a Vocation),载格特、密尔编(H. H. Gerth and C. Wright Mills),摘自《马克斯·韦伯》(1946)。From Max Weber 72 - 128(1946)。

的事情在其他职业中也是真实的,而且职业的概念本身——区别于单纯的技术——意味着拥有某些典型性格的特征或品质①。然而,无论其他专业学科的情况如何,本文的目的是表明,法律职业所要求和鼓励的性格习惯不仅对一个人能做什么有影响(如不看键盘的盲打习惯),而且对他或者她是什么样的人一样有影响(如慷慨和节制的习惯)。

法律职业的工具观没有给予这一事实足够的重视。除了需要大量的时间和精力的付出,法律职业对成为一个什么样的人也有重要影响,专业律师自然有理由担心他职业生涯的内在价值以及其外部或工具性价值。一个人长时间沉浸在法律职业中可能成为法律职业所要求的那种人,一个人可以为自己成为这样的人或者有希望成为这样的人而感到自豪,这些完全是合理的。工具观的问题不在于它以一种方式而不是另一种方式回答了这个问题,而是它没有完全地提出这个问题,从而模糊了选择法律作为职业所带来的承诺的一个重要方面。

2. 公共精神

还有第二种同样熟悉但更值得尊敬的方式来证明这种选择的合理性。我认为,律师执业是一种为公众服务的生活。在我看来,这第二个理由通常与第一个理由有同样的核心弱点,尽管没有第一个那么明显,也没有第一个那么严重。

有些人选择法律职业是因为他们致力于公益事业,并相信法律职业是实现其目的的最直接途径,至少在美国是这样②。当然,这种态度与关于公益的本质的各种各样的意见是一致的,要赞同这种观点,就不需要赞同任何特定的政治正统(甚至一个主张废除法律的无政府主义者也可能始终如一地赞同这种观点)。关于这种态度,我想提出三点,这可以称为法律职业的"公共精神"观。第一,任何一个缺乏公共精神的律师都是一个职业失败者。不管是不是律师,我们都要履行一些作为公民应承担的基本义务,这些义务要求我们至少偶尔去关注公众关心的问题,关注我们所生活的社区的整体福祉。律师也要承担这些一般的义务,但由于他们的社会地位,他们也有某

---

① 关于"职业精神",请参见塞缪尔·P.亨廷顿(Samuel P. Huntington)《士兵与国家》(The Soldier and the State)8-10(1957)。
② 例如,安妮·费根·金格(Anne Fagan Ginger)《与律师有关》(The Relevant Lawyers)(1972);罗伯特·曼加贝拉·昂格尔(Roberto Mangabeira Unger)《批判法律研究运动》(The Critical Legal Studies Movement),《哈佛法学评论》(96 Harv. L. Rev. 561)(1983)。

些特殊的责任,以维护和完善在我们社会中构成公共秩序重要内容的法律制度①。我在此不打算为这些特殊责任辩护,也不打算更详细地描述它们的轮廓;我希望,它们的原因是不言而喻的,或者就是如此。

第二,我所称的公共精神的观点,并不是唯一能够证明选择法律作为职业的理由。认为律师在这方面没有任何特殊义务,就像认为法律职业中唯一能在道德上站得住的概念是把对公共利益的追求放在事情的中心位置一样,都是错误的。在从事法律工作的人当中,有些人会从服务公共利益中获得道德上的满足,就像那些属于更广泛的公民群体的人会从全身心地致力于政治活动获得道德上的满足一样。但是,如果认为一个人只有选择政治作为职业,他才能过上道德上受人尊敬的生活,那是错误的;认为那些未能履行其对公共利益的承诺而超出了其特殊而有限的职业责任所要求的限度的人,在道德上就不如那些把获得这些相同的价值作为其所做一切的唯一正当理由的律师,同样是错误的。

第三,也是最重要的一点,我想说的是,关于法律职业的公共精神概念,它有时与上面描述的工具性相似——或者,更确切地说,它有时是工具主义的变体,因此容易受到类似的批评。乍一看,这似乎明显是错误的,因为我们倾向于律师从事法律职业的目的是为职业之外的生活需要积累资源,是一个人出于自私的欲望动机并以此为特征,最重要的是,他完全不关心公众利益,而这种关心公众利益的精神正是他的同类的特点。但两者之间的差异可能比我们通常假设的要小得多。一方面,例如,即使是最彻底的工具主义者可能利用工作所得去追求物质自由的目标,他虽然缺乏公德心,但不能在普通意义上称为自私(像《约翰逊传》通过系统的冥想来达到佛教的无私境界)。

另一方面,对公益事业坚定不移的献身精神有时是一种理论上的说法,而实际上常常是心理上的,再加上人们将其归功于工具性的观点,使这种说法更具有说服力。仅仅出于公共利益的原因而选择法律职业的律师,可能只把自己看作实现某种公共利益的工具。他甚至可能讨厌自己的工作,觉得工作本身既枯燥又无利可图,但仍认为这是实现他所看重的政治规划的

---

① 参见《示范规则》序言(指出律师是"对司法质量负有特殊责任的公众公民……作为一名公众公民,律师应寻求法律、司法和法律专业服务质量的改善")。

最经济的途径①。在其他情况下,他也许会选择另一种职业,他可能期待废除国家、法律和职业律师阶层②。然而,就目前而言,从政治上讲,他必须继续从事法律工作。只要他的工作的工具价值仍然清晰,他就不会觉得这样做是不合理的。

在这方面,那些把自己的职业生涯仅仅看作是实现正义、平等或其他公共价值的工具的律师,与那些把自己的职业生涯看作一种谋生手段的律师有某种相似之处,比如,把音乐喜剧的制作或自己孩子的教育当作一种手段。他们都发现了自己专业工作的意义所在,都认为自己的职业工作的意义在于其工作之外的地方,而且两者都可能倾向于把自己的职业选择视为一种适应外部需要的手段,而更富有的家庭或更公正的政治制度可能会让他们很高兴地避免这种情况的发生。可以肯定的是,如果一个具有公共精神的律师相信他的工作不仅导致而且实际上构成了公共利益的一个要素,他可能会在他的工作中找到内在的满足。例如,如果一个律师认为,为一位贫困的客户代理,不仅具有道德价值,因为它可能会导致社会资源的公平分配,而且因为它本身就是这种资源分配的一个部分或一个方面,他将更有可能认为他的工作具有内在价值以及工具价值③。然而,他是否真的这么想,取决于他所赞同的对公共利益的特定概念,而不仅仅是他碰巧对自己的职业生涯持一种公益的观点。有些人完全有可能把他或她为公共利益所做的一切看作是一种必要的历史权宜之计,这种权宜之计不会对公共利益本身形成持久的部分,而一旦达到了这个目标,就可以扔掉这个梯子,至少有证据表明一些,那些认为自己是有公共精神的人把选择法律作为一种职业之后的所作所为即是如此④。

拥护这样一种观点就是以一种无情的工具主义的方式表现出公共精神,而任何这样做的律师,如果试图证明自己的职业存在是正当的,就会冒我通常

---

① 考虑,例如,斯蒂芬·韦克斯勒(Stephen Wexler)《律师为穷人服务》(Practicing Law for Poor People)《耶鲁法学评论》(79 Yale L. J. 1049, 1051-1052, 1067)(1970),(注意公共利益法律职业常常不是智力刺激,"承认"多数情况下是沉闷和常规工作,然而提倡它是因为"这是唯一一种实践提供任何希望的满足穷人的需要")。
② 参见昂格尔;哈罗德·伯曼(Harold Berman)《苏联的正义》(Justice in the U.S.S.R.)(28-29)(1963)(讨论帕苏卡尼斯认为法律在社会主义革命后将会消亡的观点)。
③ 参见韦克斯勒(Wexler)发表在《耶鲁法学评论》上的文章,79 Yale L. J., 1049(人们想成为贫困的人有道德关怀,意思是说……愿意为每个人提供法律代理)。
④ 罗伯托·昂格尔(Roberto Unger)将现代左翼法律运动的特点描述为,其目的是"仅仅利用法律和法律思想来达到左翼的目的"。《哈佛法学评论》(96 Harv. L. Rev. at 666)。

所说的工具主义的风险。其中最主要的风险是,他将不能充分重视法律职业对塑造性格的影响,事实是,一个人通过生活在法律中不仅完成了某些事情,而且还趋向成为某种类型的人。大多数法律专业学生对此持怀疑态度,但是对于工具主义者来说——不管是否具有公共精神——如果他或她有理由相信,在法律职业中形成的性格特征,与一个人碰巧接受了任何与所从事职业之外的特征不同,或具有破坏性,那么这种怀疑就很容易成为一场噩梦。例如,"为艺术而活"的律师也许会担心他的专业工作最终会削弱他的审美理解能力,"为正义而活"的律师可能担心沉浸在复杂的具体案件中太久将会消磨掉他对体制改革的热情。这两种担忧都反映了一个事实:律师职业是他身份的一部分,不能像一套衣服那样穿脱。对于在工作中找不到内在满足的工具主义者来说,认识到这一点提出了一个特殊的挑战,为了迎接这个挑战,他可能得出结论,他的观点必须在某些基本的方面加以修正。

然而,不管有公共精神的律师是否会从工具主义的角度看待他的职业生涯,他对什么赋予了职业的尊严和价值的看法,并不会被该行业的每个人所认同。虽然我不认为这本身令人不安,但它确实提出了一个重要的问题。对于那些询问为什么他们不得不选择执业律师的生活,或者他们是否已经做出了选择的人来说,不知道说些什么能代表他们现在的生活,不知出于什么原因他们觉得我所描述的工具主义观点令人沮丧,无法理解法律职业的公共精神概念——无论是律师还是未来准备当律师(我相信在整个行业中占有很大部分),有没有其他思考执业律师生活的方式能更好地解释法律职业的吸引力?我认为在本文的其余部分,我将尝试描述我所想到的另一种概念。我要提出的主要观点已经作了介绍:这个概念主要是讲法律职业需要和倾向于鼓励某些性格态度或性格特征,换句话说,执业律师不仅拥有独特的专业技能,而且还要是一个拥有特定品格的人。我想更详细地研究一下,这一概念与非常重要但却模糊的判断概念之间的联系。品格概念和判断概念的结合之处,与我目前所考虑的法律职业概念不同,一个看到律师工作的价值的人,对律师自己来说,与其说是他们工作的成果,不如说是他们的工作要求他们发展并允许他们展示的性格的优点[①]。以这种方式构想,法

[①] 相反的论点——律师执业经常败坏人的品格——在安德烈亚斯·埃舍特(Andreas Eshete)书《律师的品格重要吗》(Does a Lawyer's Character Matter?)《好律师》(The Good Lawye)第270—280页。

律职业的价值显然是内在的某种东西,这一事实将我将要发展的观点与任何形式的工具主义(无论是个人的还是政治的)区分开来。

三、判断

我的出发点是判断本身。我所说的判断是指对个人、道德和政治问题进行深思熟虑并作出决定的过程。我们都被要求进行判断——几乎不断地对琐碎的事情进行判断,偶尔也会对非常重要的事情进行判断。我们也都认识到有些人比其他人有更好的判断力,拥有好的判断力是一种美德,一种能很好地反映具有这种美德的人的品质,就像拥有勇气或节制等其他美德一样。我们如此习惯称赞的良好判断的美德是什么呢?

鉴于判断现象在我们的个人生活和政治生活中无处不在,有人可能会认为这是道德和政治哲学的核心问题,但有趣的是,它不是。确实,有些哲学家(尤其是亚里士多德)[1]已经讨论过这个问题,但没有一个是系统的彻底性的讨论。事实上,自从霍布斯在17世纪对政治理论进行了理性的重构之后,判断的本质似乎在很大程度上已经不再是专业思想家们感兴趣的话题了(康德是一个重要的例外[2])。造成这种情况的原因尚不清楚,但事实是,今天从事这一课题的人只能从过去得到有限的指导。

1. 演绎和直觉

如果我们从反思自己的经验开始,我们必须注意到,判断过程的一个显著特征,可以称为"非演绎"性质。在给定的情况下或者在一段特殊的关系中做出判断的情况是很少见的,如果发生这样的情况的话,仅仅是通过固定的方法或程序,从一套既定的准则中得出适当的结论,在推导答案的过程

---

[1] 见亚里士多德《尼各马可伦理学》* 1139a—1140b。对亚里士多德实践判断理论的有益讨论可以在约翰·M.车珀(John M. Cooper)《亚里士多德的理性和人性善》(1975);诺曼·O.达尔(Norman O. Dahl)《实践理性、亚里斯多德和意志薄弱》(Practical Reason, Aristotle, and Weakness of the Will)(61 - 73)(1984);特勒尔斯·恩格伯格-佩德森(Troels Engberg-Pederson)《亚里士多德的道德洞察力理论》(Aristotle's Theory of Moral Insight)(188 - 222)(1983);大卫·威金斯和艾美丽·罗蒂(David Wiggins and Amelie Rorty)《思考与实践理性》(Deliberation and Practical Reason)(188 - 222)(1983);载艾美丽·罗蒂编:《亚里斯多德伦理学论文集》(Essays on Aristotle's Ethics)(221 - 240)(1980)。
[2] 关于康德的政治判断理论的讨论,基于对其美学判断的创造性解释,参见汉娜·阿伦特(Hannah Arendt)《康德的政治哲学演讲》(Lectures on Kant's Political Philosophy)(1982);罗纳德·贝纳(Ronald Beiner)《政治判断》(Political Judgment)(31 - 71)(1983)。

中,就像几何学家通过我们称之为"证明"的严格精确的技术来推导所提出定理的真伪一样①。一个判断可能是合理的,也可能是不合理的,但这不能仅仅通过演绎证明来确定。当然,也有一些情况,在这种情况下,在名义上提出了一个人应该怎么做答案立马就有了的问题,这个答案明确地是从一个人已经遵守的行为的一般规则中推导出来的。例如,当我发现朋友的手表躺在桌子上时,我应该偷它吗?然而,在这种情况下得出的正确答案,通常并不被理解为需要或显示出良好的判断力,尽管也包括一些其他的美德,如勇气或坚定②。

事实上,正确的判断和它的反面,恰恰在演绎方法最不适用、模棱两可程度最大、对证据的要求明显错位的情况下才最清楚地表现出来的。在这种情况下,要表现出良好的判断力,就不只是特别小心和彻底地应用一般规则,或将其结果贯彻到更详细的程度。判断通常需要这样的分析细化,但并不只存在于其中。在迫使我们做出选择或者迁就的情况下,最需要依赖我们自己的判断,最需要良好的判断进行决策。使我们陷入真正困境的原因是,利益冲突和义务冲突的解决本身不适合应用一些高阶的规则。正是在这一点上,一个人的判断力才能最清晰地展现出来,而在这个问题上,他或她单独的推理能力是最不可能被证明足以完成此项任务的。

如果判断比推论更重要,我们很容易得出这样的结论:在这个意义上,判断必然是一种完全相反的过程,一种通常被称为"直觉"的过程。所谓直觉,我们通常指的是一种直接的洞察或理解的形式,与人们仅凭推理就能达到的任何种类的理解不同。可以肯定的是,在直观的洞察之前,可以有一个或多或少复杂的抽象反思过程。然而,它本身并不仅仅是在这个过程中又跨出了一步,相反,它代表着与过去的突破和一种完全不同的理解形式的引入。有时,我们说直观是不经过反思的,于是,当我们想要说明直观的意义时,往往又不得不借助于直观的比喻来说明直观的特殊的直接性。我们说,有一种直觉,就是简单地看到某件事是这样的,以我理解它的显而易见的直接方式去理解它,例如,我现在坐着的房间的物理形状。以这种方式构成的

---

① 参见托马斯·格雷(Thomas Grey)《兰德尔的道统》(Langdell's Orthodoxy),(45 U. Pitt. L. Rev. 1, 16-20)(1983)(详细描述兰德尔及其追随者试图将几何方法应用于法律理论和法律教育的方式)。
② 关于在司法舞台上的坚定和勇气的讨论,请参阅罗伯特·盖普(Robert Cover)《暴力和词语》(Violence and the Word),(95 Yale L. J.)(1601, 1607)(1986)。

直觉,类似于视觉——它是我们用心灵的眼睛看待事物的方式——在某种程度上我们都拥有直觉的洞察力,同样不可否认的是,在这方面,人类的能力在一定程度上下降了,就像大多数人一样,那些拥有非凡直觉能力的人比那些视力比较模糊或受限的普通人看得更远、更清楚。

如果每一个需要判断的问题,都需要在关键时刻做出决定时的直觉行为,而不管一个人对这个问题经过了多长时间的深思熟虑,换言之,这就是判断,总是要求在某个关键时刻停止思考,转而进行观察,那么表现出良好判断力的人仅仅是那些直觉视觉能力最敏锐的人。这种说法显然有些道理,因为我们都知道,清晰的思考和良好的判断不是一回事。判断是概念的一种直观形式,虽然不像相反的观点认为它只是一种演绎那样明显地错误,但是这种误导产生的结果甚至更令人沮丧。

更令人沮丧的是,它往往会导致调查停止。由于直觉本身在本质上是非反思性的,它很容易显得在智力上难以接近,这是哲学家们迫切想要追求的主题之一,但对于这个主题,他们没有也不能说什么。人们有时会说,直觉是一种可以体验但永远无法理解的奥秘,至少是以哲学家想要理解的方式①。如果有人认为这是真的,而且还假设,判断的核心是一个直观的过程,那么在西方政治哲学的悠久传统中,关于判断的主题很少被讨论,这似乎就不那么令人惊讶了。然而,判断不是哲学分析的合适主题这一结论令人不安,而且似乎与哲学中许多最基本的问题所处理的问题对于反思理性并不完全透明这一事实不一致:例如,美学和宗教经验的本质,死亡,爱,想象和欲望。判断和其他任何一门学科一样,都适合作为哲学的一个主题,而且考虑到它在我们生活中扮演的重要角色,也同样重要。如果判断和直觉的等同被理解为含有一种相反的观点,那么只有理性才能拒绝它。

将判断定性为直觉的一种形式,也会因为以下原因而产生重要的误导。如果判断被认为是一个反思的过程伴随着一个瞬间的直觉洞察力,那么,我们对一个特定判断的合理性的评估就永远不能依赖于给出的支持它的理由,因为判断的善或恶,将是其直觉的智慧和原创性的功能,根据假设,这些

---

① 关于这一主张的讨论,请参见理查德·罗蒂(Richard Rorty)《直觉》(Intuition),《哲学百科全书》(The Encyclopedia of Philosophy)(210 - 292)(1967)。

品质任何理性的论证都无法表达。但事实上,在评估别人做出的判断,甚至在评估自己过去所做决定的可靠性时,我们会考虑所提供的支持理由来解释和证明它们。一个有良好判断力的人,不是那些偶尔仅仅做出一些惊人的恰当的神谕的人——那是先知和预言家所做的事——而是能够为他或她做出的决定提供一个引人注目的思想框架。这些决定不能仅凭理性推断出来,但它们的可靠性也不是完全显而易见的——我们要么看到,要么不依赖于我们自己的直觉理解能力。换言之,好的判断力,存在一个争论的问题,它与天才的模糊性相似。

将判断和直觉等同之所以会产生误导,还有一个更深层的原因。今天,直觉通常被认为是一种天赋:一个人要么天生就拥有它,把它作为自己天分中的一部分,要么不拥有它,无论哪种情况,人都无法改变现状。这种观点部分地反映了直觉与艺术和艺术能力之间的典型的一种现代联系①,它对直觉与经验和性格之间的联系提出了疑问。如果直觉是一种天赋,我们应该期待在非常年轻的人身上看到它的证据;但良好判断所需要的那种直觉洞察力与长期经验和年龄普遍相关。正如亚里士多德所指出的那样②,数学中有奇才,但在实际事务中却没有——这就是为什么我们要么修正直觉的概念,要么放弃判断在本质上是直观的主张的原因。此外,如果我们把一个人的直觉能力看作是一种天赋,就很难看出它与性格有什么联系,而性格总是需要时间来发展,根本不能被视为一种天赋。如果良好的判断力不被认为是一种像智力一样重要的性格特征,这就不会产生问题。但是,由于我要说明的原因,我们这样看待判断是很正确的,因此,我们必须再次作出选择,一方面要改变我们的固有的直观概念,另一方面要把判断作为直观进行理解的一种形式加以限制。

2. 同情与超然

我已经考虑了两种思考判断的不同方式——一种将其视为一种演绎,另一种则视为一种直觉——我发现两种方式都是不够的,是时候对我的主题说些更积极的东西了。我提议从更仔细地研究哲学家可能称之为判断的

---

① 参见雅克·马里坦(Jacques Maritain),《艺术与诗歌的创作直觉》(Creative Intuition in Art and Poetry)223(1953)。
② 《尼各马可伦理学》,1095a。

"现象学"开始①,认清自我判断的感觉。我的意思是,更确切地说,探索某种判断的经验,当我们试图对我们的生活做出一个重要的个人决定时所经历的那种判断,例如,决定结婚,生孩子,或追求一个特定的职业。当然,这类第一个人的决定并不是判断起作用的唯一的决定;我们还必须在给别人的建议和我们所做的选择中进行判断。事实上,很难确定在我们的私人或公共生活中有哪一个领域没有提供一个行使判断或依赖其正确使用的舞台。但判断现象具有某些一般的特征,这些特征以其第一人称的形式最容易看出,因此我选择从这里开始叙述判断。当我在文章后面回到政治判断的主题时,我的目的是要表明我所说的关于个人思考的结构也适用于政治领域。

我们每个人都必须不时地做出艰难的个人选择——结婚还是离婚,上法学院还是辍学,赡养父母还是与父母断绝关系。如果我们觉得这样的选择很困难,通常是因为这些选择在某种程度上似乎是不可通约的。每一种都有自己的优缺点平衡,没有一个共同的度量标准允许我们以一种决定性的和明确的方式来评估它们的相对吸引力。因此,我们必须做出的选择不能像功利主义者有时建议的那样,仅仅是一个演绎或计算的问题。这不仅仅是等待合适的直觉的问题,这个直觉会告诉我们该做什么。我们倾向于以一种更积极、更有条理的方式来处理个人的困境,即使是棘手的问题。我心目中的这种选择,不需要推论或直觉,而需要推敲,亦即判断的另一种叫法。的确,正是在这种情况下,当我们要在两个不容易比较的选项之间做出选择时,我们对判断力的依赖就最明显了。在行使这一能力时,我们究竟在做什么?

我想,答案大概是这样的。当我面临一个重要的个人决定时,我经常被要求在竞争的生活方式中做出选择——假设各种不同的生活方式中可能没有一种适合于我,但至少为我提供了可以各种可能充分发展的形式。要做出这样的选择,我必须在想象中探索各种选择②。也就是说,我必须努力从内心去看和感受,我选择它而不是其他的方式。这样做的努力与我们每天

---

① 我的这个术语是在许多哲学家的松散的意义上使用的,并没有任何意图支持与哲学学派相关的具体方法。
② 参见安东尼·克罗曼(Anthony Kronman)《实践智慧和职业品格》(Practical Wisdom and Professional Character),(4 Soc. Phil. & Pol.)203(Aut. 1986)。

试图理解他人的经历并没有什么不同①,它也类似于历史学家和人类学家试图了解那些在时间和文化态度上与他们相距甚远的人②。当然,在后一种情况下,我们努力去了解的是别人,而不是我们自己。但是,如果我接受某种生活方式,我将要变成的那个自我,在做出决定的那一刻,很可能看起来也是一个陌生人,一个和其他人一样既熟悉又遥远的人。所以,要抓住我面前的各种可能性,即使它们只是我自己生活的不同方式,我也需要同样的想象力来理解别人的处境或经历。最重要的是,我们需要的是一定程度的同情,也就是字面意义上的"感受"。我必须做出努力,为自己选择一种生活,与每一个人一起感受我可能成为特别关心和关注的人,感受风险和机遇,让未来可能的自我体验呈现出与众不同的形态。

这并非总是容易做到的。在我想象的未来自我的经验中,有很多对我来说是不透明的,事实上如此不透明,我甚至没有注意到我了解的东西有多少。虽然我有一种抽象的信念,认为一种特殊的生活方式对我来说是最好的,从各方面考虑来说,我目前的感情强烈地驱使着我转向另一个方面,以致我对于自己本来应该成为的那个人,竟无法产生任何真正的怜悯之心。然而,即使有了这些条件,我们慈悲理解的力量似乎足够强大,足以带我们跨越距离,这些距离将我们与他人和我们未来的自己隔开,并允许我们继续——也许只是部分地,但却是出于同胞之情——他们最关心的事情。

比方说,如果一个人面临着在两种职业之间做出选择,他就必须努力想象这些选择所代表的每一种不同的生活方式,如果对他的深思熟虑至关重要,他就应该同情地考虑他们的要求,从最好的角度去看每一件事物(一个献身于这种生活方式的人将会看到它的光明),他也必须与他试图理解的观点保持一定的距离或超然。从每一次对未来可能的职业的想象的尝试中,他必须能够撤回到做决定时的立场,也就是他目前所处的立场。至少他必须能够做到这一点,如果他真的要在各种选择中做出决定,而不是仅仅被感情的浪潮所席卷——即使这只是想象中的一种生活方式——也很容易产生这样的结果。为了确保这不会发生这样的情况,为了确保他保持足够的超

---

① 马克斯·谢勒(Max Scheler)《同情的本质》(The Nature of Sympathy),8-36(1954)。
② 参见马克斯·韦伯(Max Weber)《文化科学的逻辑批判研究》(Critical Studies in the Logic of the Cultural Sciences),载爱德华·希尔斯和亨利·芬奇主编(Edward Shils and Henry Finch)《社会科学方法论》(The Methodology of the Social Sciences)(1949)。

然,从一个不同于他们内部观点的有利位置来审视所有的选择,他有必要保留一些东西,即使在做出最大努力去想象理解的时候。面对艰难选择的人必须给每一个选择应有的权利;他必须考虑所有的可能性,亲自感受每一种可能性最吸引人的地方。他必须在履行承诺的同时,保留自己的承诺。

表达这个想法的一种方式是,深思熟虑的过程是特殊的双聚焦过程。通过一个镜头,替代方案不仅可以近距离看到,而且实际上可以从内部看到;通过另一种方式,所有的选择都保持在相同的距离处①。任何戴过双焦眼镜的人都知道,学会平稳地转换视角是需要时间的,而这样做很容易让人头疼。深思熟虑也是如此:同情和超然是很难的,但最难的是同时做到两者兼顾。然而,正是在这种看似相反的属性的结合中,构成了思考的过程。深思熟虑既不是演绎,也不是直觉。这是一个富有同情心的调查,同时从远处看,那些表现出卓越的深思熟虑和我们重视其判断的男人和女人最有能力满足这些冲突的要求,忍受他们之间经常存在的相当大的张力②。

3. 审慎与选择

对于最后这一命题,有人可能会反对说,把合理的判断归因于一个人,我们的意思不仅是暗示他或她能够接受特别广泛的选择,而且也能够在其中做出正确的选择。人们会说,一个具有良好判断力的人会经常做出正确的决定,而我对判断的"程序"描述似乎忽略了这一事实。我当然同意,在将合理的判断归功于一个人时,我们说的是他所做的各种决定以及他在做出这些决定时所采用的审慎程序。然而,我也相信,判断的这两个方面是相互关联的,一个深思熟虑的人的选择——带着同情和超然——在某种意义上很可能是明智的,或者实际上是明智的。

如我所说,面临困难的个人决定的人必须努力考虑他面前的各种可能性所代表的相互竞争的关切;他必须努力在想象中进入他最终将不得不选择的每一种生活方式。这里的关键术语是"包容",我这么说是什么意思呢?我所说的包容,它区别于完全接受自己不认可的东西,而是不完全接受其不认可的东西。接受一套价值观,并不是无条件地或保留地使它们成为自己

---

① 这两种观点之间的张力类似于托马斯·内格尔描述的在思想和道德中的自我视角和整个宇宙视角之间的张力。参见托马斯·内格尔(Thomas Nagel)1986 年出版的《无源之见》(The View from Nowhere)。
② 类似的解释见毕纳(Beiner)《政治判断》(Political Judgment)102 - 128。

的,而是以一种超然的态度接受它们,将这些价值观与人们目前实际信奉的价值观区分开来。然而,出于同样的原因,我指的是一些不同的东西,而不仅仅是对这样一个事实的认识,即所讨论的价值观恰好是与一种特定的生活方式有关的价值观。可以说,只有当我成功地以同情的眼光看待它们,并亲身体验到它们的力量和吸引力时,我才会接受一套价值观,而不是简单地考虑它们的存在。因此,对待一种价值观或关注的事情,是一种介于接受它和仅仅承认它的存在之间的态度。虽然我们都很熟悉这种半途而归的态度,但要描述它却出奇地困难。也许我们能做的最好的事情就是说这是一种同胞之谊,我想强调的是,这个词暗示了同情和超然的结合。

当一个人需要对他的未来做出一个重要的决定时,想想他所面临的不同的生活方式是有帮助的,因为这代表着他自己的不同部分或方面,每个部分的发展需要忽略或服从某些其他部分①。在任何适度复杂的人类生活中,这类选择都是不可避免的,个人生活的一大挑战就是要找到一种生活方式,能最好地容纳一个人想要做和成就的所有不同的事情。然而,既然不可能同时拥有所有的人,那么发现哪种生活方式最有可能保持一种亲切感或友谊就显得更为重要了,正如亚里士多德所说②,在一个人自身的不同部分中,为了他人的利益,其中一部分必须服从另一部分。一个人的灵魂,用亚里士多德的话说,对自己有"友好的感情"③,一个人的各部分没有公开交战或参与微妙的镇压和报复竞赛,他拥有一种完整的品质,用简单的术语"正直"来描述是最好的。大多数情况下,我们用这个词来描述一个人在与他人的关系和他或她的总体行为中所表现出的行动和目标的稳定性、品格的可靠性、自尊的尊严。然而,这是困难的——如果真的有困难的话——维持这种外表上的恒久不变,而不是亚里士多德所说的内在友谊。如果一个人的灵魂与自己对立,那么世界的压力很可能会随着时间的推移,将其各部分之间建立的脆弱的休战关系破裂。另一种选择并不是消除灵魂中的所有冲突——继弗洛伊德之后,我们不能希望达成这种精神上的一致。也不是柏拉图在《理想国》中提出的④上下级的和谐秩序,对我们来说,这种秩序不再像对他

---

① 这当然是一个古老的比喻。参见柏拉图《理想国》* 435e - 445e(艾伦·布鲁姆译)(1968)。
② 《尼哥马可伦理学》,* 1168b。
③ Id.
④ 《共和国》,* 444d。

那样自然。另一种选择是对自己的同情,在很大程度上,正直的基本美德就取决于这种态度。

尽管衡量一个人的正直程度,就像大多数事情一样,在某种程度上取决于运气(包括他与生俱来的感情与智慧)①,这也是他所做的各种选择的作用,因为随着时间的推移,这些选择,要么加强亚里士多德所描述的友好态度,要么鼓励相反的态度——自我憎恨和遗憾之情②。正是这种差异,一种重要的选择是为了实现或保持正直,至少在个人问题上,在那些显示出良好判断力的决定和那些没有良好判断力的决定之间画一条线。至少在个人问题上如此。例如,如果我们说某人在选择职业时表现出了良好的判断力,这并不是因为他所选择的特定职业——比如学者、艺术家、运动员或企业家的职业——在本质上优于他可能追求的其他职业。我们没有进行这种比较的依据,至少就那些表面上宣称有价值的生活方式而言(这些生活方式的数量很大,尽管不是无限的)。一个人在做出决定时表现出了良好的判断力,使他的生活朝着一个方向而不是另一个方向转变。要断言这一点,就意味着他选择了一种生活方式,这种生活方式使他能够合理地希望,在他的不同部分之间,在他不得不放弃或从属的利益之间,以及在他生活的中心利益之间,建立稳定的友谊(一种灵魂状态,虽然常与个人事业和能力之间的粗略匹配有关,但在没有匹配的地方可能存在,在存在匹配的地方也可能缺失)。当我们说一个人的决定是明智的,或者说它显示了良好的判断力,我们的意思是它通过增加做出决定的人与自己和平相处的机会来促进正直。在个人生活方面,明智的判断导致正直,不明智的判断导致瓦解和遗憾。只要我们没有一个尺度来衡量人类可以合理而负责地献身的各种生活方式的价值,这就是这些术语所能具有的唯一意义,至少在这个领域内是这样。

再加上观察,我可以完整地解释为什么深思熟虑的人也可能做出明智的选择。我曾说过,卓越的深思熟虑需要一定程度的同情和超然;没有这些品质,一个人就无法接受与生活方式有关的不同价值,而艰难的决定迫使他

---

① 参见威廉姆斯的《道德运气》(Moral Luck)。
② 《尼哥马可伦理学》,﹡1150 b。我对正直之善的论述,在很大程度上借鉴了亚里士多德对"道德弱点"或意志弱点现象的分析。Id,﹡1145。关于亚里士多德如何处理这一问题的启发性讨论,请参阅大卫·戴金斯(David Wiggins)《意志的弱点、公度性和思考与欲望的对象》(Weakness of Will, Commensurability, and the Objects of Deliberation and Desire),见罗蒂的《亚里士多德伦理学论文集》241 - 266(1980)。

在这两者之间做出选择。然而,一个带着同情和超然的态度深思熟虑的人,仅仅因为这个原因,就更有可能做出那些选择,这些选择增加了他过正直生活的机会——明智的选择,在这个意义上,必须在自我的问题上理解。这是因为,一切真正的思考,与单纯的推论和神喻的直觉不同,都需要实践那种包含着正直的同胞感情。对个人问题进行深思熟虑,就是对自己表现出这种同胞之情,要养成这种态度并在相当长的一段时间内定期使用它,而不成为那种态度本身具有价值的人是不可能的。这类人,也就是说,他们认为努力去理解别人关心的事情是很重要的,而不是最关注自己身上的事情,他们喜欢自己的这种能力。像这样的人肯定会重视他的正直。事实上,他从他的同胞情感的力量中获得的快乐,从他对自己矛盾的关注中获得的同情和超然的能力中获得的快乐,只是描述完整性体验本身的另一种方式。因此,善于深思熟虑的人很可能会喜欢那种包含正直的特殊形式的利己友谊,并为自己选择一种以正直为中心的生活。或者,换句话说,一个在深思熟虑时表现出良好判断力的人,很可能在他做出的决定中也表现出同样的良好判断力,这就是我一直试图建立的。

4. 判断与品格

最后一个论点基于我在继续之前想要澄清的一系列假设,即使冒着重复我已经说过的话的风险。我认为,同情和超然是自我思考的至关重要的特征,并提出,它们结合在一起,使一种没有它们就无法实现的理解成为可能。然而,如果认为仅用认知的术语就能恰当地描述这种特殊的理解形式或使之成为可能的特质,那就错了。能够以同情的超然态度享受某种生活方式的人确实知道一些不能采取这种态度的人所不知道的事情。然而,他或她所知道的,是拥有那种属于自己的生活方式是什么样子的,而这种知识只能通过以一种试探性的方式,对生活本身的关心来获得。

例如,我们都认识到,知道酒精可以改变一个人的行为与知道醉酒是什么样子之间的区别。即使是小孩子和终身禁酒的人都知道前一种知识,但要了解后一种知识,需要一些与酒精有关的经验。区分第二种知识的是它的情感成分。这种知识不仅仅是认知的,因为它至少部分地包含了感情的残渣,这些感情可以用命题来描述,但只能通过经验来获得。怀有同情和超然精神的人,去理解一种生活方式,而不是碰巧遇到的那种生活方式,其目的是通过富有想象力的经验类比来获得类似的知识,从某种程度上讲他是成功的,也带这感情的残渣。正因为如此,他对所讨论的生活的了解,才与他所拥有的知识有所区别。正如他获得的知识具有情感成分一样,他为获得知识而运用的能力也具有情感维度;更确切地说,它们包括某些感觉能力和其他明确的认知能力。同情是一种产生感情的能力,而超然是一种节制或限制感情的能力。两者都属于我们情感生活的经济范畴,并起调节其力量的作用。深思熟虑——这既需要同情又需要超然——一个人不仅要能清晰地思考,还要能以某种方式去感受。因此,一个在深思熟虑中表现出良好判断力的人,其情感倾向和智力同样会给他留下深刻的印象,而且他会比其他人知道得更多,因为他能感受到别人无法感受到的东西。

当这些性情成了习惯,它们就构成了性格特征,定义了一个人的特征。这似乎证实了我们一般理解的有人拥有良好的判断力是什么意思了,我们通常认为这是一个观察这个人性格的视角,他或她是什么样的人,而不是仅仅作为一个评论他或她的知识能力的视角。性格特征通常与独特的情感模式、欲望模式、厌恶模式以及思维模式有关。从这个熟悉的观点来看,有一个特殊的特征不仅是持有特定的信仰或以特定的方式思考,而且喜欢某些事物和不喜欢其他事物具有稳定的规律。有良好判断力的人习惯性地渴望什么,以及什么定义了这种性格特征,我们已经看到了。至少在自我思考中,完整的灵魂包含着正直的美德。

5. 政治

到目前为止,在我对判断的叙述中,我一直专门谈个人在其私人生活中对其个人命运所进行的那种判断。然而,判断也有一个公众的面孔,我现在转向它的这个层面。

许多重要的人类活动是集体进行的,其目标只有通过许多个人的协调行动才能实现。然而,属于这一广泛阶级的某些活动又被进一步区分开来,因为它们的目标是某一群体或集体本身的幸福。举个简单的例子,大多数加入志愿组织(政党、教会或博物馆基金会)的人都有可能这样做,因为他们相信该组织的目标,并希望看到它们实现。但是,几乎在每一个这样的协会里,会有一些人负责维护协会的福祉,负责支付租金,邮寄通告,召开会议,以协会认为最好的方式解决成员之间的纠纷(当有纠纷发生时)。那些承担这些责任的人有一套大多数成员不关心的特殊关切,这些关切我们可以称之为"组织性的"或"联系性的",以表明他们的焦点是每个成员所属的整个社会的福祉。

当然,在许多社区中,成员之间对于共同事业的性质和目的可能没有什么分歧(尽管没有这种分歧总是一种可能发生变化的偶发事件)。然而,在对一个社区的性质和目标有不同意见时,负责维持社区福利的人所关心的相关问题就具有更大的范围和紧迫性。当这种情况发生时,我们可以说,所讨论的问题在性质上变成了"政治"问题。当然,这种说法比通常用法所能证明的要广泛得多,也不符合公共活动和私人活动之间所熟悉的区别。然而,它确实指出了一类具有重要共同点的努力,并有助于解释我们在描述人们的行为时的含义,即使是在私人场合(比如企业会议室,或法学院的教员会议),本质上都是政治性的。

政治,按照我所提议的方式被广泛定义,包括很多内容。例如,它包括许多私人组织的管理——大学、基金会和营利公司——以及城市、州和国家的管理。当然,这些活动中的每一个都有自己的特殊要求。然而,就广义上的政治意义而言,它们都需要一种类似于个人判断的类型,即在私人生活的范围内,每个人都必须为自己的利益进行个人判断。这两种判断形式之所以类似,是因为它们的对象都是从相互冲突的部分中建构出一个友好的或兄弟般的整体,在一种情况下是一个灵魂的一部分,在另一种情况下是一个团体的一部分,都由不同的个体组成。

在任何一个特定的社区中,政治是关注社区整体福祉的事情,而当社区的目标或目的存在争议时,政治实践者将是最明显的——也是最迫切需要的。一个从事政治的人当然必须对这些目标或目的有一些概念;没有这样一个概念,政治活动将毫无意义[①]。然而,在形成他自己的观点并试图用这些观点来引导社会的时候,至关重要的是他要有良好的判断力——在这里,就像在自我思考时一样,需要同情和超然以及将两者结合起来的能力。在他决定他的社区应该向哪个方向发展,以及当前关于其未来的争议应该如何解决之前,任何想成为领导者的人都必须审视不同的选择,富有想象力地站在每位争议者的立场上,努力从他们的角度看待问题。他必须按照先前提出的意义考虑他们的关切。一个机构在其历史上的每个关键时刻所面临的不同可能的未来,就像个人在其职业生涯的某些决定性时刻必须选择的

---

① 参见韦伯《政治是一种职业》。

不同生活方式。在前一种情况下,正如在后一种情况下一样,深思熟虑最需要的是努力从最好的角度看待每一种未来①。

当然,一旦这样做了,还必须做出决定。但是,在这里,在政治领域和在自我事务中,我们用来评价选择的智慧的标准是一样的。这是一个明智的或政治家式的政治决定的标志,它使一个社会的成员——包括组成部分——共同生活在一起,尽管真正的意见分歧过去曾使他们分裂,而且毫无疑问将在未来继续分裂他们。这是一个明智的政治判断的标志,它促进了社区,不是通过构建一种虚假的、无法达到的一致,而是通过具有强烈分歧利益的人类可能实现一致的唯一方式:通过加强每个人接受不同意见者观点的能力,这种能力传统上被冠以政治友爱的名义②。博爱与其说是一致,不如说是宽容;就像同情的中间态度一样,它介于认同和冷漠的极端之间。在一个团体的成员中,我们可以说,在一个人灵魂中友爱是正直的类似物③。知道如何实现这两种品行的人,拥有这种愿望的人,在一种情况下和在另一种情况下都有同样的正当理由,而且由于本质上相似的理由,也可以说他们展现了善于判断的美德。

四、好律师

在第一部分的最后,在批评法律职业的工具性、热心公益的概念时,我建议第三种选择律师的生活可能的理由,这种生活的价值和吸引力不在于它所导致或产生的任何东西,而在于法律职业本身所要求和展示的品格的优点。此外,我还提出,这第三个概念最好通过对判断现象的分析来加以探讨,在第二部分中对此进行了一些详细的研究。我在第三部分的目的是要表明,对判断力的正确理解,为使律师们相信他们所做事情的内在价值,从而为他们选择法律生活提供了理由,即使他们可能有其他(工具和公共)理由。

当然,律师要在法律职业中展现能力,就必须掌握相当多的理论体

---

① 参见阿拉斯代尔·麦金太尔(Alasdair MacIntyre)在《追寻美德》《After Virtue》第222—223页中对传统演变和自我批判的改进的描述。
② 参见亚里士多德《政治学》*1280b-1281a,*1295b。有关这些概念的讨论,请参阅安东尼·T. 克罗曼《亚里士多德的政治友爱观》,24 Amer. J. Jurisprudence 114(1979)。
③ 参见柏拉图《共和国》,*435e-449a。

系,并熟悉法律所采用的独特的论证形式。然而,真正杰出的律师是被他或她的同行公认为模范的执业者,其工作以敏锐和想象力为标志,他拥有的不仅仅是理论知识和辩论技巧。使这样一位律师与众不同并成为整个律师行业的典范的,不是他知道多少法律或他说话多么聪明,而是他如何明智地做出他的职业任务所需要的判断。当一个律师想要赞扬另一个律师的工作时,他最可能给予他的恭维是说他是一个有正确判断力的人。对执业律师来说,没有什么比这更重要了。实际上,如果你要看重这个职业的言辞技巧的话[①](这至少可以告诉我们一些关于律师是如何看待自己的),律师们所推崇并认为对他们的工作至关重要的美德中,最主要的是正确判断或谨慎的美德,这些都是一些更古老的术语,其含义在现代已经发生了根本的变化[②]。

当然,法律并不是唯一高度重视正确判断的活动。例如,人们通常认为,一位杰出的政治家或外交家的杰出之处在于他具有同样的能力。但无论其他领域的情况如何,在法律方面取得的高成就往往与从业者本身有关,甚至不仅主要与知识和才智有关,而是拥有判断的能力、深思熟虑的能力和洞察的能力,这些都是处理最棘手的案件所不可缺少的,对于这些,没有任何教义上的老练,或纯粹的智力上的才华,可以成为令人满意的替代品。

这里有混淆的危险,因此,我想尽可能明确我的立场。我的主张是,律师执业是一种活动(更确切地说,是一种相关活动的集合),它可以表现得很好,也可以表现得很差,而要想在这些活动中出类拔萃,就必须具备我称之为良好判断力的素质。我还想提出与此密切相关的第二点主张:法律职业倾向于促进这一特性的发展,因为长期参与任何活动都会鼓励优秀活动所

---

① 例如,威廉·伦奎斯特(William Rehnquist)《给年轻律师的忠告——一位年长律师的告白》,《记者》(The Reporter)(1986年夏天)("律师事务所的高级合伙人——'唤雨巫师'——并不比初级合伙人或助理更懂法律。但他有一种说不清道不明的特质,促使客户求助于他,不仅是为了就严格意义上的法律问题征求意见,也是为了听他帮助客户判断应该如何处理自己的事务。"《司法会议》(Judicial Conference)-D.C.(1983)(法官科特赞扬法官约翰·刘易斯·史密斯正确判决的评论);弥尔顿·弗里曼、安倍·福塔斯《我的伙伴》,《记者》(1983年12月)(赞扬福塔斯的智慧和良好的判断,正是这种品质导致最高法院任命他担任著名的吉迪恩案辩护律师:"他们认真考虑推翻一个21岁的先例。他们需要一个明智的顾问来建议如何在不引起重大冲突的情况下做到这一点。他如此理解自己的使命,在法院的一致判决和三个并存意见的情况下,他确实完成了任务,这一切都符合对这个重要问题的冷静和不发生意见分歧的解决方案。")

② 康德对此负有很大责任。在康德的道德哲学中,"审慎"一词,含义是自我利益的启蒙,已失去了它的古老意义,而呈现出它在现代意义上的特征。参见伊曼努尔·康德《道德形而上学的基本原则》,载于托马斯·K.阿伯特主编的《实践理性批判》等著作(1873)。

需要的这种权力和能力。从这两种说法中,我也不是在暗示这种结果,并不能得出任何从事法律工作的人必定会获得良好的判断,或者说良好的判断不可能在法律职业之外的其他专业领域或通过一般的生活经验获得。正如我所指出的,除了法律之外,还有许多领域需要良好的判断,而良好的判断又反过来促进良好的判断,形成良性循环。也有许多人在工作之外,在他们与家人、朋友和爱人的私人关系中,学会了良好的判断。然而,所有这一切都与以下观点不一致:有些活动比其他活动更依赖良好判断的运用(区别于所有复杂活动都需要的单纯的技能),并在那些定期进行这些活动的人身上显示出一种特殊的倾向,即把良好判断力发挥出来。这也与法律职业是属于这类活动之一的主张不一致。我认为它是,而且还认为,良好的判断力,不同于单纯的技能,是一种性格特征。接受这最后一种主张的律师可以用工具主义者所不能用的术语为自己选择的职业辩护——选择一种生活方式和性格类型。同样的理由,或类似的理由,也适用于其他职业的从业者(尽管我相信并非适用于各行各业的从业者),这并不会减少它对于律师的适用性,也不会降低它对于律师的重要性。

正如律师们通常认为的那样,法律职业实际上确实需要良好的判断力,这一点有待证明。我注意到这一假设,并赞同它,但迄今没有为它辩护。我不愿为一个好律师必须具备良好判断力这一宽泛的主张辩护,我愿为三个稍微狭隘的主张辩护:一个好的法官、一个好的顾问和一个好的律师都必须具备这种品质。用卡尔·卢埃林的话说[1],这是三个主要的"法律工作",将全球法律职业的概念分解成这三种将是有益的。虽然律师也做其他事情,但这是他们的主要职业,如果可以证明在这三个方面都需要良好的判断力,我们可以合理地得出结论,良好的判断力在法律职业中是普遍需要的。

我从审判开始。法官是从律师中挑选出来的佼佼者,他们被假定在专业技能与素质上拥有整个职业所具备的优点。因此,人们很自然地认为,这些优点将在他们所从事的工作中以特别清晰的方式展示出来。我的主张是,一个好的法官是通过他的具有同情心的超然能力和他拥有的形成良好判断的基础的两种品质来彰显其卓越才能的。法律顾问和辩护律师也是如此。

---

[1] 参见罗伯特·A.伯特(Robert A. Burt)《宪法与寓言的教学》(Constitutional Law and the Teaching of the Parables),耶鲁大学出版社,1984年第93卷,第455页。

(一) 审判

在对一个案件做出裁决之前,法官必须尽力从有利于当事人的角度来看待他的当事人的主张,这意味着他在实际支持任何一个问题的立场时,必须尽可能地同情他们。法官仅仅作为一个解释天才是不够的,他应该是一个能够用自己的智慧构建一个深刻而优雅的理论来支持自己手头案件判决意见的法律大力士。他还必须了解该判决对当事各方以及对那些认同或支持它们的人意味着什么,对于他如何陈述判决,他用来解释和辩护的词语,通常还有决定本身的内容,将取决于他对其所代表的政党和团体的意义的评估。这不仅仅是对不同理论的深度和优雅程度的比较所能揭示的①。只有从当事人自己的角度同情地审查案件,法官才能获得这种理解。当然,在这样做的同时,他还必须与当事各方的关切保持距离,而做出判断的最大挑战是在保持超然的同时,对当事各方及其相互冲突的要求表现出最大的同情。一个法官在第一个方面失败表明他有偏见或偏袒,而在第二个方面失败则表明他冷酷无情——这是每个法官都必须面对的两个缺点。

一位法官如果成功地做到了这一点,他很可能会从某种角度来看待自己的裁决的作用:解释法律和改进法律,当然,但同时也为了维护因法律冲突而经常绷紧的社区纽带。他将通过寻找解决办法来做到这一点,使当事各方和那些与他们认同的人有可能在即使做出了将法律的威望和权力放在一方而不是另一方的判决之后仍能和睦相处。任何一位怀有同情心的法官都会倾向于把这最后一项任务看作是他的主要责任之一。法律行使自己的同情力量,很可能会唤醒这样由法律共同体构成的同胞感情的欲望,他将急于做他能够建立和维护法律的事情。法官可能聪明过人,富有社会远见——他具有满足同情和超然这两个矛盾要求的个人能力,他做出的判决倾向可以促进社区成员之间形成共识②。

---

① 参见罗伯特·A.伯特(Robert A. Burt)《宪法与寓言的教学》(Constitutional Law and the Teaching of the Parables),耶鲁大学出版社,1984年第93卷,第455页。
② 看到艾奇逊院长赞美卡多佐法官的评论,参见罗杰·F.雅各布斯(Roger F. Jacobs)《联邦最高法院大法官纪念文集》(第一卷)(Memorials of the Justices of the Supreme Court)456 - 457 (1981)("即使没有分享,他能够欣赏自己没有经历过的人生阶段,能够尊重自己理解的他人的价值观和思想,这有助于他进行判断。……这种内在的优雅使[他]……以理解和宽容的态度说话,同时,坚守说话的有效性与常识。")

（二）协商

代表客户的律师与担任法官的律师处于非常不同的地位。法官有义务在处理当事人之间的利差关系时保持谨慎中立态度，但是律师们应该对他们客户的利益表现出狂热的偏爱，但律师们要维护客户的利益，在法律限制的范围内他们也有能力做到这点，为了促进这些利益，在这些利益与其他各方的利益发生冲突时充当它们的捍卫者。然而，就像他们在法庭上的同行一样，执业律师经常被要求在他们的专业工作中行使判断权，他们在行使判断权时所使用的商议权在本质上是相同的。律师在代理客户案件中行使的判断权和法官在案件的判决中行使的判断权内容不同，所要求的能力本身的性质亦不相同。

首先，请考虑一位律师的工作，他的客户来找他咨询有关某项行动的计划。根据很多人的想象，甚至是很多人的误解，律师的角色在这样的情况下纯粹是工具性的：客户陈述了他的要求，律师（对客户的要求研究之后）告诉他，他提出的目标能否通过法律的手段实现，假设能够实现客户的目标，律师会概述实现其目标的最有效的方法，以满足客户的愿望。毫无疑问，法律职业的很大一部分的确是在提供这类部长级的建议——但不是最有意思、最有价值的部分。首先，除了为他们的客户已经设定的目标寻找方法之外，律师还经常帮助他们自己解释这些目标，甚至有时还充当助产士，如果没有他们，这些目标可能永远不会被发现①。我的意思并不是说律师充当了其客户的良心，对他们的目标和计划做出道德判决（尽管每个负责任的律师都认识到，他或她必须不时地做好这样做的准备）。我的意思很简单，客户经常带着混淆或冲突的目的来找律师，律师的工作之一就是帮助客户了解它是什么，他想做这件事，但经过考虑后再决定是否真的想做。

为了达到预定的目的而设计一个有效的法律策略不仅需要法律知识，通常还需要相当聪明的头脑。然而，如果一名律师要在一开始就帮助他的客户确定并选择一套合适的目的时，扮演负责任的角色，还需要做更多的事情。我们需要的是判断，一个人要想明智地考虑自己的目标，就必须同时具

---

① 要分析律师在形成偏好中所扮演的角色，而不仅仅是执行偏好，见卡斯·R.桑斯坦(Cass R. Sunstein)《法律对个人偏好的干涉》(Legal Interference With Private Preferences)，53 U. Chi.L. Rev. 1129(1986)。

备同情和超然。明智的顾问能够从内部看到他的客户的情况,同时还要考虑长远,因此给予的建议是既同情又客观的[1]。仅仅是聪明的律师[2],也就是被雇用的枪手,却不能提供这样的建议。尽管客户可能会依赖律师的战术策略,但在需要实践智慧的问题上,他们不太可能寻求他的建议,也不太可能看重他的判断。

律师经常执行的第二项任务也需要真正的判断,这与单纯的聪明或法律知识不同,这是一项类似于社区建设的任务,我认为这是司法事业的重要组成部分。当客户希望与他人共同创业时,律师的工作——或者几个律师共同合作的工作——就是提供一种具有法律效力的形式。然而,总的来说,律师的工作也是寻找,或者发明一个权利和义务的框架,以适应不同的和经常冲突的利益相关者。框架的问题,无论是合伙企业、合同或公司,可以将它们很恰当地描述为一个社团,不仅是法律允许的,也是他们自己的当事人希望的,而且是社团其他成员想要的。他们只能通过富有同情心的想象来认识到这一点,而缺乏这种想象的律师,在努力打造一个能够承受不可预知的未来所带来的哪怕是最轻微的冲击的社团时,将会受到阻碍。每一个起草合同或创建合伙关系的律师,都参与了一个小联邦的建立,他在工作中需要的优点,可以被描述为建国政治家的优点的缩影。其中最主要的是良好的判断力——同情心和超然感的结合,使人们有可能持有一系列不同的利益,并在想象中预测这些安排最有可能在他们之间保持某种程度的友好关系。

(三) 辩护

能不能说,辩护律师像法官和法律顾问一样,在他们所做的工作中需要智慧,而不仅仅是聪明或狡猾?这是一个重要的问题,因为法律实践不仅仅包括狭义上的辩护,律师和非专业人士最常采取的辩护,是为了揭示整个职业的真相和从事该职业的人的性格[3]。此外,这是一个人们可能认为必须以否定的方式回答的问题,因为正如我所描述的那样,实践智慧在任何意义

---

[1] 参见查尔斯·弗里德(Charles Fried)《律师的朋友:律师与客户关系的道德基础》(The Moral Foundations of the Lawyer Client Relation),耶鲁大学出版社,第 85 期,第 1060 页(1976 年)。
[2] 参见亚里士多德《尼哥马可伦理学》* 1144a – 1144b(聪明与智慧的区别)。
[3] 参见施瓦茨(Schwartz), 66 Cal. L. Rev. 672(注意到非提倡职能经常被视为"几乎是律师作为倡导者的主要角色的例外")。

上都不清楚是否需要为客户的事业成功辩护。

与法律顾问不同的是，律师的工作通常只有在他的委托人的利益已经被高度确定并且他的主要任务不能恰当地描述为建立任何类型的社区时才开始。事实上，辩护律师的目的似乎往往与之相反：为了他所代表的特殊利益而破坏社区（契约、情感和共享经验）。因此，在辩护律师的工作中，很难辨别出与那些在审判和法律顾问领域都需要进行正确判断并为其展示创造空间的元素相对应的元素。许多人认为，辩护律师所需要的完全是苏格拉底在描述修辞时所想到的那种操控力，修辞是辩护律师出现在陪审团和其他议会面前的艺术，是一种使不好的论点显得好的技巧，反之亦然①。辩护律师必须狡猾，他必须知道什么能说服人，什么不能，他也许必须有点冷酷无情，并且准备好说出和做一些在其他情况下甚至他会认为应该受到谴责的事情。在辩护律师的工作中，哪里有同情和超然的品质，以及社区建设的精神？我认为具有判断力和主张能力的人实际上是明智的标志。

人们很容易回答说，律师经常要扮演法律顾问的角色，他不仅要支持其客户的诉讼，而且还帮助他出决定，在这个过程中是否要采取其他一些不那么好斗的行动（例如，通过解决索赔问题，或减少刑事指控认罪）②。在这里，就如协商解决纠纷一样，需要的不仅仅是聪明和狡猾，也需要施展实践智慧。但是，必须承认，这是一种不令人满意的回应，因为它满足了这样一种指责，即一个成功的辩护律师不仅需要实践智慧，而是仅仅指出了律师很少以单独身份行事。这可能是对的——我碰巧相信是对的——但是独立于律师的其他职能之外的辩护本身呢？从任何意义上说，它是否可以说需要真正的智慧，以区别于圆滑和操纵才能？

我认为，如果我们认真对待亚里士多德在他的修辞学论文中所做的一个令人困惑的评论，就有可能对这个问题做出肯定的回答。根据亚里士多德的观点，一篇演讲的说服力，除其他因素外，还取决于"演讲者的个人性格"。他观察到："我们比其他人更充分、更乐于相信好人。"他还指出："无论问题是什么，这通常都是正确的，在不可能有确切把握、意见存在分歧的情况下，更是绝对正确。"因此，亚里士多德总结道："说话者所表现出的个人美

---

① 参见柏拉图《高尔吉亚》Gorgias *455。
② 例如，参见安德鲁·麦克尼亚和托马斯·谢弗（Andrew McThenia and Thomas Shaffer）《和解》（For Reconciliation），耶鲁大学法学院，第94卷第1660期（1985年）。

德对他的说服力没有任何帮助,这是不正确的;相反,他的性格几乎可以说是他所拥有的最有效的说服手段。"①

这是最后的观察,似乎完全不符合苏格拉底关于成功的修辞学家是一个不择手段狡猾的人的描述,它陈述了一个非常重要的真理。在与我们一起生活和工作的人中,有些人比其他人更诚实、谨慎和富有同情心,我们本能地更重视他们的意见,而不是那些缺乏这些品质的人的意见。如果一个因正确的判断而广受尊重的人建议我们采取一种特定的行动,或者在一场机构辩论中采取某种立场,我们就会特别认真地对待他或她的建议,仅仅因为这些建议来自那个人,而不管其内容如何。从这个意义上说,我们对一个人的观点的评价,至少部分地是我们对这个人本身的评价,当然,还有其他的考虑。从这个意义上说,所有的道德和政治辩论都是不可简化的人身攻击,由此可以得出,任何希望在辩论中发挥效力的人都有兴趣成为其意见受到尊重的人,也就是说,具有良好判断力的人。

对此,有人可能会提出反对意见:要想在辩论中取得成功,所有人真正需要的是具有实践智慧的声誉,而不是这种品质本身②。但是,一个人的性格比这种愤世嫉俗的建议所暗示的要更难隐藏。我们的性格在我们所做的一切中展现出来,在我们生活的公共表面上,让每个人都能看到。的确,一个人的性格往往是我们了解他的第一感觉。原因是,我们的性格(不像我们的信仰和意图,它们更容易被隐藏)有一个外在维度——更确切地说,它们包含在一系列的性情或习惯性欲望中。我们渴望的东西通常比我们所想或打算的东西更难隐藏,而最难隐藏的欲望是那些已经形成习惯的欲望。一个人所具有的性格构成了他的生活习惯,尽管他可以间或成功地把这种性格从人们的视野中隐藏起来,但这种性格很可能会在他所做的大多数事情中表现出来。在任何时候脱离自己的个性生活就像脱离自己的皮肤生活一样困难。因此,如果一个人想以实际的智慧获得名声,却没有实际的价值,那么他很可能会被认为是一个对世界装模作样的木偶表演者,我们不太可能信任或信任他的观点。

但可以肯定的是,它会遭到反对,这一切与辩护没有任何关系。律师通

---

① 亚里斯多德《修辞学》 * 1356a。
② 格劳孔之所以这么说,是为了迫使苏格拉底给出更有说服力的解释,解释为什么正义是内在的善。参见柏拉图《共和国》 * 360 - 361d。

常会在陌生人面前为自己的案子辩护,这些人不了解他的性格,也没有时间和机会去了解他的性格。此外,尽管一个人的性格在非正式的场合下会很快显露出来,但法律的仪式往往会通过要求他们扮演事先准备好的角色来隐藏而不是突出当事人的个人特征①。

对此,我的回答如下。法官的一项主要责任是维护法律共同体,发现和阐明政治友爱可能存在的条件。这是法官的直接责任:他必须关注法律共同体,关注它的构建和存在,也不能简单地假设法律共同体的存在是法官通过无形的协调机制所形成的间接结果。我们习惯于认为辩护律师的角色是不同的:辩护律师的注意力放在了其客户的福利上,如果他的努力促进了法律共同体的发展,共同体会以一种迂回的方式帮助确保我们的对抗式审判制度的有效运行。然而,要想成功地为自己的当事人辩护,律师必须富有想象力地站在法官的立场上,为自己的案件做出裁决,这是司空见惯的事(即使在陪审团审判中,他也必须这样做,因为法官将最终决定上诉中的争议)。律师必须想象自己站在法官的立场上,为自己代理的案件做出裁决。如果他不能站在法官的角度来看待案件,辩护律师预测他代表他的当事人提出的哪些论点最有可能获得司法支持的能力必然会受到限制,他代表客户的有效性就降低了。

要成为一个好的辩护律师,他必须习惯从司法的角度来看案件,由于法官直接关心的是法律共同体,辩护律师从法官的角度来看案件,以便谨慎地组织自己的论点,强调他的当事人的利益和法律共同体整体利益的一致性。每一个好的法官都知道明智的辩论和仅仅是精明的辩论之间的区别。精明的辩论是辩护律师创造性通过使用法律和其他材料来达到客户的目标,明智的辩论是辩护律师通过建立客户的目标与法律共同体目标的一致性,法官往往通过对法律共同体的表达与维护来展示法官对法律共同具有特殊的保护义务。在他们裁决的案件中,法官可能会特别重视后一种论点,因为这些论点是从他们自己的角度提出的,并处理从司法角度来看最重要的问题。简而言之,如果你是一位辩护律师,确保你的辩论有规律地展示智慧的唯一方法,就是养成从法官的角度看待你的当事人案件的习惯,法官的工作就是

---

① 我借用了瑟曼·阿诺德(Thurman Arnold)在《资本主义的民间传说》(The Folklore of Capitalism)211-217(1937)中对法律礼仪方面的观点。

监督整个法律系统。

如果有人反对说,辩护律师可以养成这种习惯,但同时却不具备我称之为优秀判断力的品质——他或她可以成为司法态度和认知的行家而没有成为具有精明的决断力的律师——我的回答是这完全忽略了司法判决和一般判断的外在方面。为了知道法官在任何特定案件中可能会说些什么,富有想象力地假定其立场的辩护人必须以法官本人所表现出来的同情的漠然态度审视案件中所表现出来的相互冲突的利益。这是辩护人获得法官所依赖的洞察力的唯一途径,也是他预测法官在这个案件中将做出何种判决的唯一途径。但要做到这一点是困难的——事实上,我认为这是不可能的——没有分享到法官的同情的超然态度本身所包含的情感倾向。当这种分享成为一种习惯,它就会反过来,随着时间的推移,在那些富有想象力地扮演着法官角色的辩护律师中唤醒对政治友爱的渴望,这也是法官自身的动机。这样一来,法官自身的一些良好判断就会影响到律师,因为律师总是竭力从法官的角度看待当事人的案件。如果辩护律师成功地做到了这一点,他很可能最终会与法官分享他的性情,关心法官所关心的事情,一旦这些性情成为性格的特征,就会像成功的法官一样,表现出同样好的判断。

当然,在一开始,律师努力从司法的角度看他的当事人的案件可能只有工具性的理由。然而,一旦他获得了这样做的能力,对他来说,这样做很可能是一种独立的满足。许多技能也是如此,比如驾驶汽车,游泳,甚至是平凡的穿衣艺术。最初,一个人可能希望学习这些东西只是为了一些外部回报,比如身体安全或父母的认可,但随着时间的推移,他往往会因为这些东西的内在兴趣和它们所提供的乐趣而重视它们。技能问题需要控制一定的情感态度——正如辩护人预测法官将如何看待他的案件的技巧一样——它一般倾向于用内在品德弥补外在品德,这种倾向很可能特别明显,因为在这里,技能的获得通常会以性格的改变为标志,对于有这种经历的人来说,其重要性绝不仅仅是将其视为一种工具那样简单。

只有当辩护人获得了良好判断的性格特征时,他才能相信自己有能力像法官那样看待法律的纠纷世界,从而区分明智的辩论和精明的辩论。不具备这一性格特征的辩护律师可能对法律有一定的了解,而且善于辩论,但他们缺乏判断力是一种不利因素;这使他们的效率低于具备这一性格特征的人。从这个意义上说,我们有理由说,辩护律师辩论的成功,至少部分归功于他所拥有的品格,归功于他是某种类型的人,而不仅仅是归功于他对法律的知识或对修辞技巧的掌握。在这种程度上,亚里士多德观察的真理甚至在这里也成立,在法律辩护领域,展示一个人的性格的场合比在生活的其他领域更简单和更具礼仪性。

关于律师从事的三个主要工作领域——审判、法律顾问和辩护——我已经说得够多了,这使我的主张变得可信,即良好的判断对每一个领域都是必不可少的。我相信,如果一个人缺乏良好的判断力,就不可能在这些领域成为一名优秀的律师,而律师所从事的工作往往会通过定期的练习来培养这种能力。我的意思并不是说所有的律师都拥有良好的判断力——当然,很多律师都没有这种判断力——甚至也不是说,没有这种判断力,最低限度的可接受能力是无法实现的。例如,当一个人接触到法律时,他的性格就会以某种方式在短时间内形成了,因此他无论在法律中生活多久,都无法赋予他我刚才所描述的性格特征。但是,所有这些都不能改变一个基本事实,即良好的判断力对律师来说是一种职业理想,一种美德,它赋予他们的职业以意义和尊严,因为没有它,职业技能就不能很好地予以实践①。

五、结论

那么,为什么一个人会选择在法律中度过一生呢?下面可能会给出答案。生活在法律之中,而不是依靠法律而生活②,就是服从它的纪律,接受它

---

① 虽然我在这一节中没有提到这一职业的教学分支,但我文章的信息是针对教师和法律从业者的。的确,在某种意义上,它是专门针对教师的,因为今天我们主要的法学院最显著的特点之一是,他们普遍对实践智慧的传统美德持蔑视态度。为什么会这样是一个漫长而复杂的故事。然而,有一件事是明确的。对实践智慧和诉诸实践智慧的辩论的不信任,是当代法学研究的一大特征,已导致整个法律行业在执业律师和教授之间出现了一种新的令人不安的分裂。

当然,在那些选择从事法律学术工作的人和那些在更世俗的环境中实践他们的技能的人之间,总是存在着某种区别。在我们这个国家,自从法律教育开始具有学术性以来,这种分离已经存在了至少一个世纪了。然而,近年来,这种分离已大大扩大。大多数执业律师仍然认为,要想在法律业务中取得卓越成就,需要谨慎和正确的判断。这一观点也得到了那些以执业律师为主要身份的法律教师的认同。然而,许多法律教师(包括一些最广泛阅读和最受尊敬的人)对这些品质持不同的、更低的看法。在他们看来,坚持实践智慧的重要性要么被视为一种意识形态的策略,要么被视为科学幼稚的标志。诚然,执业律师和法律教师必然会有不同的兴趣和目标。然而,当这种观念上的差异伴随着一方对心灵和气质品质失去尊重时,这种差异就变得令人不安了,而另一方则把这些品质和气质的拥有视为职业自豪感的标志。

② 参见韦伯《政治是一种职业》。这句话出自 84 岁的马克斯·韦伯。(区分那些为政治而活的人和那些靠离政治而活的人,distinguishing those who live "for" politics from those who live "off" it)。

的理想。理想就是要获得和行使良好的判断力或者实践智慧。然而,拥有良好的判断力并不仅仅意味着拥有渊博的学识或智慧,还意味着成为某种类型的人,具有某种性格。因此,以实践智慧为目标,绝不能简单地以占有一种技能为目标,而这种技能的掌握会使拥有者从根本上保持性格不变。以实践智慧为目标,就是以一种特殊的性格概念为目标,并以与之相关的生活方式为目标。在某种程度上,一个人的目标是真实的,其结果很可能是苏格拉底在《理想国》中所描述的灵魂的转变,自我的转变,职业人格的发展。不像某些人[①],我不认为这是遗憾或恐惧的原因,相反,我认为这是一种骄傲,因为如果律师们实现了自己的职业理想,他们所获得的品格本身就是一种有价值的成就,其标志就是实现了人类的卓越能力。

当然,还有其他完全不同的性格和生活方式也很吸引人。我并不是要暗示——这在任何情况下都是荒谬的假设——执业律师的生活是任何人都可以选择的最好的生活。然而,这是一种值得过的生活,作为一种理想的实践智慧的美德,是一个人可以合理地将其整个职业生涯投入到其培养中的少数性格特征之一。在这种意义上生活在法律中的人对其具有内在价值。他不需要越过他的工作去发现它的要点或为继续工作找到理由,而是要从工作本身和他需要把它做好的优点中找到足够的理由。每一种为法律职业进行的辩护,只要把它的好处放在职业的外在部分,就会遵循一种不同的论证策略,而我认为,这种策略肯定不令人满意。

我现在已经回答了我开始时提出的问题。然而,我想补充的最后一个想法,一个萦绕在我心头的想法,任何一个被我在这里所辩护的法律职业的观点所吸引的人,都会萦绕在这个想法里。

我们出生的这个世界以及我们共同生活的这个世界最重要的特征就是马克斯·韦伯所说的合理化过程[②]。在西欧和北美国家,生活的每个领域——绘画和诗歌如此,政府和企业也是如此——在 20 世纪都被合理化或智能化到了无法想象的程度,即使是那些为这一发展奠定基础并成为其早期拥护者的启蒙思想家也是如此。在生活的任何地方,即使在智力一直最多只发挥次要作用的生活领域,今天,理性的主张也比其他所有主张享有绝

---

① 比如说,埃舍特(Eshete)《律师的性格重要吗?》(Does a Lawyer's Character Matter?)。
② 马克斯·韦伯《科学作为一种职业》,载格特和米尔斯主编。这句话出自马克斯·韦伯(Max Weber)的第 155—156 页。

对的优先权。我所说的"理性主张"指的是两件事：第一，对知识透明度的要求；第二，对可计算性的要求。只有那些基于规则和过程的活动和制度，这些规则和过程是完全可以通过理性来理解的，并且这些规则和过程为行动提供了一个最高限度可计算的框架，在这双重意义上才是理性的。其他的都是不理性的，在今天意味着不值得或需要修复。从历史的角度来说，这是一个新颖的想法，但对我们来说，正如我所说，这是一个决定性的事实。今天推动我们文明向前发展的合理化进程几个世纪以来势头不断增强，它现在像一股强大的潮流一样把我们一路推向共同的命运。

法律和其他一切事物一样，都陷入了这种潮流中。的确，法律有时似乎是一种加速力量，并确实以其自身的特殊资源提供了构成整个合理化过程基础的许多主要思想①。然而，在我们的英美法律体系，这必然会显得不合时宜，甚至令人反感，因此，只要这些主张被认真对待，就会有反复出现的，也许最终无法抗拒的，要求清除这些非理性因素的要求。我担心，在这些因素中，包括实践智慧这一过时的美德。在一个内化了理性主张的法律世界里，实践智慧还能成为一种职业理想吗？

到目前为止，只有不确定的证据，但都指向了同一个方向——法律教育变为了社会科学训练的一个分支②，司法机构变成了管理机构③，私营律师事务所变成了合理化的营利机构，与其他商业企业没有什么两样④。我认为，这些发展反映了我们这个职业的每一个领域都趋向于更加合理化的共同趋势，其结果是作为指导职业规范的实践智慧的理想被削弱了。我不知道这种倾向是否有自然的限度，也不知道如果我们通过努力是否可以特意扭转它，尽管我倾向于认为这两个问题的答案都是否定的。超出了一定的

---

① 参见安东尼·T.克朗曼《马克斯·韦伯》72-95(1983)。
② 参见约翰·莫纳什和劳伦斯·沃克(John Monahan and Laurens Walker)《法学中的社会科学教学："法律与社会"的另一种选择》，《法学教育》35 J. Legal Educ. 478(1985)(注意到从20世纪70年代中期到今天法学院社会科学教学的迅速崛起)。
③ 参见理查德·波斯纳(Richard A. Posner)《联邦法院：危机与改革》(The Federal Courts: Crisis and Reform)102-119(1985)；欧文·费斯(Owen Fiss)《司法官僚化》(The Bureaucratization of the Judiciary)，《耶鲁法学评论》92 Yale L. J. 1442(1983)；韦德·麦克雷(Wade H. McCree, Jr.)《官僚司法：早期预警》(Bureaucratic Justice: An Early Warning)，129 U. Pa. L. Rev. 777 (1981)。
④ 参见罗纳德·J.吉尔森和罗伯特·H.蒙肯(Ronald J. Gilson and Robert H. Mnookin)《人类资本家的分享：对公司法律事务所的经济调查以及合伙人如何分配利润》(Sharing Among the Human Capitalists: An Economic Inquiry into the Corporate Law Firm and How Partners Split Profits)37 Star. L. Rev. 313(1985)(将律师事务所作为营利组织来分析)。

规范——这就是萦绕我心头的想法——法律合理化可能会使我们所有人，无论是法律的传授者，还是法律的制定者和实施者，都受到影响，变成了官僚官员，变成毫无个性的专家。他们的工作需要知识、精确和公正，但从不需要我在这里使用的那种意义上的判断。当这种情况发生时，对那些法律从业者来说，唯一剩下的品质就是外部品质了。如果有人问，为什么他应该选择在法律领域谋生，或者认为法律不只是消磨时间和赚钱的一种方式，那么，在我担心正在我们身边成长的法律世界里，有没有可能回答这样的问题？

美国法律职业报告

文学国　吴敏敏　编译*

摘要：本报告介绍了美国法律职业的整体概况，以法律教育相关统计数据说明了美国法律职业的变化情况。

关键词：美国；法律职业报告；美国律师协会

一、律师概况

（一）总体概况

2019年美国律师协会（American Bar Association）全国律师人口调查对各个州的律师协会和执业资格证颁发机构的律师数量进行了统计，结果显示，近年来律师行业的增长放缓。

从2018年到2019年，在职律师的人数增长了0.7%。这是过去四年来第三次年增长率低于1%，与本世纪初相比增速明显放缓。

尽管增长放缓，但自2010年以来，法律职业的增长速度几乎是全国人口增长速度的两倍。2010年在职律师人数为1 203 097名，而截至2019年1月1日，美国有1 352 027名在职律师，比2010年增加了12.4%。根据美国人口普查局的数据，同期美国人口增长率仅为6.3%。自2000年以来，全国律师人数每年平均增长1.7%，从2000年的1 022 462人增加到2019年的1 352 027人，增长了32%。20世纪，律师人数增长了793%，从11.4万人增加到102万人。

20世纪70年代律师人数的增长最快，从1970年的32.6万人增加到1980年的57.4万人，短短十年律师人数增长了76%。

---

* 文学国，上海大学法学院教授。吴敏敏，上海大学外国语学院硕士研究生。本文根据美国律师协会2019年发布的《法律职业报告》编译。

在20世纪的其他阶段,这个行业的增长要慢得多。从1900年的11.4万人增加到1950年的22.1万人,律师的数量翻了一番,这一过程经过了50年的时间。从1950年的22.1万人增加到1978年的46.4万人,这个数字又翻了一番,用了20多年的时间(图1)。

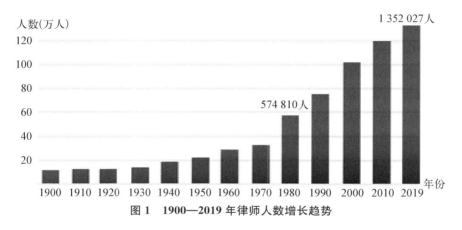

图1 1900—2019年律师人数增长趋势

（二）美国律师在各州的分布

在过去十年中,律师人数增长最快的州并不是美国律师人数最多的州。

自2009年以来,犹他州的律师人数增长了27%,增长率位居全国第二,而犹他州的律师人数仅排名美国第三十位。北达科他州是律师人数最少的州之一,但在2009—2019年间,该州的律师人数增长了22%,增幅较大。

同时,一些律师人数较多的州律师数量也同样大幅增加。自2009年以来,佛罗里达州是全美律师人数增长最快(28%)的州。得克萨斯州(22%)、纽约州(19%)和乔治亚州(18%)是律师数量前十的州,也是过去十年律师人数增长排名前十的州。

根据马里兰州、佛蒙特州和路易斯安那州的报道,过去十年律师人数大幅增长,这是因为他们改变了统计常住律师的方式,而不一定是因为律师数量经历了大幅增长。

加利福尼亚州是美国人口最多的州,其律师人数(17万名)位居第二,仅次于约占加州一半人口的纽约州(18.2万名)。

自2000年以来,两个州的律师人数都出现下降：阿拉斯加州(下降3%)和俄克拉荷马州(下降5%)。

(三)性别分布

在过去的十年中,女律师的数量增长缓慢。2009年占比为31%,2019年为36%。

尽管女性律师的比例在2016—2019年期间保持在36%不变,但在2009—2019年间,还是上升了5个百分点。

如今,64%的律师是男性,36%是女性。换句话说,男性律师的数量仍然是女性律师的两倍。

在过去的半个世纪中,女性律师的比例发生了巨大变化。1950—1970年,只有3%的律师是女性。从那以后,这一比例逐渐上升,1980年为8%,1991年为20%,2000年为27%,如今为36%。美国的第一位女性律师是1648年马里兰州的玛格丽特·布伦特。美国律师协会于1991年设立了玛格丽特·布伦特奖,以表彰女性律师的成就。

1918年,美国律师协会招收了第一批女性成员:丹佛的玛丽·弗洛伦斯·拉斯洛普和克利夫兰的玛丽·格罗斯曼。1995年,美国律师协会的第一位女主席是新墨西哥州的罗伯塔·库珀·拉莫。

(四)种族与民族

在过去的十年里,西班牙裔、非裔、亚裔、美洲原住民和混血等少数族裔律师的比例增长缓慢。根据美国律师协会全国律师人口调查,过去十年少数族裔律师的总数增长了3个百分点,从2009年占律师总数的12%上升到2019年的15%。

参考白人在美国总人口中的占比,白人男性和女性在法律行业的比例仍然过高。2019年,85%的律师是白人,比十年前的88%有所下降。相比之下,2019年白人只占美国总人口的76.6%。

参考少数民族在美国总人口中的占比,几乎所有少数民族在法律职业方面的比例都过低。例如,律师行业有5%是非裔美国人,这一比例与十年前保持不变,但非裔美国人在美国总人口中的占比为13.4%。

同样,律师行业有5%是西班牙裔,这也与十年前相同,但是西班牙裔占美国总人口的18.1%。律师行业有2%是亚裔,与十年前相比也没有变化,但是亚裔占美国总人口的5.8%。美洲原住民从事法律职业的人数与他们在美国总人口的比例大致相同。与十年前一样，律师行业有 1% 是美洲原住民，而美洲原住民占美国总人口的 1.3%。

混血律师的数量正在缓慢上升。美国全国律师人口调查从 2014 年开始追踪这一群体，当时几乎没有混血律师。到 2019 年，这一群体在律师行业有 2%。

（五）律师事务所

2018 年，少数族裔在的律师事务所合伙人中仍然获利很少。2009 年，有 6% 的律师事务所合伙人是西班牙裔、非裔、亚裔、美洲原住民或混血。2018 年，这一数字为 9%。

律师事务所少数族裔助理的数量也在缓慢增长。2009 年，近 20% 的助理是少数族裔。在 2018 年，这个数字增长为 24%。

律师事务所中少数族裔合伙人的比例在全国范围内差异很大。多的情况下，迈阿密律师事务所的合伙人中有近 38% 是少数族裔，这在全国是比例最高的。少的情况下，克利夫兰的合伙人中只有 3% 是少数族裔，这在全国是比例最低的。

在加利福尼亚州，圣何塞、洛杉矶、旧金山、圣地亚哥和奥兰治县五个大都市区在全国少数族裔合伙人比例最高的律所中排名前十。德克萨斯州的两个大都市区——休斯敦和奥斯丁也跻身前十。

同时，律师事务所少数族裔合伙人比例排在后十位的地区中有六个位于中西部：克里夫兰、印第安纳波利斯、辛辛那提、堪萨斯城、密尔沃基和明尼阿波利斯。

在美国十个最大的城市中，有五个也是少数族裔合伙人比例前十的城市：圣何塞、洛杉矶、圣地亚哥、休斯顿和纽约。然而，费城作为美国第六大城市，律师事务所的少数族裔合伙人比例却不高。

迈阿密的少数族裔合伙人比例最高，为 38%。克利夫兰的少数族裔合伙人比例最低，为 3%。

二、律师薪酬

（一）近 20 年的薪酬趋势

律师的平均工资近年来增速放缓，但低于 2010 年以来的通胀率。根据美国劳工统计局(U.S. Bureau of Labor Statistics)的数据,2017—2018年律师工资增长了1.6%,这比同期2.1%的通货膨胀率略低(劳工统计局的统计数据包括了律师的工资,但不包括律师事务所合伙人和股东的盈利)。且根据该数据,如今律师的平均工资为144 230美元。近年来,律师的工资增长放缓,尤其是在2008—2009年经济衰退之后。过去20年律师工资增长最快的时期是1997—2002年,当时律师的平均工资增长了45%,即从1997年的72 840美元增加到2002年的105 890美元(未考虑通货膨胀的影响)。而在最近五年里,律师平均工资从2013年的131 990美元增加到2018年的144 230美元,仅上升了9.3%。

劳工统计局的数据显示,律师的平均收入仍然低于许多医学职业人士。内科医生和外科医生的平均工资是210 980美元。相比之下,接近律师平均工资水平的职业是财务经理,为146 830美元。飞行员和飞行工程师的工资水平为146 660美元,市场营销和销售经理为143 000美元。

在律师职业相关领域,法官、治安法官和地方司法官员的平均工资为121 130美元,律师助理和法律助理的平均工资为54 500美元。

(二) 大都市区律师的平均薪酬

律师的平均工资在很大程度上取决于律师执业的地理位置。据美国劳工统计局统计,律师平均工资前十的地区有四个在加州,分别是圣何塞、旧金山、洛杉矶和奥克斯纳德(劳工统计局的统计数据包括了律师的工资,但不包括律师事务所合伙人和股东的盈利)。

相反,律师平均工资最低的四个地区都在波多黎各,分别是阿雷西博、阿瓜迪拉、马亚奎兹和庞塞。另外三个收入最低的地区在南部,分别是北卡罗来纳州的希科里、俄克拉荷马州的伊尼德和劳顿。

不同地区之间的收入差距非常大。阿雷西博的律师平均工资为39 980美元,不到圣何塞平均工资(207 950美元)的五分之一,这两者为美国的最低水平和最高水平。

据劳工统计局的调查,359个大都市区律师工资水平的中位数是马里兰州的索尔兹伯里,为109 580美元。其他接近中位数的大都市区包括宾夕法尼亚州的阿伦图纳、缅因州的班戈、西弗吉尼亚州的帕克斯堡和印第安纳州的埃文斯维尔。

表 1　大都市区律师平均工资比较

律师平均工资最高的大都市区			律师平均工资最低的大都市区		
1	加利福尼亚州圣何塞桑尼维尔圣克拉拉	$207 950	10	俄克拉荷马州劳顿	$73 120
2	加利福尼亚州旧金山奥克兰海沃德	$183 070	9	奥勒冈州格兰茨帕斯	$71 330
3	华盛顿特区-弗吉尼亚州-马里兰州华盛顿阿灵顿亚历克斯	$179 980	8	密歇根州湾城	$70 810
4	加利福尼亚州洛杉矶长滩阿纳海姆	$176 020	7	俄克拉荷马州伊尼德	$67 690
5	德克萨斯州休斯顿伍德兰糖地	$175 380	6	宾夕法尼亚州黎巴嫩	$66 860
6	加利福尼亚州奥克斯纳德千橡树文图拉	$172 900	5	北卡罗来纳州希科里莱诺尔摩根顿	$63 360
7	新泽西州纽约市纽瓦克	$172 020	4	波多黎各庞塞	$59 870
8	康涅狄格州布里奇波特斯坦福德诺沃克	$171 690	3	波多黎各马亚奎兹	$56 800
9	马萨诸塞州波士顿剑桥纳舒亚	$170 720	2	波多黎各阿瓜迪拉	$49 050
10	威斯康星州谢博根	$170 350	1	波多黎各阿雷西博	$39 980

(三) 公益律师

根据美国法律就业协会(the National Association for Law Placement)的一项调查,自 2004 年以来,从事公共服务工作的律师(地方检察官、公设辩护律师、法律援助律师和非营利组织的律师)工资略有上涨。对于初级律师来说,过去 14 年律师工资的中位数增长了 37%—49%,略高于同期 34%的通货膨胀率。

一般来说,公益律师的薪酬远远低于其他类型的律师。例如,在 50 人以下的私人律师事务所工作的律师第一年的平均工资约为 9 万美元,而公益律师第一年的工资中位数是 4.8 万—5.83 万美元。

公益律师第一年的工资跟大城市大型律师事务所内的律师第一年的工资之间的差距更为悬殊。大型律师事务所新律师的起薪为18万—19万美元,是经验丰富的公益律师收入的两倍。

在所有类别的公益律师中,有一类提供民事法律援助的律师,不论是初级律师还是经验丰富的律师,他们的平均工资都是最低的。例如,初级法律援助律师的平均薪酬为4.8万美元,而初级地方检察官收入为5.62万美元,初级公设辩护律师的收入为5.83万美元。

对于经验丰富的公益律师也是如此。有11—15年工作经验的法律援助律师的平均薪酬为6.94万美元,而工作相同年限的地方检察官收入为8.44万美元,工作年限相同的公设辩护人收入为9.64万美元。

(四)律师事务所助理

根据全国法律就业协会的调查数据,2017—2019年,律师事务所助理第一年的工资中位数上涨了2万美元(或14.8%),达到15.5万美元。律师事务所的规模和所在地不同,助理的工资相差悬殊。

调查显示,2018年,一些律师事务所公布第一年起薪为19万美元,但并非所有的情况都如此。支付19万美元起薪的律师事务所主要集中在几个大城市,包括纽约市、洛杉矶橘子郡、达拉斯和华盛顿特区,占2019年所有第一年薪酬的29%左右。

私人律师事务所律师第一年的平均工资为15.5万美元,几乎是公益律师第一年平均工资的三倍(法律援助办公室、公共利益团体、地方检察官办公室和公设辩护律师办公室的律师第一年的平均工资为4.8万—5.83万美元)。

律师事务所的规模是影响助理第一年薪水的主要因素。无论资历高低,大律所的薪酬通常都高于小律所。如第一年工资最高中位数(18万美元)出现在一家700人以上的律师事务所,而50人以下的律师事务所给助理的第一年工资的中位数仅为98 750美元。

根据美国劳工统计局的数据,2018年全国所有律师的平均工资为144 230美元,无论他们是在律师事务所、公司、政府、非营利组织还是其他地方工作。但是该平均工资只包括工资,不包括律师事务所合伙人和股东的利润。

三、法律教育

(一) 法学院的申请人数与录取人数

经美国律师协会证实,经过几年大众对法律教育的热度下降后,如今法学院的申请者和录取学生人数正在逐渐增加。

根据法学院招生委员会的统计数据,在过去几年中,法学院的申请人数和录取人数均有所增加。2018年,法学院申请人数为60 700名,其中44 000人被录取。2017年有56 400名申请人,2018年比2017年增长了7.6%。但2018年的申请人数远低于2004年,2014年是申请的高峰年,有10万多人申请了美国律师协会认证的法学院。而录取率略有下降,从2017年的75%减少到2018年的72.5%。

2018年,攻读法学博士学位的学生总人数达到111 472人,为三年来最高。与2017年相比,增加了1 345名学生,增长率为1.2%。尽管如此,这仍远低于2010年,当时法学院学生最多,为147 000名。

法学院除了法学博士以外的学生(如攻读法学硕士学位和证书的学生)录取率增长更快。2018年,这些项目有18 523名学生,比2014年增加了55%。

(二) 大学生为什么选择法学院

由美国法学院协会(Association of American law Schools)主办、美国律师协会法律教育和律师资格部联合赞助的2018年全国调查"成为法学博士之前"显示,越来越多的学生因为对公共服务的兴趣,而非高薪,攻读法律学位(图2、图3)。

这项调查评估了25所四年制大学22 189名本科生和44所法学院2 727名法律系新生的回答。

44%的人上法学院是为了进入政治、政府或公共服务领域就职;42%是出于对这类工作的热情;35%的人希望得到帮助他人的机会,32%的人想要倡导社会变革。31%的学生表示,进入法学院是为了获得高薪工作。

大多数学生大学毕业后没有直接进入法学院。65%的人过了一年以上的时间才进入法学院,而35%的人在大学毕业后就直接进入了法学院。在

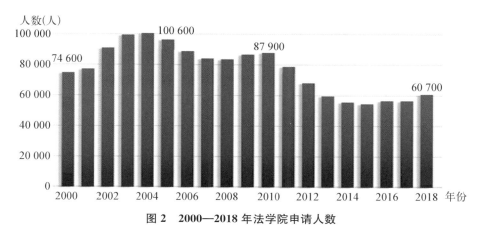

图 2　2000—2018 年法学院申请人数

注：资料来源于法学院招生委员会,美国律师协会法律教育和律师资格部。2000—2015 年仅包括秋季学期和延期学期。2016—2018 年包括所有学期

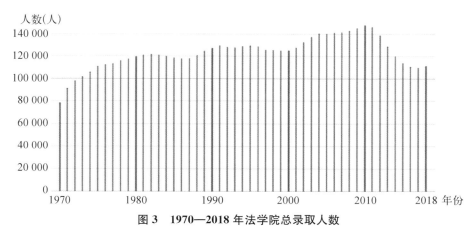

图 3　1970—2018 年法学院总录取人数

注：资料来源于法学院招生委员会,美国律师协会法律教育和律师资格部。1970—2013 年的录取人数包括所有学生,但 2014 年仅包括法学博士。法学院的申请人一般会申请 6—7 所法学院。2018 年,60 700 名申请人提交了 387 100 份申请,即平均每个学生提交了 6.4 份申请

那些毕业后没有直接进入法学院的人中,只有 53% 在拿到本科学位后花了三年或更长时间才进入法学院。

55% 的法学院学生表示,他们在大一之前就考虑过上法学院。35% 的人在高中之前就考虑上法学院。

(三) 法学院概况

几十年来,大多数法学院的学生都是白人男性,但性别差距在 1970 年

后开始明显缩小。1970年,法律系学生中有91%是男性。2001年和2002年这种性别差距几乎消失了,女性占比达到49%,2002年之后差距又再次扩大。

2014年,女生新生人数首次超过男生。2016年,在美国律师协会认证的法学院,女学生人数首次占法学院总人数的多数。这一年,攻读法学博士学位的所有学生中有50.3%是女性。

从那时起,法律系的女学生人数就保持着这种趋势。实际上,男女学生人数差距开始扩大,女生人数越来越多。2018年,法律系女学生的比例上升至52.4%。从原始数据来看,在2018—2019学年,女性法律博士为58 462人,男性法律博士为53 010人,女性比男性多5 400人左右。

近年来,法学院的少数族裔录取率也逐渐上升。2011年,法律系学生中有25%是少数族裔。2018年,少数族裔录取率为31%。而在1978年,少数族裔仅占法学院新生的9%。如今,有63%的法学院学生是白人,13%是西班牙裔,8%是非裔美国人,6%是亚裔,10%是其他种族。

(四) 法律职业考试通过率

全国律师考试协会(National Conference of Bar Reviewers)负责开发考试并从各州收集数据,该协会数据显示,在过去的十年中,全国范围内首次通过法律职业的比例有所下降。2008年,有82%的初试者通过了考试。2008年后通过率开始下降,2014年为74%,2015年为70%,2016年为69%。2017年通过率升高到72%,但在2018年又回落至69%。由于各州的及格分数从129分到145分不等,差距较大,因此很难比较各州的通过率。2018年,爱荷华州和犹他州的首次录取率最高,为84%。而加州则最低,为52%。

考生学习法律的院校也会在很大程度上影响通过率。全国律师考试协会的数据显示,2018年,来自美国律师协会认证学校的所有考生(包括第一次参加考试的学生和重复参加考试的学生)的通过率为60%,而在未经认证的法学院就读的考生中,只有14%通过了考试。

(五) 就业

根据美国律师协会法律教育和律师资格部的最新数据,越来越多的法学院毕业生在律师事务所和政府部门工作,而在公司,非营利组织和法学院工作的人则较少。

在2018届毕业生中,有46.6%在毕业10个月内进入律师事务所工作,相较于2012届有了大幅增加,2012届作为经济大萧条后的第一批毕业生,只有39.3%的毕业生在毕业10个月内进入律师事务所工作。

2018年毕业生有近12%进入政府部门工作,11.5%在商企工作,而2012届进入政府部门和商企工作的分别为10%和14.9%。

司法文书职位为法学院毕业生提供了稳定的就业机会,2012年,有7.3%的法学院毕业生担任文职。最近,该比例上升为9.8%。

同时,个人执业的法学院毕业生人数仍然很少,而且还在不断减少。2018年,这一群体仅占毕业生人数的1.1%,低于2012年的2.3%。

近年来,初级律师的失业率有所下降。2018届毕业生中,7.3%在毕业后10个月内失业,而2013届为11.2%,相比之下,情况得到好转。

四、联邦法官

(一) 联邦法官的构成

根据美国法院体系下研究和教育部门联邦司法中心的统计,自2016年以来,联邦司法系统的种族多样性不如从前,而性别比例则更趋向于平衡。

截至2019年7月1日,全国共有1345名现任联邦法官,其中80.1%是白人。这比2016年的79.9%略有增长。总的来看,共有1077名联邦法官是白人,还有4名法官有白人血统。而在1992年,90%以上的联邦法官都是白人。

同时,非裔美国人在联邦政府中所占的比例从2016年的10.8%减少为2019年的10.0%。总体来看,共有135名联邦法官是非裔美国人,还有3名联邦法官有非裔血统。第一位非洲裔美国联邦法官于1937年上任。

亚裔美国人在联邦司法机构中的比例略有上升,从2016年的2%上升到2019年的2.5%。全国共有33名联邦法官是亚裔美国人,另外还有3名联邦法官具有亚裔血统。第一位亚裔美国联邦法官于1971年上任。

2019年,西班牙裔联邦法官占6.7%,比2016年的6.6%略有上升。截至2019年7月1日,共有90名联邦法官是西班牙裔,另外还有5名具有西班牙裔血统。第一位西班牙裔联邦法官于 1961 年上任。

联邦法官中只有 2 名是美洲原住民,这个数字自 2014 年以来都没有发生改变。第一位美洲原住民联邦法官于 1979 年上任。

同时,女性在联邦司法机构中的比例仍然很小,女性联邦法官的比例从 2016 年的 25.9% 小幅增加到 2019 年的 27.0%。第一位女性联邦法官于 1928 年上任。

(二) 联邦法官的任命

截至 2019 年 7 月 1 日,美国参议院在 2017 年、2018 年和 2019 年确认了 122 名联邦法官。根据美国法院体系下研究和教育部门联邦司法中心的数据,其中 106 名(87%)是白人,8 名(7%)是亚裔,3 名(3%)是非裔,5 名(4%)是西班牙裔。

同一时间,参议院确认的 122 名联邦法官中有 95 名(78%)是男性,27 名(22%)是女性。

在 20 世纪 70 年代以前,很少有女性成为联邦法官。例如,在 20 世纪 60 年代,332 名联邦法官中只有 4 名是女性。此后,女法官人数稳定增长。到 20 世纪 90 年代,十年间确认的联邦法官中有 25% 是女性。

同样,自 20 世纪 40 年代以来,成为联邦法官的少数族裔人数也在增加,在 20 世纪 40 年代和 50 年代,参议院确认的联邦法官只有 3 名是非裔美国人。最近十年,13% 经确认的法官是非裔美国人,71% 是白人,8% 是西班牙裔,6% 是亚裔美国人,只有 1 名是美洲原住民。近年来,联邦司法中心也开始调查混合种族和族裔法官。例如,在 21 世纪初十年经确认的 434 名联邦法官中,有 2 名具有非裔和西班牙裔血统,1 名具有非裔和白人血统,1 名具有亚裔和西班牙裔血统,1 名具有亚裔和太平洋岛民血统,1 名具有亚裔和白人血统,2 名具有西班牙裔和白人血统。

五、公益法律服务

(一) 从事公益法律服务的时间

美国律师协会 2018 年发布的一项全国性调查显示,超过半数的美国律师为无力聘请律师的客户提供免费的公益服务。

这项调查的对象是24个州的47 000名律师,结果显示,52%的律师在前一年提供公益服务,平均每个律师工作37小时。一些律师在公益服务上花的时间更长。根据调查结果,9%的律师会花50—79小时来从事公益服务,11%的律师会花80小时以上来从事公益服务。

美国律师协会建议所有律师每年至少为"无力聘请律师的人"提供50小时的公益服务。调查显示,大约20%的律师达到了这一目标,低于2013年调查中发布的36%。

根据调查结果,48%的律师在过去一年中没有做过任何公益服务,19%的律师表示从未做过公益工作。

律师的平均公益服务时间每年都不一样,没有什么明显的趋势。2005年为39小时,2009年为41小时,2013年为56小时,2018年为37小时。不同年龄段的律师中,年龄在70—74岁的律师的公益服务时间最多,每年为58小时。不同类型的律师中,个人执业律师、大型和超大型律师事务所的律师提供的公益服务时间最多,分别为45小时、48小时和73小时。

(二)服务类型

85%的律师会为有需要的人提供公益服务。其他律师会帮助不同阶级的个人(比如老人或房客)和组织,其中为个人提供公益服务的律师平均工作时间会相对较高,一年达到57小时。

从事公益服务的律师会被问到是否服务过特定类型的弱势群体,而公益服务最常见的对象是少数族裔(30%)、单亲父母(26%)、残障人士(26%)、老年人(24%)、英语能力有限的客户(23%)、学生(17%)和家庭暴力受害者(15%)。

客户和案件类型不同,公益服务的类型就会有很大的差别。最常见的服务是提供建议(74%),审查或起草文件(66%),会见客户(64%),撰写信件(36%),与其他律师合作(35%),法庭代理(29%),以及与其他各方进行协商谈判(18%)。

家庭法是公益服务最常见的法律服务领域,其次是刑法、诉讼、遗产规划或遗嘱认证、移民和房地产法。大多数律师倾向于在其专业领域提供公益服务。

六、法律职业中的女性

(一) 概况

根据美国律师协会全国律师人口调查数据,2019 年女性律师的比例保持在 36%,这一数字自 2014 年以来变化很小,每年都在 35%—36%之间波动。

在过去的 20 年中,女性律师在该行业中所占的比例稳步增长。在 2000 年,女性律师占律师总数的 29%,到 2009 年,这一比例略有增长,达到 31%。

从长远的角度来看,趋势很明显。女性律师增长最快的时期是 20 世纪 80 年代和 90 年代。1950—1970 年,女性律师仅占 3%,而 1980 年增长到 8%,1991 年增长到 20%,2000 年增长到 29%。

女性联邦法官(包括在联邦地方法院、巡回上诉法院和美国最高法院)的人数也有了大幅增长。1928 年,第一位女性联邦法官接受任命,当时男性联邦法官的数量为 217 名。到 1950 年,增加为 3 名女性联邦法官,1980 年增加到 46 名,而 2017 年增加到 354 名。2016 年,州法院 30%的法官都是女性。

(二) 律师事务所中的女性

尽管自 2000 年以来,法学院的毕业生中近一半都是女性,但在律师事务所中担任高级领导职务的女性人数有十多年没有明显增加。2019 年,约 19%的股权合伙人为女性,高于 2012 年的 15%。

从初级助理到合伙人,女性在律师事务所中的地位不断提高。2019 年,女性占律师事务所的合伙人的 22.7%,2000 年为 14.5%。此后这一比例逐年上升。2019 年,女性占律师事务所助理的 45.9%,与 2000 年的 40.9%相比有了稳步增长。

大型律师事务所中的女性地位更为乐观,在全国 200 家大型律师事务所中,管理合伙人中女性占 22%,而 2014 年仅为 4%。

(三) 法学院中的女性

2018 年,女性占法学生人数的 52.4%,比 2000 年的 48.4%有所上升。

2014年,新生中女生人数首次超过男生。2016年,在美国律师协会认证的法学院中,女学生首次占大多数。

从20世纪60年代到1999年,女性进入劳动力市场的比例越来越高,达到了劳动力总数的60%。

在近40年里,就读法学院的女学生也有了大幅增长。1963年,法学新生中只有8.3%是女性,而1973年上升到16%,1983年上升到38%,到1993年增加为43%。获得法律学位的女性比例为50%,高于2012—2018年的47.3%。

如今担任法学院院长的女性也最多。2000年,法学院院长中只有10%是女性。到2009年,这一比例上升到20.6%。2019年,又增加至35%。

(四)法律总顾问中的女性

在《财富》500强企业中,女性担任法律总顾问的数量持续增加。2019年女性在30%的企业中担任首席法律职务,比2018年的26.4%有所上升。而在2000年,只有9%的女性担任此类工作。

在《财富》500强企业中,女性法律总顾问的比例只下降过一次,即在2009年降至15%,此后逐年增加。同样,《财富》501—1000家企业中女性法律总顾问的比例从2006年的15.7%上升至2017年的23.8%。

在《财富》1000强企业中,金融业是女性法律总顾问人数最多的行业,其次是技术和能源领域。

2017年担任《财富》500强法律总顾问的少数族裔女性人数为24人。担任该职务的少数族裔男性为33人,白人女性为108人。

《财富》1000强企业中的女性法律总顾问人数为251人,2000年仅为43人,增长了82%。

七、法律技术

(一)安全问题

根据美国律师协会2018年法律技术调查报告,律师事务所称2018年安全漏洞略有增加。

23%的律师表示,其公司遇到过安全漏洞(例如计算机或智能手机丢失或被盗,黑客入侵,非法侵入或网站盗用),而2017年表示遇到过安全漏洞的律师为22%,2016年仅为14%。报告安全漏洞的律师中,65%表示其事务所没有遭受重大业务中断或损失。但仍有41%的律师表示,安全漏洞导致了停机或计费时间的损失。

据报道,病毒、间谍软件和恶意软件非常普遍,但这类威胁正在慢慢减少。2018年,40%的律师认为其律师事务所在以前受到过攻击,低于2017年的43%和2016年的45%。87%的律师事务所会使用垃圾邮件过滤器,80%会使用反间谍软件,79%会使用防火墙,75%会使用弹出窗口拦截程序,46%会对文件进行加密。

为了不受网络破坏而造成损失,34%的律师表示,他们的律师事务所有网络责任险。而有网络责任险的律师事务所正在稳步增加,从2015年的11%,到2016年的17%,再到2017年的26%。

公司规模越大,发生安全漏洞的可能性就越大:2018年,在100人以上的律师事务所中,有31%遇到过安全漏洞,而个人执业者中只有14%遇到过安全漏洞。

云备份:备份计算机文件的最常见方法就是使用外部硬盘驱动器,有38%的公司采用这种方法,只有30%使用云备份。

(二)在线法律研究

根据美国律师协会2018年法律技术调查报告,律师平均花费18%的时间来进行法律研究,较2017年的16%略有上升,但较2016年的19%略有下降。如果律师接手研究项目,37%的人说他们刚开始会使用谷歌这样的通用搜索引擎,31%的律师会付费使用在线资源,11%的律师会使用州律师事务所赞助的免费法律研究服务。

90%的律师会使用免费的在线资源进行法律研究,72%的律师会使用在线付费资源进行研究。Westlaw是使用最多的在线付费法律研究服务,有64%的律师使用,46%的律师更偏向于其他在线付费服务。

当被问及他们最常使用哪个免费网站进行法律研究时,19%的律师选择康奈尔法律信息研究所,其次是Findlaw、Fastcase和政府网站,各占17%。

尽管在线资源很受欢迎,但44%的律师表示,他们仍然经常使用纸质资源进行法律研究。5%的律师表示他们在研究中从不使用纸质资源。

10%的律师表示其律师事务所使用了基于人工智能的技术工具。36%的律师认为人工智能工具将在未来3—5年内成为法律职业的主流。

（三）社交媒体

根据美国律师协会2018年法律技术调查报告，律师事务所和律师在社交媒体上的影响仍然很大。76%律师表示其律师事务所已经入驻社交网络。35%的律师表示，他们的客户都是通过社交媒体获得的。

35%的律师表示，其律师事务所会使用Facebook进行营销。

其他常见的营销工具和网站包括电子邮件（33%）、宣传资料（25%）、Avvo（20%）、直接邮件（17%）、黄页（16%）、律师网（13%）和Findlaw（10%）。

79%的律师都是出于职业目的而活跃在社交媒体上。最受欢迎的社交媒体分别是 LinkedIn（82%）、Facebook（47%）、Avvo（27%）、Twitter（25%）、Martindale（15%）和Google Plus（7%）。

76%的律师表示其律师事务所已经入驻社交媒体。38%的律师表示其律师事务所制定了社交媒体策略。对于100人以上的大型律师事务所来说，79%制定了社交媒体策略。

（四）移动设备与远程办公

根据美国律师协会2018年法律技术调查报告，使用笔记本电脑、平板电脑和手机远程办公的律师越来越少，从2017年的79%下降到2018年的72%。

95%的大型律师事务所（100人以上）的律师都表示，他们有时会远程办公，而对于个人执业律师，只有66%会远程办公。

调查显示，律师平均每年远程办公40次。远程办公的律师中，其中33%一个月内需要进行1—3天的远程办公，其中29%一年只进行3—11次远程办公。

95%的律师都使用智能手机远程办公，81%使用笔记本电脑，49%使用平板电脑。三分之一的律师表示，他们的律师事务所制定了关于在办公室以外使用移动设备办公的政策。

律师平均每年远程办公 40 天。43％的律师使用过法律相关的电子书。49％的律师会使用平板电脑远程执行相关法律任务。

八、律师健康

(一) 药物滥用与心理健康

2018 年 9 月,美国律师协会发起了一项运动,旨在解决律师酒精滥用、药物滥用和心理健康这类令人担忧的问题。最近的研究表明,有这类问题的律师远远多于普通民众和其他受过高等教育的专业人士。

截至 2019 年 7 月 1 日,120 多家雇主(包括律师事务所、公司和大学)签署了一份承诺,想要通过支持这场运动来改善律师的健康状况。

2016 年,美国律师协会与哈泽尔登·贝蒂·福特基金会(Hazelden Betty Ford Foundation)合作,对这一问题进行了全面研究。近 1.3 万名律师接受了调查,研究发现:21％的律师酗酒,是普通人群(6％)的 3 倍多,是其他受过高等教育的专业人士(12％)的近两倍。28％的律师患有抑郁症。19％的律师患有焦虑症。

这些问题可能会产生重大后果。研究表明,面对纪律指控的律师中有 25％—30％会在某种程度上有瘾症或患有精神疾病。

(二) 法学生健康问题

对于许多律师而言,药物滥用和心理健康问题很早就开始了。2014 年,学者们调查了 15 所美国法学院的 3 300 名学生,来确定这些健康问题的严重程度,结果于 2016 年公布。调查显示,53％的法学生在最近一个月内醉酒,43％的学生在最近两周内至少醉酒一次,22％的学生在最近两周内至少醉酒两次。

在上述几种情况下,男生(47％)比女生(40％)醉酒的可能性更高,而三年级学生(45％)比新生(40％)的醉酒程度更高。

25％的法学生称过去一年曾使用大麻,6％曾使用可卡因,4％曾使用摇头丸。另外,有 14％的学生曾在没有处方的情况下使用处方药,而兴奋剂(9％)是最常见的在没有处方的情况下使用的处方药。

调查还发现了一些心理健康问题：在过去一年中，有17%的学生患有抑郁症，14%的学生患有严重的焦虑症，23%的学生患有轻度或中度焦虑，还有6%的学生有自杀念头。法学生告诉调查人员，他们不愿意寻求帮助，因为他们认为这会威胁到他们的工作、学业或律师资格，或者寻求帮助会激发他们的社会耻辱感。

九、律师惩戒

（一）公开惩戒和取消律师资格

根据美国律师协会职业责任中心开展的2017年律师惩戒制度调查，美国44个州和哥伦比亚特区共有2 742名律师因不当行为受到公开惩戒，占该范围内持有有效执业资格证的执业律师数量的0.23%。

公共惩戒的最常见形式是停职。在2017年接受公共惩戒的2 742名律师中，有1 418人被停职，有684人被取消律师资格，347人降为见习律师，575人受到训诫、训斥或谴责。美国律师协会职业责任中心是唯一一家在全国范围内收集、分析和汇编有关律师监管系统统计数据的组织。这些数据来自每个州和哥伦比亚特区的56个律师惩戒机构。然而，并非每个机构每年都参与调查，因此很难进行长期比较。对于2017年的调查（于2018年进行），除加利福尼亚州、康涅狄格州、马萨诸塞州、蒙大拿州、南卡罗来纳州、南达科他州和纽约州部分地区外，其他州都参与了调查。

自1998年以来，每年有42—50个州参加此项调查，调查显示，受到惩戒的律师比例相对稳定，在过去的20年中，受到惩戒的律师比例在0.22%—0.38%之间波动。

被取消律师资格的律师比例总体呈下降趋势。1998—2004年，每年约有0.07%—0.08%的在职律师被取消律师资格。2012—2017年，每年只有0.05%—0.06%的律师被取消律师资格。

（二）州级公开惩戒

律师惩戒属于州级职能，通常由州最高法院或州执业资格证颁发机构处理。美国律师协会不负责律师惩戒事务。2017年，44个州和哥伦比亚特区的州惩戒机构共收到76 981宗投诉。

各个州的律师惩戒率差别很大。2017年,内华达州和亚利桑那州针对律师的公开惩戒率最高。在这两个州,分别有0.93%和0.79%的在职律师接受了一定形式的公开惩戒。内布拉斯加州和哥伦比亚特区是2017年律师公开惩戒率最低的司法辖区,只有0.07%的在职律师受到了惩戒处分。

后　　记

2019年10月26日,上海大学法学院召开了"新时代法律职业伦理的使命与课题——东亚法律职业伦理比较学术研讨会",会议邀请了中国、日本、韩国从事法律职业伦理教学研究的学者、法官、检察官、律师与会。与会的部分发言者提交了会议论文。本书的大部分文章来自此次的参会论文。

会议结束之后,我就有了将会议论文汇编成书的想法。但由于会议代表提交的会议论文数量不多,难以成书,于是我开始约请有关专家学者撰写专题论文。我很荣幸地通过曹小航检察官介绍认识了仰慕已久的著名法学家郝铁川教授,并于2020年5月26日和曹小航检察官一道到上海文史馆拜访了郝老师,与郝老师进行了一次永留记忆的会谈。我向他约稿,他爽快地答应,因此就有了《律师伦理四议》一文。中国社会科学大学政法学院副院长王莉君教授应邀担任此次会议的评议专家,但她还是于百忙之中应笔者之邀撰写了一篇质量很高的论文。

我在备课过程中,发现了美国著名法学家安索尼·T.克罗曼《生活在法律中》一文,我通过美国天普大学的朋友桑国亚先生联系到了克罗曼教授,并得到了教授的授权,将其译成了中文,收录于本书。我在这里,对克罗曼教授与桑国亚先生表示感谢!

书中还收集了2019年美国律师协会发布的《美国法律职业报告》,感谢上海大学外国语学院的吴敏敏同学。

感谢上海大学法学院兼职教授王祝先生,他推荐并邀请了几位日本专家参会。

感谢我的同事陈敬根教授、金成华副教授,我们三人组成了上海大学法学院"法律职业伦理"课的教学团队,他们两位自始至终参与此次会议的组织工作,其中几位日本与韩国专家由金成华老师约请参会。

感谢上海大学法学院副院长芦雪峰副教授、魏艳副教授,他们分别担任了学术讨论会两个环节的主持人。

  感谢上海大学法学院办公室主任贺斌先生,他为会议的组织保障工作付出了辛苦与努力。如果条件允许,我希望类似的会议能够定期举行。

文学国

2020年8月6日于上海大学